"十四五"普通高等教育本科部委级规划教材

国家外国专家项目

资本协同对农村经济发展的政策驱动：来自中国的准自然实验研究（G2023038003L）

贵州省高校人文社会科学研究基地项目

财政金融政策协同对乡村振兴的外生冲击及路径规划（GDZX2024020）

贵州大学人文社会科学研究课题

制度对农业微观发展的机制研究（GDZX2024002）

U0733477

当代旅游经济学

主　编◎符　通

中国纺织出版社有限公司

内 容 提 要

本书在充分吸收和借鉴经济学学科研究新成果的基础上，运用经济学、管理学、旅游学等多学科的知识与方法，较为全面系统地阐述了当代旅游经济学的基本理论和方法。全书分为四篇，共十四章，分别介绍：旅游行为和旅游业的经济特征，旅游消费和供给的个人及公司的决策分析，旅游部门在国内经济和全球化背景下的发展以及旅游的外部效应。全文借助主流经济学框架对旅游微观个体的行为决策和旅游部门的宏观发展进行了理论分析，并结合现有实证文献对旅游的测度和外部效应进行了介绍，重点吸纳了国际前沿文献对当代旅游经济学的贡献和发展。本书可作为经济学、旅游管理等相关专业师生教学与科研参考使用。

图书在版编目（CIP）数据

当代旅游经济学 / 符通主编 . -- 北京：中国纺织出版社有限公司，2024.8. --（"十四五"普通高等教育本科部委级规划教材）. -- ISBN 978-7-5229-2115-0

Ⅰ . F590

中国国家版本馆 CIP 数据核字第 2024FX9591 号

责任编辑：史 岩　　责任校对：高 涵　　责任印制：储志伟

中国纺织出版社有限公司出版发行

地址：北京市朝阳区百子湾东里A407号楼　邮政编码：100124

销售电话：010—67004422　传真：010—87155801

http://www.c-textilep.com

中国纺织出版社天猫旗舰店

官方微博 http://weibo.com/2119887771

三河市宏盛印务有限公司印刷　各地新华书店经销

2024年8月第1版第1次印刷

开本：787×1092　1/16　印张：13.5

字数：280千字　定价：68.00元

序 Preface

　　旅游作为当今世界最重要的经济活动之一，涉及数以亿计的人口和资金。在经济发展过程中，旅游创造了就业机会，提升了当地居民的消费水平和旅游者的生活质量。尽管全球经济受到了新冠疫情的沉重打击，但是疫情之后，旅游业加速复苏，大大促进了全球经济的持续发展。以中国为例，各地政府正在努力打造旅游城市和网红旅游品牌，旅游业成为提升消费和振兴地方经济的重要推动力之一。

　　在过去的 20 ～ 30 年，旅游经济学迅速地确立了自身的地位，成为一个独特的知识分支。越来越多的大学和高等教育机构开设了旅游经济学课程，相关主题的书籍和科学研究也在不断地增加，其中作为该领域的专业期刊《旅游经济学》已迅速攀升至 SSCI 一区，旅游领域的三大顶刊更被 *Academic Journal Guide* 评为四星期刊。旅游学正在积极吸纳经济学的理论和方法，并且取得了长足的进步。

　　本书旨在提供最新的旅游经济学概述，包括分析方法和技术、相关理论及其应用，同时为旅游经济学的实证分析提供客观测量的标准，部分章节还进行了典型案例分析，希望阅读本教材的学生和学者能够从经济学视角来分析旅游的相关现象和行为决策。此外，尽管旅游经济学已成为一个新兴经济学分支，但由于其具有显著的跨学科特性，相较于主流经济学，旅游经济学需要更深入地剖析涉及文化、历史、心理特征的决策行为以及作用机制的背景。这就要求我们在主流经济学的框架下分析旅游现象和行为决策，再借助经济学的严谨思维和方法进行必要的扬弃。

　　本书从经济学角度出发探讨对旅游的理解。全书分为四篇，总共十四章。首先介绍旅游行为和旅游业的经济特征，接着从微观角度分析旅游需求和供给，然后探讨旅游部门在国内经济和全球化背景下的发展，最后讨论旅游的经济贡献和外部效应。

　　本书借助主流经济学框架对旅游的微观个体的行为决策和旅游部门的宏观发展展开理论分析，并结合现有实证文献介绍旅游经济贡献的测度和外部效应，特别强调了国际前沿文献对当代旅游经济学的贡献和发展的内容。

在探讨中国经济发展之谜的过程中，笔者注意到了旅游经济学问题的复杂性、趣味性和挑战性。在本书编写过程中，笔者获得了多位同人的帮助，特别是洪名勇教授，他作为一名著作等身的学者，在教材、专著和期刊论文方面有丰富的发表经验，为本书的编写提供了智力支持和技术指导。同时，笔者还衷心感谢钟汶沁、陈晨、熊先承、吴娇等人的支持。当然，本书文责由个人承担。

符通

2024 年 2 月 8 日

目录 Contents

第一篇 旅游的特征

第二篇 旅游的经济分析

第三篇　旅游经济发展与国际贸易

第四篇　旅游的经济贡献与影响

第一篇
旅游的特征

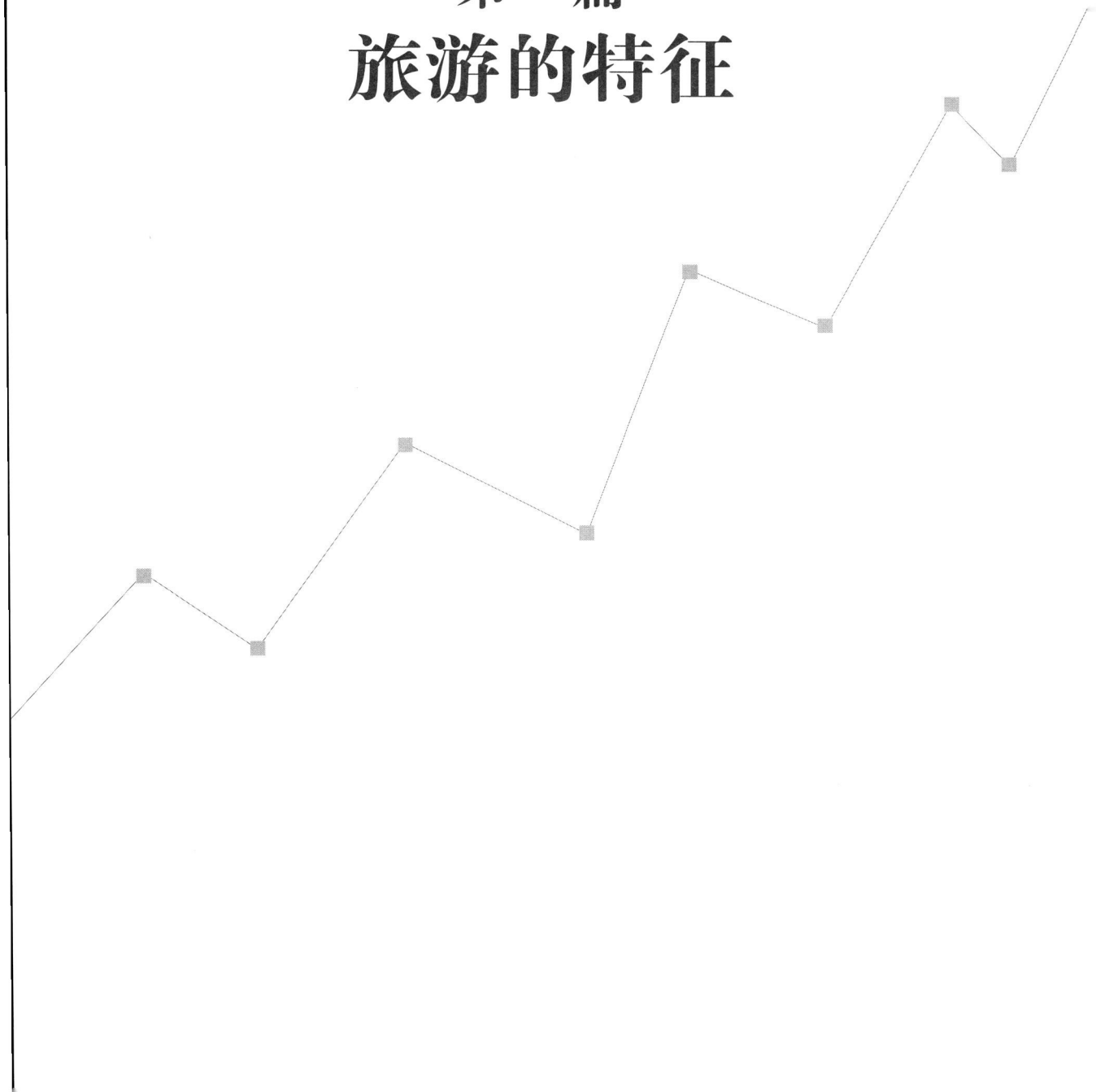

1 旅游业的经济特征

引言

第 1 章主要聚焦在旅游业的一些经济特征上，它们是旅游经济学各方面的基础。然而，在开始对经济特征进行概述之前，让我们先定义一下"旅游"，理解什么是"旅游"。

1.1 什么是"旅游"

这看起来不是一个简单的问题。通俗地说，空闲时间、休闲、娱乐、旅行和旅游是同义词，几乎可以互换着使用，但这并不完全是正确的，从科学和实践的角度来看，现实情况大不相同。举一个简单例子，1999 年，奥地利根据旅游卫星账户（tourism satellite account, TSA，详情请见第 12 章）的统计，旅游业占奥地利国内总产值的 8.7%。然而，旅游和娱乐合计占国内生产总值的 15.5%（Franz 等，2001），从这两个百分比可以看出，在旅游文献中，旅游在理论上的定义和在统计上的定义是有区别的。

1.1.1 概念性定义

旅游最古老的概念性定义来自两个先驱的旅游研究，Hunziker & Krapf（1942），他们将旅游定义为"非居民的旅行和逗留所产生的关系和现象的总和，逗留不会导致永久居住，也与任何永久或临时的收入活动无关"。尽管这个定义在相当长一段时间里被普遍接受，包括国际旅游科学专家协会（association internationale d'Experts scientifiques du tourisme，AIEST），但是它仍有一定的理论局限。例如，按照此定义，住院可以被视为旅游，而与收入活动有关的商务旅行却被排除在外。此外，根据这一定义，非居民被认定为外国人——换句话说，国内旅游被完全排除在外。1981 年，在威尔士的加蒂夫海港举行的年度大会上，AIEST 再次讨论了这个定义。这次大会给出了如下定义：人们在既不是他们主要的工作场所，也不是为了休闲或商业活动或学习的工作场所而进行旅行和停留所产生的全部相互关系和现象。

英国旅游协会有一个更明确的定义，1979 年，该协会采用了一个基于 Burkart 和 Medlik（1974）研究的定义：旅游被视为一种与人们临时短期移动至他们通常居住和工作地点以外的地区的有关活动，以及他们在这些地区逗留期间的活动。在这个定义中，我们可以确定包括那些在停留或访问地区时所涉及的活动。根据 Burkart & Medlik（1974）的说法，这至今仍然适用。从概念上讲，旅游有以下五个特征：

①旅游是一种现象和关系的集合体，而不是一种单一的关系。

②这些现象和关系产生于人们在不同地区的移动和停留，有一个动态元素（旅行）和一个静态元素（停留）。

③旅行和停留发生在正常居住和工作地点以外的地区，因此，旅游产生的活动与当地居民及工作人员的活动有所不同。

④向地区的移动是暂时的、短期的。

⑤前往旅游地的目的与有偿工作无关，也就是说不从事工作。

一个值得特别注意的概念定义是吉尔伯特（Gilbert，1990）给出的，旨在促进社会对旅游的理解：旅游是娱乐活动的一部分，包括去一个不太熟悉的地区或社区进行短期旅行，以满足消费者对一项或各种活动组合的需求。这个定义的优点是，它将旅游置于娱乐的整体背景下，保留了在正常工作场所以外的旅行需求，并关注旅行的原因。

1.1.2 统计性定义

对旅游和旅客进行准确定义是建立统计标准的前提条件（Mieczkowski，1990）。此外，包括旅游学者在内的许多人，都很不愿将商务旅行和职业旅行视为旅游活动，但它们经常被包括在旅游中。理由是商务旅行和职业旅行具有前一节中所描述的特征，而且它们具有与旅游定义相同的经济意义（Burkart & Medlik，1974）。商务旅行者是纯粹的消费者，在实践中，很难或不可能将他们与那些为了快乐而旅行的人辨认开来。两者最主要的区别在于目的不同，但大多数酒店经营者或住宿供应商都无法区分度假者和商务旅行者，所以这两者从统计定义上非常难以区分。Burkart & Medlik（1974）认为，旅游的统计性定义必须满足如下条件：

①可以确规定旅行和游览访问的具体类别。

②可以根据离家的时间长短来定义时间元素（例如，最小周期和最大周期）。

③可以识别特定的情况（例如，中转交通）。

一个众所周知的定义是，1963 年在罗马举行的联合国旅游问题会议上推荐的定义，但是，联合国的定义并不是第一个定义（Gilbert，1990）。联合国会议建议在国际统计数据中对"游客"的定义如下：出于统计目的，"游客"一词指的是出于职业以外的原因而访问其通常居住地以外的任何人。

此定义包括：

①游客，即在该国停留至少 24 小时的临时游客，其旅行目的可归类为：休闲（娱乐、

度假、健康、学习、宗教和运动）或 / 商务、家庭、任务、会议。

②远足者，即在该国停留不到 24 小时的临时游客（包括邮轮旅客）。

游客统计不应包括在法律意义上不进入该国的旅客（例如，不离开机场的过境区的航空旅客，以及类似的情况）。后来，"24 小时"一词成为一个讨论点，并被"过夜"所取代（1967 年联合国统计委员会和 1968 年、1990 年在吉尔伯特举行的 IUOTO 会议）。这个精度更对应于现实（过夜的旅行可能持续不到 24 小时），联合国的定义本意是指国际旅游（访问旅行者通常居住的以外的地方），但当时国内旅游的确被忽视了。为了完善国内旅游的定义，1980 年世贸组织的《马尼拉宣言》将联合国的定义含蓄地扩展到国内和国际的所有旅游。该定义不包括返回的居民、移入定居、短期移入居住（停留不到 1 年的临时工）、通勤者、士兵、外交官和过境乘客。尽管它并不适用于所有国家，但这作为标准定义维持了较长一段时间。在这方面，美国就是一个典型的例子。在美国，旅游和游客的定义也因州而异（De Brabander，1992）。

旅游统计数据仍然没有一种共同的口径。许多科学家和组织都意识到了这个问题，20 世纪 90 年代初经历了一段长期的准备工作，一些国际组织（欧盟统计局、经济合作与发展组织、世界贸易组织和联合国统计司）参与了解决这个问题的工作。该问题准备工作于 2000 年结束，联合国统计委员会通过了《旅游卫星账户：推荐方法框架》这一方案（Eurostat 等，2001）。2001 年的温哥华会议庆祝这 10 年的科学家之间的国际合作，也直接促使旅游卫星账户的发展达成了共识。旅游业的这一显著成就是已故 Enzo Paci 毕生工作的顶峰（参见旅游经济的影响测度世界峰会，Nice，1999；欧盟统计局等，2001）。与此同时，它对旅游的技术性定义进行了重新定义，且世界各地接受：旅游是指以休闲、商务和其他与在旅游地点内赚取报酬无关活动为目的，前往日常环境以外的地方连续不超过一年的活动。在旅游定义中提到的人称为"游客"，则游客定义为：任何前往通常环境以外的地方旅行少于 12 个月，且旅行的主要目的并非在所访问的地方从事获得报酬活动的人。这一定义在两个方面与以前在联合国的描述不同：第一，确定在通常居住地以外的最长停留时间（连续 1 年）；第二，"通常居住地"被"通常环境"所取代。在新的定义中，"通常环境"是一个关键元素。在《旅游卫星账户：推荐方法框架》（欧盟统计局，2001）中，这与个人在其日常生活中移动的地理边界相对应。因此，一个人通常的环境包括直接靠近他或她的家乡工作或学习的地方和其他经常去的地方，并有如下四个因素可以参考：

①频率：一个人经常（根据日常工作或生活）访问的地方被认为是通常环境的一部分，即使这些地方可能与居住地隔很远的距离。

②距离：位于靠近一个人的居住地点的地方是通常环境的一部分，即使这个地点很少有人访问。

③时间：游客在离开住所和回家之间要花多少时间。

④定义：人们进行日常活动（家庭作业、购物、学习等）地点的定义。

要确定通常的环境，有两种不同的调查研究方法：基于内生性的和外生性。在内生性的方法中，研究人员必须定义距离和时间阈值，并必须指出什么是"频繁的"，换句话说，以一种可以量化的客观的方式来定义什么是"通常环境"。但这种方法又被许多其余因素影响，在各个国家和地区之间因地而异，如国家规模、人口密度、区域城市中心的分布等。在农村地区，通常的环境可能相当大，而在城市中心，居住在城市的一个地区的人可能永远不会（或很少）访问另一个地区，尽管他们之间的距离相对较小。

在外生性方法中，游客应该自己表明自己访问的地方是否在他们通常的环境中。后一种方法是世界旅游和旅游理事会（World Travel and Tourism Council）的首选，但这是一条非常不稳定的道路，因为个人的解释非常主观，每个人对通常环境的定义都不同，所有关于"通常环境"的研讨会都没有得出一个准确有效的结论。旅游和娱乐活动之间，旅游和日常活动之间总有一条灰色地带，但在实践中，这不会对研究结果产生很大的影响。

1.2　旅行和旅游的维度

尽管对旅游有许多国际上和/或科学上的定义，但似乎没有一个普遍接受的定义。然而在旅游的维度方面却意外达成了更多共识。De Brabander（1992）对"旅行"和"停留"进行了区分。就旅行的基本组成部分而言，他指的是三个子维度：

①距离：短、中、长途。

②类别：国内和国际。

③交通方式：汽车、长途汽车、火车、飞机、船和其他。

对于"停留"维度，还有另外三个分类：

①持续时间：少于 24 小时（短途旅行）和超过 24 小时；对于后者，通常会进一步区分为短期的假期（一到三晚）和假期（四晚或更多）。

②目的：休闲、商务、会议和个人（家庭、宗教、健康、教育）。

③住宿：酒店、寄宿公寓、露营、度假村、出租公寓或别墅、邮轮、农场和其他。

关于旅游类型，重要的是要确定游客（和相关消费）的地理位置，以便分析对一个地区的影响。这不仅适用于在国家层面上建立统计数据，更适用于在区域层级建立统计数据。在旅游卫星账户中，旅游分为以下类别（以法国为例）：

①本国旅游：一个国家的居民以本国为旅游地区的旅游。旅游卫星账户区分了只在其境内旅行的居民游客和最终地区在国外旅行的居民游客。

②入境旅游：发生在国内的非本国居民游客的旅游。

③出境旅游：本国居民跨越国境到其他国家的旅游（例如，法国人访问其他国家的旅游）。

④国内旅游：包括本国旅游和入境旅游。

⑤国家旅游：居民游客（例如，法国人）在所指国家（法国）经济领土内外的旅游。

⑥国际旅游：包括入境旅游和出境旅游。

根据旅游的类型和类别，并考虑到消费是游客的一种活动，可以得出以下游客消费的总和：

①本国旅游消费——例如，法国境内的居民游客的消费。

②入境旅游消费——本国的非居民游客对该国居民提供的商品和服务进行的消费。

③出境旅游消费——居民游客跨越国境进行的商品和服务的消费。

④国内旅游消费——国内居民和非居民游客对本国或居民提供的商品和服务的消费。

⑤国家旅游消费——居民游客在居住国国内及国外的消费。

首先，关于本国消费，游客的最终地区可能是在本国境内或不在本国境内，但所提到的消费活动必须在本国境内进行。换句话说，出境旅游消费的本国部分是本国旅游消费的一部分。其次，入境消费不包括在其他国家进行的购买（例如，由外国公司提供的航空运输，或在免税的机场商店购买的商品）。再次，出境旅游消费不包括旅游前后和居住国内获得的商品和服务，而这部分传统上被认定为出境旅游消费的国内部分。最后，入境旅游消费是有关国家的"出口"，而出境旅游消费是"进口"。

1.3 旅游及其他相关概念

旅游与以下相关概念既存在关联又有区别，我们将一一甄别。这些概念中的第一个概念是"自由时间"，即个人在完成必要的工作和其他生存活动及职责后，可自由支配的时间（Miller & Robinson，1963；Mieczkowski，1990）。换句话说，自由时间可以被定义为"空闲时间"。

第二个概念是"休闲时间"，休闲时间是指为追求休闲而进行的活动所占用的部分空闲时间，可以通过娱乐过程和游戏活动获得休闲，休闲时间也指充满了各种特定活动的时间。因此，现代人普遍认为，休闲应该被描述为当工作、睡眠和其他基本需求得到满足后，个人可用的时间（Cooper 等，1993）。

第三个概念是"娱乐"。根据 Cooper 等（1993）的说法，"娱乐可以被认为是在休闲时所从事的活动，正如前一节所提到的，在常规环境之外的一日游也是一种旅游活动。休闲活动的基本特征是：

①获得休息，提高工作效率。

②一种从事娱乐的非工作活动。

③它的自愿性，没有外部强迫。

Mieczkowski 非常明确地指出，在休闲活动中，重点是时间因素，其中包含的内容是娱乐，是休闲时间的使用方式。大多数学者认为，娱乐由活动组成（Clawson & Knetsch，1964; Mieczkowski，1990, Cooper et al.，1993），并将娱乐区分为家庭娱乐（园艺、看电视、阅读等）、日常休闲（参观体育活动、光顾餐厅等）一日游（观光景点、主题公园或海滩等）和旅游等。然而，并非所有的旅游都是在休闲时间进行的，商务旅游是在工作时间进行的。事实上，旅游业的一部分与工作时间有紧密联系，包括商务会面和商务会议。

最后一个相关的概念是"旅行"。旅行不仅仅是旅游，它也可能是出于通勤、移民等原因和其他超出旅游范围的人员流动。然而，它也可以为"旅游不仅仅是旅行"这一论点辩护，因为旅行只是旅游的一个组成部分。通俗地说，旅行经常被用来代替旅游，其实"旅游"一词在欧洲更常用，而在美国，"旅行"一词更常见。两份历史最悠久的旅游科学期刊是《旅游评论》（AIEST，以欧洲为主）和《旅行研究杂志》（以美国为主）。旅游业具有许多典型的经济特征，这些特征在很大程度上影响旅游经济学，或导致特殊的测量方法和经济影响分析，之后的 1.4 节将讨论相关要点。

1.4 旅游"业"真的存在吗

在报告、演讲、文章和出版物中，"旅游业"是常用语。然而，文献中一直存在关于旅游业本身是否是一个产业或者行业的争论（Wahab, 1971; Burkart & Medlik, 1974; Chadwick, 1981; Jefferson & Lickorish, 1988; Medlik, 1988）。什么是产业？一个产业或经济行业一般由生产相同产品或服务、或相同产品和服务组、或基于相同原材料（皮革、橡胶等）的企业组成。国民核算制度将"产业"定义为从事同类生产活动的企业群体，其中包括出国旅游的游客购买旅游行业提供的服务、交通服务、住宿、食品和饮料、各种纪念品、娱乐服务等。显然，所有这些商品和服务都不完全属于同一类的产品或服务，这就解释了为什么在国民核算中没有一个行业被称为旅游业。酒店和餐饮业很难被视为旅游业的替代品，因为它只是整个旅游业的一部分。另外，许多餐饮业企业与游客没有联系或联系很少。然而，Burkart & Medlik（1974）为"旅游业一定存在"的观点辩护，他们认为上述所有组成部分都有一个共同的功能，即提供游客需求。鉴于这些服务对旅游产品的贡献的特殊性和复杂性，很难将它们适用于通常的产业概念，但它们确实可以被描述为旅游业，因为它们包括经济中具有满足游客需求这一共同功能的部分，这使我们能够将旅游业的需求和供应联系起来，并分析旅游业对经济的影响。无论如何，这都是一个强有力的论点。史密斯（Smith, 1988）也同意旅游业这一概念，并像 Medlik（1988）一样，制定了一个针对旅游业活动的业务衡量标准。他从供应方的角度区分了专为游客服务的企业（如酒店）和为游客和当地居民服务的企业（如餐馆或酒吧）之间的区别。事实上，旅游产品的各个组成部分属于国民经济核算的不同行业，有些公司只为游客服务，有些公司既为游客服务，也为非游客服务，因此很难衡量旅游业的实际意义。可见，有必要建立旅游卫星账户（TSA），世界贸易组织于 1991 年在渥太华举行的国际旅行和旅游统计会议是国际组织（联合国、世界旅游组织、经济合作与发展组织）、旅游专家和各国（加拿大和法国）在 20 世纪 70 年代末和 80 年代为衡量旅游业对经济的影响而做出的巨大努力的成果。联合国（通过其统计委员会）、欧盟统计局、经合组织和世贸组织等国际组织为旅游业制订了一套定义和分类方法，即著名的旅游卫星账户（欧盟统计局等人，2001）。这样做有两个主要目的；第一，实现旅游的国际可比性；第二，为各国引入旅游统计系统并提供指导。如何定义旅游卫星账户？我们在 Franz 等人的书中找到了一个很好的理论性描述。

各国根据国际商定的国民账户（NA）标准来衡量国内的经济活动，即国内生产总值、就业或需求。作为整体经济的一部分，旅游业已在国民核算中得到体现，供应商生产和游客购买的相关商品也已经被纳入核心核算中。然而，由于旅游业没有被确定为一项单独的活动，而且旅游需求所生产和消费的商品被掩盖在核心账户的其他要素中，它们并不明显。为了克服这一问题，所以提出了卫星账户，其能够同时突出经济的某个特定方面。考虑到提供旅游产出的行业，这些行业在生产账户中被确定；同时，这些行业决定了旅游业的需求特征（如游客），这些需求特征通过功能被确定。更广义地说，"卫星账户"是联合国开发的一个术语，用来衡量未纳入国民账户的旅游经济行业的规模，经过旅游卫星账户的归纳总结，旅游业的五个主要行业如下：

（1）旅游景点行业

自然景点／文化景点／主题公园／博物馆／国家公园／野生动物公园／花园／遗产遗址／娱乐／事件等。

（2）住宿行业

酒店／汽车旅馆／餐馆／宾馆／公寓、别墅和住宅／度假公寓／露营地／旅游商队／度假村／码头等。

（3）运输行业

航空公司／铁路／巴士和长途汽车运营商／汽车租赁运营商／航运公司等。

（4）旅游组织者行业

旅游运营商／旅行社／旅游组织者等。

（5）地区的组织行业

国家旅游局／地区旅游办事处／当地游客服务中心／旅游协会等。

1.5　旅游业的特征

1.5.1　旅游产品是一个复杂集合体

旅游产品根据旅游供应商或游客的看法，可以有不同的解释含义。对于酒店老板来说，产品是酒店房间，对于航空公司而言，产品则是航班座位，这些都是提供给游客的产品。从狭义上说，旅游产品由游客购买的东西组成。从广义上来说，旅游产品是游客购买的一个度假体验（从他离开家到他回来的一切，也可以说是体验链）。旅游产品是他在旅游地所做的事情和他享受的服务的集合体（Medlik，1974）。例如，景点、无障碍设施、地区的便利设施（住宿、餐饮、娱乐、内部交通和通信、入境旅游经营者等），而许多无形的元素（例如，当地居民的氛围和友好性）都是旅游产品的组成部分，这些组成部分相互补充，相互依存。对吉尔伯特（Gilbert，1990）来说，旅游产品是"不同商品和服务的集合体，为游客提供一种活动体验"。该产品可以由旅游运营商、旅行社、住宿部门、地区管理组织和其他组织者提供。

1.5.2　旅游是一项服务活动

在 1.4 节我们曾讨论过，旅游业本身可以被认为是一个产业，但它并不是一个严格意义上的产业。旅游具有服务的所有特点。米德尔顿和克拉克（Middleton & Clarke）在 2001 年出版的《旅行与旅游营销》一书中提到了区分服务和商品的一些特点，如表 1-1 所示。

表1-1　区分服务和商品的一般特征

商品	服务
1. 制造 2. 是在通常不对客户开放的办公场所制造的（可分离的） 3. 被交付到客户居住的地方 4. 购买方行使所有权和使用权 5. 在销售点拥有有形的形式，并且可以在销售前进行检查 6. 库存的产品可以被创建和持有，以供将来出售	1. 执行 2. 在生产者的场所进行，通常与客户完全参与（不可分割性） 3. 客户会前往提供服务的地方 4. 购买授予了在预先排的地点和 / 或时间进入的临时权利 5. 在销售点时是无形的，通常不能被检查 6. 易逝性；服务可以清点，但不能持有产品库存

服务的三个特点是非常重要的。首先，所有的旅游服务都是无形的。在国际贸易和国际收支方面，入境和出境旅游分别是无形的出口和进口。其次，旅游服务具有不可分性。生产和消费是在生产者的生产场所或设备上进行的，而不是在游客的住所。因此，旅游供应商的工作人员有一定的消费者接触，并被游客视为服务产品不可分割的一个方面。虽然商品可以通过测试和保证，产品性能可以通过消费者保护法来强制执行，但这对于旅游服务来说要困难得多。飞机或酒店的表现取决于员工的态度，而这不是能做出保证或法律强制执行的。不可分离性不仅对旅游营销产生直接影响，而且对旅游供应商或地区的竞争地位也有很大影响。事实上，工作人员的态度（例如，友好、乐于助人的氛围）通常是旅游产品的一个重要因素。服务人员毕竟不是机器，一组酒店游客可能对某个员工的行为感到非常满意，而另一组一周后到达的游客可能会对服务有很多抱怨，这与员工的工作压力、心情甚至气候有关。最后，旅游产品具有易逝性，这是旅游服务中最重要的特征。因此，下面将专门讨论这一特点。

1.5.3　旅游产品的易逝性

旅游产品的易逝性可以通过一个实际案例来说明。拥有 100 间客房的酒店每天提供 100 间客房的出租，酒店老板每天都会尽力全部卖出去。在一年中的大多数日子里，他都不会成功销售出所有房间。与商品不同，酒店老板不能把未售出的房间存到第二天或下一周。旅游业的供应相对不灵活，在当天没有租出的房间就会失效——或者说"易逝的"。所有拥有固定数量房间的酒店和拥有固定数量座位的运输运营商（铁路、航空公司、公交／长途汽车公司等），都面对相同的供应与现有需求不匹配的情况。如果在某一天供需不匹配，则失去的损失永远无法收回。然而，这并不是旅游业特有的现象。许多拥有固定产能的服务业也面临着同样的问题。为了应对旅游产品的易逝性，许多酒店经营者、航空公司和铁路公司采用了越来越多的价格差异化和收益管理。收益管理是一种对运力进行盈利管理的方法，在过去 20 年里获得了广泛认可，特别是在航空公司和酒店业。收益管理是一种管理方法，可以帮助一个公司在正确的时间、以正确的价格将正确的库存单位出售给正确的客户（Kimes，1999）。收益管理应该满足一些必要的条件，如一个公司应该有固定的产能、高固定成本、低可变成本、细分市场、随时间变化的需求和库存单位的相似性。

1.5.4　旅游需求的季节性

对旅游产品的需求的特点是时间分布的不平等。每年有几周或几个月的需求很大，而其他时间的需求很小。这种时间上的峰值模式被称为季节性，这种需求的不均匀分布因旅游地区的不同而不同。一些地区的旺季最多为六周，而其他地区的旺季则持续几个月。还有一些地区全年都在吸引游客。峰值模式并不一定局限于一个峰值。例如，阿尔卑斯地区有两个峰值。造成季节性高峰的主要因素是气候。例如，北欧的居民往往在 6 月至 9 月中旬的夏季进行主要度假。然而，在太平洋、地中海或加勒比海的旅游地区，气候变化不那么重要，不过需求也有季节性。这主要由两个因素造成：一是学校放假。许多人参与了与教育相关的活动——儿童、学生及他们的父母、教师和与学校有关的人，在发达国家，这些群体占全国人口的比例较高。第二个因素是工作制度，每年带薪休假也有些明文规定，在欧洲很多公司每年带薪休假期间选择直接歇业休整，带薪休假期间的选择也受到一年一度学校寒暑假的影响。这似乎是一个自我强化的系统，比如在某些情况下，当邻居离开家度假时，人们可能更喜欢跟随邻居的活动一起去度假（Vanhove，1974），季节性给旅游地带来了许多令人不快的经济和生态后果：

①需求的季节性模式影响了住宿的入住率，如果一年只运营 100 天，一家酒店就不可能长久地经营下去，这是资源利用不足的一个典型例子。

②一般的旅游基础设施（如人工景点、海滩设备、停车场、道路、码头等），在旅游

高峰时会人手不足，服务无法完全满足游客的需求。

③为了应对高峰，公共部门面临着高昂的运营成本（如警察部队、消防队、医院能力等），这些成本并不局限于旺季，而是全年都有影响。

④在许多旅游区，季节性特征会导致季节性就业，而相关的季节性失业则会导致社会问题。显然，现实情况更复杂一些。在旅游旺季，旅游区的工作者工作时间很长，而在淡季，他们甚至需要领取失业救济金来艰难度日。

⑤游客作为消费者，往往在旺季面临着价格过高、交通拥堵和服务满意度较低的问题。这就引起了游客们的不满。

⑥在许多情况下，需求在几周内集中，会引发生态危险，或导致超过自然或文化景点的最大承载能力，这会对环境和生态造成不可逆影响。

因此，我们并不惊讶于一些国家正在努力通过交错假期来更好地管理旅游需求（Stäblein,1994）。大多数旅游国家的总体趋势是每年有不止一次的假期，减少了主要假期的持续时间，不断增加对短期假期（一到三个晚上）的需求，这使得许多地区的季节性特征趋于淡化。

1.5.5 旅游产品的相互依赖性

旅游产品的相互依赖代表着旅游产品具有多层次性。即使是一个游客也会购买不同公司提供的一整套产品，如果没有游客乘车到达景点，景点就没有经济价值，如果没有其余支持因素和资源，如基础设施、可达性、便利资源和招待，景点就无法正常运作。从更广泛的意义上说，地区景点之间可以相互依赖，两个相邻景点所提供的好处超过了两个单独景点的总和。布鲁日作为一个文化地区，是对比利时海岸的海滨度假胜地和比利时其他文化城市的真正支持，反之亦然。有谁不想顺路多去几个自己感兴趣的景点呢？

1.5.6 投资成本低，固定运营成本高

这可能很难证明旅游业的低投资成本，因为低投资成本是一个相对的概念。与其他部门比较，在严格意义上，旅游业本身并不存在"低投资成本"这个词，因为它是由许多部门组成的。然而，有几个指标支持低投资成本的论点。在住宿业工作的人均投资（如一家酒店）和其他设施都相对较低。许多自然景点都有免费的商品，或者只需要边际投资就能让它们投入运营。大多数文化景点，如教堂、城堡、修道院和博物馆，都是为非旅游目的而建造的，直到后来才成为旅游景点。并不是所有的旅游投资的投资成本都相对较低。机场、飞机、高速公路、铁路、游轮、邮轮码头、自来水厂和电缆铁路都需要很高的投资成本。然而，它们中一些不仅服务于旅游业，还服务于国民经济中的其他活动。更重要的特点是较高的运营成本。一个公司的成本可以分为固定成本和可变成本。固定成本是指独立

于与客户数量无关的成本，无论如何都必须支付；而可变成本是指在给定时间内因增加客户数量而产生的成本。例如，酒店、航空包机或旅游景点在任何情况下都需要支付以下固定成本费用：房屋和设备的折旧／维护／能源／保险／财产税／工资和全职员工的间接工资成本／管理费用／营销成本。

这些固定成本费用大多是全年提前支付的，一般的盈利平衡点是：入住率低于 60% 的酒店不能盈利，而航空包机的负荷率应低于 90% 的不能盈利。由于运营的固定成本相对较高，许多度假村以非常低的价格提供淡季或非周末服务，以便覆盖可变成本和提供少量盈余来支付年度固定成本。由于典型的成本结构，许多旅游公司一旦超过盈亏平衡点，就会获得可观且快速增长的利润，但当它们保持在低于盈亏平衡点时，就会产生较大且持续升高的亏损。

1.5.7 高收入弹性

旅游需求相对较高的增长率，部分原因是国际旅游和收入的高收入弹性。对旅游业的需求显示出人们对收入变化的高度敏感性。它通常被认为是具有收入弹性的。这意味着什么？收入弹性是需求对收入上升或下降的反应，以需求变化与相应的收入变化之间的比率来衡量。例如，如果收入增长 1% 导致旅游需求增长 1.5%，那么旅游需求的收入弹性等于 1.5。弹性系数如表 1-2 所示。

表1-2　国际旅游旅客的每年增长率值

单位：%

地区	2000 ～ 2010	2010 ～ 2020
欧洲	3.2	3.1
东亚／太平洋地区	8.2	6.8
美国	4.0	3.8
非洲	5.7	5.1
中东	7.1	6.5
南亚	6.8	5.8
世界	4.5	4.4

$$E_y = \frac{\Delta D / D}{\Delta Y / Y}$$

E_y=收入弹性系数

ΔD =旅游需求的变化

D=旅游需求

ΔY =收入的变化

$$Y=收入$$

如果 E_y 大于 1，旅游需求被认为是具有收入弹性的；如果 EY 在 0 到 1 之间，表示需求缺乏弹性。旅游收入的弹性因国家和时期而异。Smeral（1994）计算了各国入境旅游的收入和价格弹性（1994），如表 1-3 所示。

表1-3　1975～1992年间一些国家的入境旅游（出口）收入价格弹性

地区	收入弹性	价格弹性
澳大利亚	1.24	−1.32
奥地利	1.21	−0.87
德国	0.61	−0.43
瑞士	1.60	−1.15
丹麦	1.36	−0.99
法国	1.11	−0.91
意大利	2.12	−1.41
日本	2.10	−1.69
西班牙	2.45	−1.39
瑞典	2.47	−1.76
美国	2.06	−0.44
英国	0.52	−0.72

除德、英两国外，其他所有国家的收入弹性均大于1。然而，各国系数各异，12个国家中有5个国家的收入弹性大于2。除收入弹性外，价格弹性在旅游业中也非常重要，它是需求对价格变化的反应，其计算方式与收入弹性类似。Smeral 的研究表明，旅游需求对价格变化很敏感，而且价格弹性比通常所说的要高，旅游业的竞争非常激烈。很明显，价格弹性系数一般有一个负号，当自变量"价格"提高时，旅游需求（因变量）可能会下降；反之，当价格下降时，需求就会增加。

1.5.8　中小企业占主导地位

旅游业的另一个经济特征是中小企业在旅游业中占主导地位。Middleton（1998）估计，仅英国就有17万家中小企业（他使用"微型企业"一词），这些企业占了提供旅游服务的所有企业的95%。在许多著名的旅游国家，酒店行业也是如此。Middleton（2001）列出了这些微型企业在经济上的优势和缺点：

①微型企业赚到的钱往往会留在当地地区——他们通常在当地购买，是当地货币循环周期的一部分。

②它们是在农村地区和一般欠发达地区创造就业机会的一个重要因素。

③它们不具备主导大企业的商业力量。

④通常情况下，成千上万的微型企业，它们作为个体企业是独一无二的，无法标准化。不幸的是，这使得它们无法被界定，难以测量。

应该认识到，在许多发展中国家，旅游业是通往"创业"的门户，在许多国家和地区的发展进程中，这一点被认为是旅游业的积极点之一（Mathieson & Wall, 1982; Vanhove, 1986）。

1.6　本章小结

本章首先从旅游的概念性定义和统计性定义描述了什么是"旅游"，进而阐述了旅行和旅游的维度，旅游的类型包括本国旅游、入境旅游、出境旅游、国内旅游、国家旅游和国际旅游；为了阐述与旅游相关的其余概念，甄别了空闲时间、休闲时间、娱乐以及旅行之间的区别，旅游与上述所说的相关概念既存在关联又有区别；在过去很长一段时间都存在关于旅游是否是一个产业的争论。经过分析，本章更支持旅游是一个产业这一观点，因为旅游中的要素包括经济中具有满足游客需求这一共同功能的部分。最后，了解到旅游业的几大特征，分别是复杂集合性、服务活动性、易逝性、季节性、相互依赖性、高固定成本性、高收入弹性、中小企业主导性。

2 旅游的测量

引言

旅游活动的测量对公共部门和私营部门都很重要。如果没有可靠的数据，就不可能证明该部门在增值、就业、进出口方面的经济重要性。在许多国家，由于缺乏正确的统计信息，旅游活动的数量仍然被低估了。一项有效的政策还需要有关供求结构和该部门发展的数据。此外，一个良好的信息系统是当地和区域进行良好规划的基础。战略规划（包括市场营销和实体规划）起于情况分析——哪些是应当优先发展的？哪些是医院、停车场、废物处理设施、警力等的必要容量？第一章所述的特征已经表明，衡量一个国家或地区的旅游活动并不容易。一个国家的旅游需求和供给是多少？这是一个非常重要的问题，因为答案为经济影响分析提供了基础。尽管有过度简化的风险，直到最近，旅游供应还是仅仅用床位、房间、露营地等的数量来定义，而旅游需求只用到达人数和夜间人数来表示，其实房间和到达者的数量并不能很好地反映一个国家的旅游活动。这些统计数据是有用的，但远不完整。这就解释了科学家和地区、国家和国际组织在过去 10 年里为改善旅游数据系统所做的大量努力。

本章重点介绍了在实践中应用的一些测量系统，主要包括以下四类：

①一个通用的旅游信息系统。

②旅游卫星账户。

③旅游及假日调查。

④旅游晴雨表。

所有这些系统都有不同的目标，因此不具有可比性，有时是互补的。除此之外，每个国家都有自己的（有时是更新的）注册制度。

2.1 一个通用的旅游信息系统

一个通用的旅游信息系统（tourism information system，TIS）可以被描述为一个用永久且系统地收集地区（国家、区域或地方）的旅游供求数据的系统，这是制定有效的旅游政策（例如，一般政策、旅游营销、实体规划）所必需的。TIS 的要素在很大程度上取决于旅游政策的内容。这种系统在需求项目和供应要素之间有明显的区别。需求和供应类别被进一步划分为"基本"和"次要"。在 TIS 中，"基本"意味着每个地区都要处理的事务或项目，它并不排除因营销目的，一些次要项目也很重要。TIS 的准备和维护是费时费力且昂贵的，但如果考虑到以下建议，成本可以降低。首先，有些元素没必要年年重复测量。例如，游客前往地区的花费模式不可能从一年到下一年发生根本性改变。其次，对于一些项目，可以通过使用一个具有代表性的样本来节省成本。一个好的样本比一个糟糕的详尽的调查能提供更好的参考。在抽样时，应特别注意三个主题：

①抽样方法（随机抽样、系统抽样、分层抽样、整群抽样、配额抽样或随机游走）。

②提供调查的方法（个人访谈、电话调查、邮政调查或互联网调查）。

③问卷设计（问题的措辞和内容）（Cooper et al.，1993；Smith，1997）。

2.2　旅游卫星账户

2.2.1　背景、定义和目标

必须清楚的是，本节仅限于旅游卫星账户（Tourism Satellite Account，TSA）的一个概念框架。关于广泛的方法和纯技术方面，我们可以翻阅参考文献和进一步阅读列出的关于该主题的专门报告和手册。旅游卫星账户（TSA）与通用的旅游信息系统（TIS）有很大的不同。这个概念一方面要宽得多，另一方面也要窄得多。这一点将在下面的段落中清楚显示。关于旅游业的统计数字往往仅限于到达人数、夜数、停留时间、访问目的、住宿类型、游客来源及其社会经济概况、住宿能力和相应的入住率以及其他一些因素的数据。将其链接到上一节的通用的旅游信息系统（TIS）的基本项目应该不难。这些仍然是旅游卫星账户（TSA）的组成部分，但后者 TSA 提供了更多。然而，对于环境或营销政策很重要的元素并没有保留在 TSA 中。我们如何定义一个旅游卫星账户（TSA）？根据世贸组织（2000）的说法，"旅游卫星账户（TSA）只不过是一套整合到表格中的定义，以逻辑上的、一致的方式组织，使人们能够从需求和供应两个方面来看待旅游业的整体经济规模"。正如我们在之前所指出的，"卫星账户"是由联合国制定的，用来衡量其本身不属于国民账户的经济部门的规模。换句话说，它是一个与国民核算系统相结合的旅游信息系统。20 世纪 90 年代，许多组织和旅游科学家都认为需要建立一个全面的旅游测量系统。许多人因为对该行业的真正低估而感到沮丧。这一点在世贸组织的宣传册（WTO，2001）中得到了很好的表达："旅游业是世界上许多人参与的活动，但除了让旅行者高兴和促进商业的能力外，很少有人欣赏这些活动。"

为什么需要旅游卫星账户（TSA）？政府往往低估了旅游业所带来的经济效益，因为它不像机器建筑和纺织等行业那样可见。企业往往未能意识到旅游业在其成功扮演的角色，它们没有充分利用这一不断增长的活动中的机会，因为它不像其他行业那样被测量。市民也不会认真考虑旅游业提供的就业机会。旅游活动较大份额地促进了个人支出、商业收入、就业、增值创造和政府收入。只有一小部分旅游支出发生在通常被认为是旅游业

（酒店和贸易）的部分。事实上，很大一部分发生在旅游业之外，如自助餐饮、博物馆、零售商店、公共交通等。然而，到目前为止，人们还缺乏足够的重视，将这些经济效益与机械制造、纺织或保险等其他行业相提并论。旅游卫星账户的目标多样化，包括以下内容（欧盟统计局等，2001）：

①描述一个国家或地区的旅游活动的结构。

②提供宏观经济总量来描述旅游业的规模和经济重要性，如旅游增值和旅游 GDP。

③提供关于旅游消费和国内旅游供应和进口如何满足旅游消费的详细数据。

④提供旅游业的详细生产记录、就业数据、与其他生产活动的联系和资本形成。

⑤提供经济数据和通用旅游信息系统（TIS）的基本项目之间的关联。

根据 Franz 等的说法，设计是针对其主题和目的而进行的（2001）。旅游卫星账户（TSA）不仅是一组统计表，而且是一个全面的、包含具体定义和相互关联数字、汇编和分析的系统。然而，这种对旅游卫星账户（TSA）的看法仍然只是其内容的一半；另一半是它被嵌入一个国家的整体国民核算体系的更大的背景下，称为"整体或全局"的观点。旅游卫星账户（TSA）的基本结构是基于经济中由旅游业产生的商品和服务的需求与供应之间的总体平衡。TSA 背后的理念是详细分析经济中可能与旅游业相关的商品和服务需求的所有方面，观察该经济中此类商品和服务供应的操作界面，并描述这种供应如何与其他活动相互作用（Eurostat et al.，2001）。需求和供应的观点是接下来两部分的主题。

2.2.2　需求视角

需求视角的两个关键要素是"游客"和"旅游消费"。"游客"一词（游客和远足者）在前面中有定义。旅游消费是该体系的核心要素，也是旅游业经济影响分析的基础。世贸组织和经合组织使用以下旅游消费的定义："游客在旅行之前、期间和之后，在通常环境之外发生的与旅行相关的支出。"要注意的是，在旅行前的一些支出（例如，护照、接种疫苗、作为礼物携带的小物品）和之后（拍摄照片）都包括在内，只要它的使用显然是针对旅行的。旅游消费的不同总量或类别（国内、入境、出境）与游客有关。这些旅游消费的总和远远超过了游客在这次旅行中的购买量。它们还包括其他机构单位代表访客在货物和服务方面的所有支出。如果现金或金融资产被转移给游客来资助旅行，这些资助的购买将包括在游客消费中。与此同时，还有所有形式的实物转移及其他有利于游客的交易，该交易不是提供给游客的现金或金融资产，而是提供商品和服务。

旅游消费的组成部分主要包括以下四个类别：

①游客最终消费支出（现金形式）。

②游客最终消费支出（实物形式）。

③旅游实物的社会转移。

④旅游商务费用。

这些类别需要进行说明。游客最终消费支出的现金形式通常指的是"游客支出"，是投入产出项的最终需求的一部分，它总是代表总消费中最重要的组成部分。这里应特别注意耐用消费品，应该区分"旅游单一目的商品"（这是一种专门用于旅行的商品，如滑雪设备、露营设备、行李等）和"多用途耐用消费品"，它们既可用于假期，也适用于日常环境（例如，相机和汽车）。根据旅游卫星账户（TSA）公约的框架，这两类耐用品有不同的处理。旅游单一用途耐用品总是包括在内，无论是在旅行之前、期间或之后，甚至在旅行之外购买。多用途耐用消费品只包括在假日期间购买。游客消费的实物支出包括非货币性交易，即物物交换（为假日目的的交换住所）、最终用于自己使用的生产。第二套房屋（自费或免费提供）和实物收入（雇主提供的假期）。旅游实物的社会转移涉及政府组织或为家庭服务的非营利机构提供的非市场服务（NPISH）。这些非市场服务的例子是向旅客提供的保健服务（例如，参观博物馆等活动），其中的总费用可能不完全归因于游客。游客支付的博物馆费用以现金的形式包括在游客消费中。旅游商务费用包括企业、政府组织和为家庭提供服务的非营利组织当中包含的有关旅游的消费。它们主要涉及员工出差时的交通和住宿支出，被认为是相应生产单位的中间消费。除了游客的消费外，还应关注旅游的集体消费。就旅游业而言，集体服务（除其他外）涉及提供有关旅游业、由公共机构促进旅游业、维持秩序和安全以及维护公共领域的立法和条例。到目前为止，旅游集体消费还不是旅游卫星账户（TSA）的一部分，仍然是一般政府的实际最终消费。然而，在 TSA 系统中，预测了一个旅游集体消费表。一个特殊的类别是旅游总固定资本的形成。这对旅游业很重要，因为在景点、交通、住宿、机场、公共设施和许多其他方面的基础设施的存在决定了旅游流动的性质和强度。此外，它还需要来自公众和私营部门的大量投资。目前，对由游客的需求驱动的资本产品的识别，在概念上和实际上都存在困难。这是一个非常重要和微妙的问题，特别是在需要按每个类别的旅游支出进行细分时。制定旅游卫星账户（TSA）的准则概述了适用的支出估计方法（世贸组织，2000），这些方法的性质包括：

①现有数据（国家统计局）。

②家庭调查。

③游客调查，包括如下内容：

　　日记调查；

　　对住宿机构进行的调查；

　　在边境进出点进行的调查；

　　对运输车辆上的调查；

　　在热门游客场所进行的调查。

④旅游机构调查——采访选定的客人，或对选定的客人进行问卷调查。

⑤中央银行数据。

⑥支出模型，包括如下内容：

　　支出比率模型；

成本因素支出模型（家庭调查和机构调查的结合）。

2.2.3 供应视角

旅游业的经济分析需要识别特定于旅游的产品。游客在度假时所使用的资源，他们对商品和服务的消费，并因此确定提供这些商品和服务的经济数量。通常经济分类是根据生产者供应的角度和生产过程的特点来建立的，但对于旅游业，需要对这些分类进行一些调整。事实上，旅游业最初是从需求的角度来定义。定义的起点是商品和服务的分类。并非所有的商品对旅游消费的估计都一样。一个人在家里的消费水平和结构与当他远离日常环境时是不一样的。这样做的结果是，当重点是旅游时，对一般描述家庭消费有意义的分类可能不那么有意义（欧盟统计局等，2001）。1993 年的国民核算体系（SNA）建议在确定不同的产品组方面采取若干步骤。在旅游卫星账户的概念中，生产可以分为三类。

第一类是具有旅游特色的商品和服务。在大多数国家，在没有旅游的情况下，这些产品将不再存在有意义的数量（或消费将显著减少），这些产品应该有可能获得统计信息（例如，住宿、旅游服务、缆车等）。为了在全球范围内进行国际比较，提供一份旅游特色产品清单是可以的。TSA 表区分了七类旅游特定产品：

①住宿服务。

②食品和饮料服务。

③客运服务。

④旅行社、旅游经营者和导游服务。

⑤文化服务。

⑥娱乐活动及其他娱乐服务。

⑦其余旅游服务。

第二类是与旅游相关或关联的商品和服务。游客消费的对游客和 / 或对供应商重要但不列入旅游特色产品清单的产品（例如，出租车运输、货币兑换）。旅游特色和与旅游相关的商品和服务一起被称为"旅游特色产品"。

第三类是非特定性或非旅游特色生产。例如，牙膏，大多数零售贸易。在实践中，不同群体之间的界限并不总是明确的。在奥地利旅游卫星账户（TSA）中，关联旅游和非旅游特色的产品被合并成一个组。

上述旅游特色产品产生的活动称为特色活动。1993 年的国民核算体系（SNA）强调对特色生产者的分析：在卫星账户中，关注生产的重点是对特征活动和生产者的分析。为确保国际可比性，已确定了一份旅游特色活动清单。旅游卫星账户（TSA）的生产账目保留了 12 项旅游特色活动：

①酒店和类似服务。

②民宿出租服务。

③餐馆和类似服务。

④铁路客运服务。

⑤道路客运服务。

⑥水上客运服务。

⑦航空客运服务。

⑧运输支持服务。

⑨运输设备租赁。

⑩旅行社等。

⑪文化服务。

⑫体育和其他娱乐服务。

旅游特色活动的一个重要特征是消费者与产品供应商之间的直接接触。有些活动可能被认为具有旅游业的特征，因为这些产品和服务对游客来说非常重要，尽管它们的典型产出的主要部分并没有卖给游客。交通服务和餐馆就是例子——游客和非游客都要在餐馆用餐。

2.2.4　世界贸易组织的旅游统计

世界贸易组织不仅活跃在旅游卫星账户（TSA）领域，而且主要以一个非常全面的全球旅游统计数据库而闻名。它提供了对入境旅游（旅游到达、旅游收入、旅游目的和交通工具）和出境旅游（按原产地地区划分的出境旅游和旅游支出）的统计和相关分析，以及世贸组织的长期前景——旅游 2020 年愿景（世界贸易组织，1998）。在世贸组织每年出版的出版物《世界和国家趋势》中，我们发现了全面、可比的和最新的来源，以按国家、地区和次区域评估世界旅游统计数据。它对国际旅游到达情况、国际旅游收入、到达者的原产地、旅游目的、交通工具、国际旅游支出等进行了分析（见世贸组织每年出版的《旅游统计年鉴》）。国家数据也可以在世贸组织的网站"旅游概况"上获得。这为世界上所有的国家提供了最近和最新的统计数据，很容易通过字母顺序或地理选择来访问相关内容。

对于数据的质量，世贸组织依赖于国家的数据提供者。本书建议对一些国家的数据采取批评态度。WTO 更多地扮演一个旅游数据的协调员，而不是一个数据收集者的角色。作为协调员，它帮助国家和地区当局收集数据（见世贸组织发布的技术手册集）。这数据包提供了收集、解释和展示旅游统计数据所需的所有知识。它包含了针对不同用户和不同旅游研究领域的一般概念和定义以及技术指南和方法。2003 年，世贸组织开始使用世贸组织世界旅游晴雨表，目的是监测旅游业的短期演变，以便为旅游部门提供充分和及时的信息。世贸组织的世界旅游晴雨表计划每年出版多次。它包含三个永久性要素：概述来自地区国的短期旅游和航空运输数据，世贸组织旅游专家小组对旅游表现进行回顾性和前瞻性评估，选择与旅游相关的经济数据。未来版本的目标随着时间的推移扩展内容并逐步扩大覆盖范围。

2.3 旅游和假日调查

旅游和度假调查的性质完全不同，对旅行社的目标也不同。它们主要是用来了解一个国家人口的节日模式。然而，也有一些调查关注即将到来的旅游业，这些调查可能是编制旅游卫星账户（TSA）的有用来源。

2.3.1 旅游调查

英国使用了一些典型的旅游调查，并且在这方面有悠久的历史。英国的主要资料来源是：
①国际旅客调查（IPS）。
②英国旅游调查（UKTS），或前英国家庭旅游调查。
③英国日间旅游调查（UKDVS）。

这三项调查组织都与旅游卫星账户（TSA）有关，但是这些调查的来源都与 TSA 无关。这里介绍了 Allin（Allin，1998）报道的主要特征和"旅游英国"提供的信息。国际旅客调查（IPS）由英国国家统计局执行，从旅客进出英国的过程中收集信息。这项调查是对通过海上航线或英吉利海峡隧道的旅客进行面对面访谈。对样本进行分层，以确保其在旅行方式、港口或路线和一天时间上具有代表性。采用的抽样方案为多阶段抽样，分别对航空、海上和隧道路线分别进行全年访谈。海外游客的信息只从回程的人收集，约 5 万人。同样的反向做法也适用于在国外旅行的英国居民。调查中收集的信息涵盖了传统变量，如旅游的国家，在英国过夜的五个城镇（海外游客），在每个城镇过夜的天数，停留时间，住宿、套餐服务或单独服务，目的、票价，支出（不包括票价），烟酒消费，旅行里程等。海外游客的支出明细不断被收集。最后一次收集的子样本是在 1997 年，包括约 3000 次访谈。收集的信息主要包括如下十四类：
①住宿。
②用餐。
③餐中酒。
④出租车/租车。
⑤公共交通/汽油。
⑥服装/面料。
⑦零食。
⑧纪念品/礼品，书籍/报纸。
⑨娱乐与入场费。
⑩医疗服务。
⑪理发和美容护理。

⑫电话 / 传真 / 邮寄服务。

⑬其他服务。

⑭其他事项。

了解这些数据对编制旅游卫星账户（TSA）的入境旅游消费表非常有用。英国旅游调查是第二个资料来源，它是联合国家旅游局进行的，并收集英国居民的旅游活动信息，包括在英国境内离家至少待一晚的旅行。该调查自 1989 年开始，每月连续进行。2000 年，该方法从面对面访谈转变为电话访谈，使用随机数字拨号，抽样年龄为 16 岁及以上的英国成年人（总计约 5 万次访谈）。在每次采访中，都寻求前两个月所有旅行的信息，从而最大限度地减少报告不佳的风险。此调查收集了广泛的数据（例如，目的、住宿、旅行的组织、停留地点的类型、以度假为主要目的活动、在假期中进行的活动等）。有关支出的资料可分为九类：

①打包行程。

②住宿（非套餐旅行）。

③旅行。

④服务或建议。

⑤买衣服。

⑥吃喝。

⑦其他购物。

⑧娱乐。

⑨其他支出。

英国第三项重要的旅游调查是英国日间游客调查（UKDVS）。这项调查展开全年调查是在 1994 年，并于 1996 年、1998 年和 2002 年重复进行。调查的范围包括所有居住在英格兰、苏格兰和威尔士的私人家庭的 16 岁及以上的成年人。样本的目的是确保在这三个地区各完成足够数量的访谈，以支持单独的分析，而不是确保样本在英国的均匀分布。在每个国家内都采用了三阶段的聚类设计，即：

①人口普查代表区的选择。

②选择这些区域内的地址。

③在地址内选择成年人。

这三个构成国实现样本量的初始目标是英格兰 3500 次，苏格兰和威尔士各 2000 次。然而，在 2002 年的调查中，这种抽样方法发展到一个更深的阶段，以确保在英国的每个政府地区完成商定的最低访谈数量。商定了每个地区至少 400 次访谈的目标，因此，英格兰的目标样本增至 4000 次。这个程序是选择要面试的人。在英国日间游客调查（UKDVS）中，旅游一日游被定义为一种远离一个人的日常环境的休闲旅行，因此不包括当地的旅行。非本地旅行的首选定义是那些持续时间超过 3 个小时且不定期进行的旅行。该调查收集过去两周的一日游信息，然后要求召回过去一年的行程。除了传统典型数据外，该调查也收集了 11 项开支类别的资料：

①在旅途中购买汽油 / 柴油。

②公共汽车 / 长途汽车 / 火车的票价。

③停车收费标准。

④门票，包括提前购买的门票。

⑤通行费。

⑥酒精饮料。

⑦正餐 / 零食和无酒精饮料。

⑧礼物 / 纪念品。

⑨租用设备 / 设施。

⑩衣服。

⑪其他。

这些调查提供了大量关于英国居民、来到英国的海外游客以及出国旅行的英国居民的旅游支出等大量信息。然而，旅游卫星账户（TSA）的应用存在以下差异（Allin，1998）：

①在征求关于不同调查之间支出明细信息资料时所使用的问题有所不同。

②现有的支出明细信息深度有差异。

③日间商务出差数据有限。

此外，在英国还有其他几个定期和特别调查，关注特定类型的旅游。例如，参观游客景点的调查，会议和展览活动的调查，以及重点是度假的英国居民在国内和国外的调查，更具体地说，是那些持续超过 4 个晚上的度假。1998 年，前英国旅行社协会（ABTA）停止赞助英国国家旅游调查，但研究机构（NOP）一直做着假日调查。这是一项随机调查，对英国人口的代表性样本进行了大约 4000 次面对面访谈。它在每年的 11 月举行，询问过去 12 个月里过夜在 4 个及以上的假期细节。这就给我们带来了假日调查。

2.3.2　假日调查

大多数欧洲国家每隔一段时间都会进行一次假日调查。一些可靠的假日调查的例子是：

①奥地利统计局——奥地利人的假期。

②比利时的假日调查（WES）。

③法国的移民旅行社。

④意大利的统计局（ISTAT）。

⑤德国的假日研究社区的旅行分析。

⑥挪威的假日调查。

⑦西班牙的家庭旅游分析。

⑧瑞士旅游市场分析——圣加伦大学。

⑨英国的 NOP 假日调查。

在这些假日调查中，比利时的假日调查（WES）是众所周知的，它涵盖了1967～2003 年间，并涉及假期（四晚或更多）和短期假期（一到三晚）。20 多年来，比利时的假日调查一直以类似的方式进行，基于有 6000 人的两个样本。在两个样本中，被选中的人是相同的。第一个样本包括暑假（4 月至 9 月），第二个样本包括寒假（10 月至次年3 月）。该调查是基于一个两阶段的分层样本。第一阶段是双重分层，首先按省划分。每个省的抽样点数（总共 600 个）和访谈人数与每个地区的人口成正比。在每一层中，进一步的选择是基于村庄和城镇的每个大小等级的自加权分层。在第二阶段，受访者的选择是基于一个配额样本，每个抽样点有 10 人。受访者按街道、性别、年龄和职业进行选择。假日调查提供了很多关于一个国家人口的度假行为的信息。参与度假就是这些行为之一。区分净假期参与率和总假期参与率，其中净假期参与率表示每 100 名居民一年的度假人数占比，总假期参与率表示每 100 名居民一年的度假时间占比。在这里值得做一个统计说明。所有这些调查都是基于样本进行的。经常有人提出这样的问题："基于样本的结果有多可靠？"以及"样本量应该有多大？"。最好的抽样方法无疑是随机抽样，其中每个人都有相同的机会被选中。在国家级的旅游调查中，由于成本较高，纯随机抽样很少或从未被应用过。问题是，大多数调查并不是基于随机样本，而是像英国的调查一样，是基于分层随机样本或配额样本（或两者的结合）。这种情况下，应该应用一个更复杂的统计公式。然而，适用于随机样本的公式可以用作代理，但是要知道，误差项会略高一些。对许多地区来说，旅游到达人数或酒店夜晚入住率并不是一个很好的旅游表现指标，因为这些地区数据往往不可靠，或只与住酒店的夜晚有关。露营、出租公寓、二居住宅和其他住宿形式经常不被考虑。众所周知，官方旅游数据完全忽视了日间游客。此外，官方数据只有在旅游活动发生很久之后才可获得。这就是WES 自 1962 年开始为比利时的西弗兰德斯地区设计一个旅游生产指数的原因。它有双重目标：一是收集涵盖该地区旅游业务各方面的数据，并迅速提供有关旅游业表现出来的信息，它可以与制造业生产指数进行比较；二是该指数的每个类别都被赋予了一定的权重因素，在每个类别中，一个权重被归因于该类别的组成部分，这些组成部分的数量和种类是为了保证覆盖该区域旅游活动的所有可衡量的方面。研究结果在每个月的旅游产出后 4 周内公布，这是得益于成功的数据收集系统、部门的高度参与以及主要构成的样本较好的代表性。

2.4 瑞士旅游晴雨表

由穆勒和施密德设计的瑞士旅游晴雨表（Muller & Schmid, 2003）就像 WES 旅游指数一样，是对旅游业缺乏可靠数据问题的解决方法。它受到旅游统计的各个方面问题的旅游专业人士和科学家的批评，批评原因如下：

①关注的重点太狭窄，因为它过于关注住宿。

②生产周期过长。

③关于传统餐饮住宿的数据很差或不存在。

④数据收集的方法未使用现代技术。

⑤目前的统计数据集中于物理数据，而忽略了货币方面。

瑞士旅游晴雨表的概念在几个方面都是原创的，它作为一个旅游监测系统值得特别关注。瑞士人于 2001 年开始在两个地区（伯纳·奥伯兰和格里森斯）进行试验。然而，由于财政限制，该晴雨表尚未在国家层面运行。晴雨表是基于以下部门的自愿合作：

①酒店。

②青年旅社。

③周末旅舍。

④露营公司。

⑤餐厅。

⑥索道。

⑦运动（滑雪和体育学校）、文化和娱乐企业。

⑧旅游组织。

各分支的参与公司每个月要报告实物和货币数据。只有一个重要部门（出租公寓和度假屋）不包括在内。旅游的组织机构被要求向游客提供信息并提供短途旅游的估计人数和私人周末房屋的夜床位。瑞士旅游晴雨表对影响旅游需求的相关因素进行系统监测。收入和价格是非常重要的指标，但关于收入和价格的国家指标不是按月公布的且不适合旅游业。因此，可以使用更具体的指标替代：

①每 3 个月发布一次的消费者气候指数，代表收入。

②基于瑞士消费者价格指数的过夜游客的价格（只包括与游客相关的物品）包括如下内容：

　　套餐旅游的价格变动；

　　游客原籍国的一篮子货币的汇率变动；

　　每月日间游玩的小时数（为日间游客）。

这样的旅游晴雨表不仅可以监测各个区域和整个地区的旅游表现，还可以为积极或消极的变化提供解释。参与其中的公司可以将其业绩与所在行业的企业比较。

2.5　本章小结

本章讲述了旅游活动的测量是十分重要的，如果没有可靠的数据，那么旅游在增值、就业、进出口方面的经济重要性特别容易被忽视，一个国家颁布的有效政策还需要有关供求结构和该部门发展的数据，因此，实践中关于旅游的测量系统十分重要。该系统主要包括一个通用的旅游信息系统、旅游卫星账户、旅游及假日调查、旅游晴雨表，这些系统都有自己的目标，这是我们在比较的时候应当注意的。

第二篇
旅游的经济分析

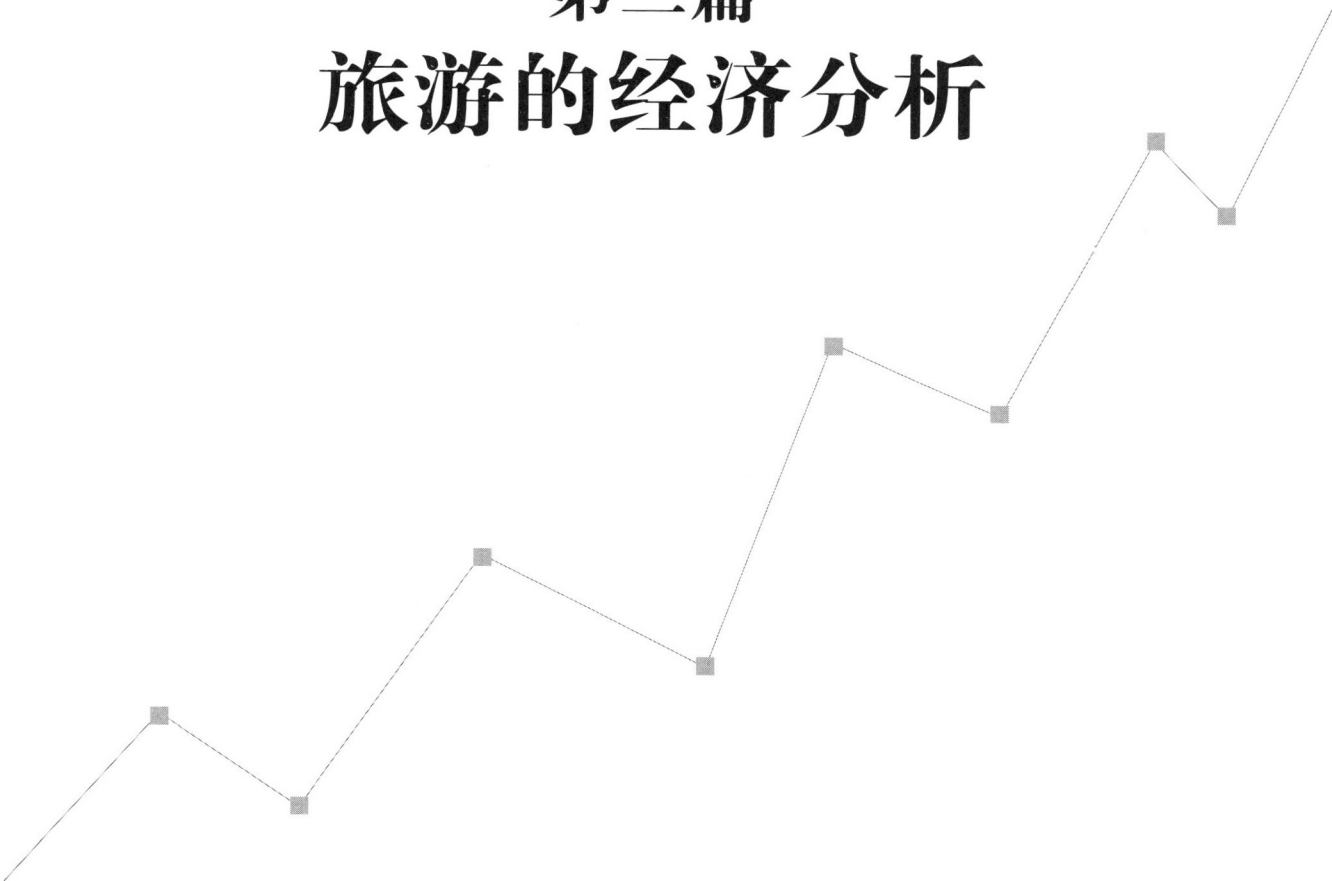

3   旅游经济分析的范围和局限

引言

本章旨在介绍实用的旅游研究方法的基础理论，并展示经济解释和预测旅游现象之间的关系。通过研究旅游业，使用来自主流和其他经济分析学派的方法，它提供了关于一个重大的和经济上越来越重要的活动的新材料，迄今为止在经济学文献中被忽视了。本章介绍对旅游的经济理论的更先进的应用，从而超越对原则的介绍性阐述。例如，游客的支出决定、旅游市场的结构和其中的决策性质、旅游公司之间的跨国联系、旅游产生外汇的程度和影响、环境资源的贡献及其对可持续旅游政策的关系等尚未得到充分调查，这些问题将受益于进一步的经济分析。经济概念、理论和方法的应用引出了关于旅游的特点和区别于其他商品的基本问题，以及经济学作为一门学科的核心要素。旅游业作为一种服务活动，它通常不经仔细思考就会购买，包括一系列依次消费的商品和服务，如运输、住宿和自然资源。由于自然资源和人力资源占总投入的比例相当大，它包括一系列行业和市场，以及重要的非定价特征，例如，与景点和可自由获取的环境有关的积极利益和污染的消极影响（正负外部效应）。因此，不同国家的旅游具有不同寻常的复合性质，因此需要进行具体分析。经济学的特点是有不同的思想学派，经济学家倾向于持不同意见几乎是不言自明的。然而这些争议不仅不会削弱这一主题对旅游业分析的相关性和重要性，而应该被视为有益的，因为它们表明人们愿意重新审视已被接受的原则。因此，本书的另一个目的是提醒读者注意一系列理论和方法，这些理论和方法可用于研究旅游业中的实质性问题，以及概念、理论和方法性质。在某种程度上，经济学内部的争论反映了经济学的发展，而发展又反映了经济中出现的问题。旅游业是一种随着潜在条件的变化而发生迅速变化的活动，因此，经济学家所承认和解决的许多问题也是旅游业分析的问题。由于许多主流思维的思维体系和分析方法都强调了平衡结果的实现，在经济学内部出现了一场长期的争论。这个主题的这一特点受到了一些人的批评，他们认为相关的限制性假设已经脱离了现实世界。例如，传统的消费者行为概念受到了经济心理学和企业、市场的传统理论的挑战，其他观点是由奥地利学派提出的，考虑动态和不平衡的环境。该学科中不同方法的使用范围表明，需要一种多元化的态度，要与学科内外的概念、理论和方法交叉融合。对旅游业的分析为传统方法应用经济概念和理论提供了机会。从这个意义上说，旅游是一个有用的工具，用来评估替代学科的适宜性，并测试经济概念和方法的稳健性。另外，经济分析也有助于更好地理解旅游业，因为正如长期在该领域工作的人所指出的那样，由于缺乏适当的研究（Sessa, 1984），该学科的一些方面存在理论框架的薄弱问题。同样，许多关于旅游这个问题的文章没有坚定的方向感且方法简单（D.G. Pearce & Butler, 1993），这可能会对管理和发展政策产生不利后果。虽然本书认识到对旅游业进行严谨分析的必要性，并使用经济学作为实现这一目标的手段，但本书反对将旅游业完全视为一种经济活动的观点。根据 D.G. Pearce & Butler（1993）的测量，他们指出，每一门研究旅游业的学科都带来了该学科的所有概念和方法上的偏见。这种方法将限制分析的范围和广度。经济学家和其他学科的研究人员需要接受这样一个观点，即鉴于旅游业的性质，对某些方面的分析需要采用多学科相融合的方法，承认其政治、物质和社会背景会对分析造成巨大影响。因此，有必要将那些来自专业学科的研究结果相结合，并建立一个更广泛的可接受的理论。也有理由断言，测量方法需要经常修改，以适应所考虑的所有情况。旅游业具有自己的特点，提出了具体的分析和政策问题，迫使调查者重新评估该学科的工具。例如，是否度假的决定通常是由人们的朋友和家人做出的，因此，基于个人决策的主流消费者需求理论必须考虑到个人和群体的社会背景。在供应方面，旅游业依赖于自然资源和人力资源。这就提出了有关环境资源的问题，这些资源可以免费获得，可能因过度使用而退化。经济学研究的一个重要领域是如何推动可持续发展，以及在可持续发展和经济增长之间进行权衡。本书应尽可能地让那些不熟悉经济概念和方法的人能够轻松理解。因此，本书尽量讨论理论和分析方法，没有过度使用经济学中的专业术语和方法或许多描述性统计分析。所涵盖的主题必然是有选择性的，首先需要包括与旅游综合分析相关的主要领域；其次是对旅游业关键问题的看法。因此，所涉及的主题包括国内和国际方面的需求与供应、市场结构、市场定价、产出、增长和环境。重点是考察可量化的变量在旅游现象中的作用，因为这可能是经济学对旅游研究最重要的贡献。值得注意的是，本书对旅游业的分析是从简单到复杂的，因为经济学概念最初被用来研究旅游业，就好像它是一种非复合商品，类似于其他商品，由一组相对同质的消费者购买。随着对旅游业的不同组成部分的关注（最初在封闭经济中，后来在国际范围内），本书介绍了旅游业的复杂性，最后考虑了非定价环境资源和相关市场失灵的问题。本章还从经济角度追溯旅游分析的发展，并与最近的研究相关联。这是本书的一个出发点。

3.1　旅游业分析的发展

学者直到 20 世纪 70 年代还很少对旅游业进行分析，那时倾向于对旅游业的描述性研究，采用了定义不够充分的目标和技术（D.G. Pearce & Butler，1993）。相当多的学科现在仍在进行旅游分析，主要学科是人类学、生态学、经济学、地理学、政治学、社会心理学和社会学。研究的主题是旅游的文化、经济、环境和社会影响、起源和地区之间的旅游方式和模式、旅游与经济发展的关系、游客的动机和行为、预测趋势和规划的实操方面、管理和营销等。本书没有试图对旅游文献进行全面的回顾，不过，简要参考一下相关研究文献的主题的发展之贡献是有用的。以前大多数论文研究的是旅游业具体的方面，常见的是案例研究，而没有将该主题与分析框架或理论联系起来。事实上，旅游期刊文献一直以来都少有争议。一个值得注意的例外是 20 世纪 80 年代初 Gray 和 Sessa 之间的交流（Gray, 1982, 1984;Sessa, 1984）。然而，这并不直接涉及旅游分析，而是关注经济学对其的贡献。虽然在期刊文献中，人们可以经常看到一个主题的分析进展，关于旅游问题的重要讨论和一些分析发展在书中也能看到，但任何分析都是基于特定学科的概念和方法（Tisdell 等，1988;D.G. Pearce, 1989）。例如，对旅游方式和模式的分析一直以地理分析框架为主，而经济学之外的需求研究往往以心理学或社会心理学方法为基础（D.G. Pearce & Butler, 1993）。因此，出现了通过具体问题或试图发展更好分析框架的一系列研究。一些文本描述了不同旅游部门的结构和运作。一个著名的例子是 Burkart & Medlik（1989）的著作，20 世纪 80 年代这类文献的贡献激增，代表性文本是 Cleverdon & Edwards（1982），Hodgson（1987），Holloway（1994）& Lundberg（1989）。 这些出版物缺乏很强的分析性，一般都是针对非专业读者的。20 世纪 80 年代末，随着 McIntosh & Goeldner（1990）、Ritchie & Goeldner（1987）以及 S.L.J.Smith（1989）的著作的出现，对分析的关注变得更加尖锐。20 世纪 90 年代的一种趋势是收集论文或阅读被编辑过的文本，其中一些本质上是对之前文献的回顾。虽然表面上是针对从业者的，但 Witt & Moutinho（1994）的书中包含了许多章节，这些章节对当前关注的旅游方面进行了具体介绍。其他出版物涉及分析和证据。典型的例子有 Sinclair & Stabler（1991），Johnson & Thomas（1992a, 1992b）以及 Seaton（1994）。Cooper（1989,1990,1991）以及 Cooper & Lockwood（1992）从不同学科的角度对几个旅游主题进行了有益的回顾。这些集本的严谨性不同，尤其在强烈反映从业者利益的实际应用内容方面。约翰逊和托马斯（1992）重点关注需求，辨别旅游类型、动机、活动选择的决定因素以及需求和预测模型，包括一些定量的观点。约翰逊和托马斯（1992）的贡献是以政策为导向，主要考虑旅游业对经济和环境的影响。一般不涉及旅游业的分析性发展。西顿（1994）编辑的合集与 Johnson & Thomas 的作品相似。然而，从事旅游研究的人认为关键主题包括发展、商业、市场营销和研究、人力资源管理、环境、旅游和社会。这些都是非常广泛的类别，不过其中还是有明显的遗漏。例如，大多数关于开发的章节都省略了分析基础，大多数论文都涉及具体的案例研究。同样，处理旅游企业的部分也考虑了诸如赌场、博物馆和遗产遗址、包机旅行、航空公司价格和信息技术等方面，这些问题似乎涉及趋势及其政策影响。消费者行为趋势和商业策略成为市场营销和研究讨论的主题。人力资源管理和环境的章节分别集中讨论关于培训和企业在面对旅游业造成的日益严重的环境退化问题时如何维持其生存能力的实际问题。对旅游业和社会的研究几乎完全集中于对游客与地区之间的相互关系和社会文化变化的案例研究。由库珀编辑的这些书更具连续性，因为它在一开始就确定了特定的主题，而且许多章节都与之相关。该系列文章特别关注实际问题，大多数聚焦于娱乐和酒店管理方面，但也考虑了其他主题，包括假日选择和消费者行为、需求预测、城市旅游、体育、发展、市场营销、竞争力、环境问题、影响分析和旅游统计。学术研究的贡献者们采用了各自学科的理论和方法立场。来自私营部门的贡献者们，如招待所、设施提供和销售部门，则倾向于讨论需要对管理有用的解决办法的实际问题。总的结论是，研究成果表明了学术研究人员和实践者的关注，但没有对概念、理论和方法问题进行深入分析。

　　旅游文献的一个主要特点是应用性较强，主要涉及管理学和市场营销。Wahab（1975）列举的一个相当早期的例子，代表了当时大多数学者对旅游企业问题的范围和性质的观点。追溯应用旅游研究发展的典型例子有 Hawkins et al.（1980），Foster（1985），Ritchie & Goeldner（1987），Laws（1991），Witt & Moutinho（1994）。考虑到许多学生都在为旅游业的职业生涯做准备，这并不奇怪，许多文本都与商业的日常关注有关，而不是建立理论基础。市场营销是一个案例，许多作者都曾在私营部门工作；著名文献是 Holloway & Plant（1988），Jefferson & Lickorish（1988），Middleton（1988）。更具体地关注市场营销的例子是巴特尔（1988）关于酒店的文章，古道尔和阿什沃思（1988）涵盖历史城市，海滨度假胜地，旅行社和旅游经营者，杰斐逊（1990）关于旅游局，帕蒂森（1992）关于客车行业和 S.Show（1987）考虑了航空运输。面向更多学术读者和具有较强理论基础的书卷集中于空间因素、旅游的经济、环境、社会和政治影响、游客行为、规划和发展。罗宾逊（1976）在空间文献方面做出了相对较早的贡献，他既考虑了发展模式，也考虑了地区之间的联系。Lozato（1985）、Mill & Morrison（1985）、D.G. Pearce（1987、1989）和 S.L.J. Smith（1983）的后续文本延续了这两个相关的主题。D.G.Pearce（1987）对建立旅游模型的尝试进行了很好的回顾，他按时间顺序确定了 C.K. Campbell（1967）、Yokeno（1968）、Plog（1973）、Miossec（1976）、Britton（1980）、Thurot（1980）和 Lundgren（1982）对旅游模型发展的重要贡献。Page（1994）特别考虑了旅游的交通运输，Page & Sinclair（1992a, 1992b）、Page（1993）、Sinclair & Page（1993）以及 Vickerman（1993）讨论了交通运输改善对旅游业的影响，尤其是英吉利海峡隧道。旅游业的影响是一个已引起相当大兴趣的分析领域。经济学家对旅游业感兴趣虽迟，但后来该领域也做出了一些贡献，著名的有 Mathieson & Wall（1982），他们分析了旅游业的经济、物理和社会影响，Jafari（1987）& Murphy（1985）和 S.L.J. Smith（1989）调查了社会因素，Cohen（1978）、Shelby & Heberlein（1984）分别关注物理环境和承载能力与经济组织、运行与发展（OECD,1981a, 1981b）关于环境。D.G. Pearce（1989）对旅游业产生的多种形式的影响进行了有益的回顾。自 1980 年代中期以来，关于旅游和环境及其许多方面的文献，如替代／文化／生态／绿色旅游和可持续性，不断涌现，与此同时，人们越来越意识到经济增长以及随之而来的旅游业的扩大所产生的问题。对这一问题的审议大致有两个方向。第一个方向是游客行为及其对环境的影响，值得注意的是 Krippendorf（1987），Elkington & Hailes（1992），Cater（1993）& Wheeller（1994）的分析。第二个方向与旨在实现可持续发展的倡议有关，重点是旅游公司。人们对企业的自愿行为给予了很大关注，许多文献来自或针对从业者，例如，Beioley（1995），Dingle（1995），Eber（1992），Hill（1992），商业道德研究所（IBE,

1994），国际商会（ICC, 1991），世界旅游理事会（WTTC, 1994），因此重点是管理和实践的处方。学术文献更严谨，并努力得出原则，指出实现可持续性的可行政策，例如，C. Smith & Jenner（1989），Cater（1993），Wight（1993），Cater & Lowman（1994），Goodall & Stabler（1994），Murphy（1985）和 Hunter 和 Green（1995）。

　　游客行为，就产生地区需求的决定因素和地区的活动而言，是研究的另一个重点。非经济文献倾向于关注度假的动机和旅行目的。社会学家、心理学家和社会心理学家以及地理学家对这方面的文献做出了重大贡献。Grinstein（1955）对旅游动机和行为的早期和开创性的心理学分析做出了贡献。Gray（1970）引入了"旅游癖"和"阳光癖"这两个术语，作为游客和度假目的的分类。Plog（1973,1987）在推导需求的动机模型方面也很突出。Crompton（1979）在实证研究中发展了动机的概念，后来的作家（例如，Dann, 1981;Graburn, 1983;Iso-Ahola, 1982;Leiper, 1984）进行了调查。在行为方面，有 P.L.Pearce（1982）和 Pizam and Calantone（1987）的代表性研究。D.G. Pearce & Butler（1993）对动机和行为进行了有益的回顾。旅游业的发展、规划和决策一开始没有得到广泛的关注。相对较早的贡献是由 Kadt（1979）和其他人做出的包括 Lea（1988），Williams & Shaw（1988），Page & Sinclair（1989），Dieke（1993a, 1993b），Sinclair et al.（1994）和 D. Harrison（1995）。D.G. Pearce（1989）对这一主题做了很好的概述。人们对旅游规划的兴趣是最近才出现的现象，这不仅是因为人们日益认识到面对地区之间更激烈的竞争，旅游规划需要更加系统化，而且还认识到，由于旅游对环境和社会文化的影响，旅游业的增长可能需要受到限制。关于旅游规划的文献有 Gunn（1988），Getz（1986，1992）& Inskeep（1991），也有一些关于区域旅游合作的讨论，如 Teye（1988）和 Dieke（1995）。

　　对旅游文献的回顾表明，随着所研究主题的各个方面的扩展，更严谨的研究正在进行中。这显然需要对旅游业进行更深入的分析，并对具体问题进行进一步的调查解决。G. Shaw & Williams（1994）采取了实现这些目标的步骤，明确地考虑旅游业中的关键问题。他们认为，到目前为止，旅游文献已经以一种分隔的方式发展起来，而学科之间的联系点并不多见，因为他们认识到旅游业的许多方面都被经济学家忽视了。旅游业的经济问题被认为是由休闲活动日益商品化和私有化的趋势所带来的。虽然 G.Shaw & Williams 承认，旅游业有能力产生出口收入，促进经济增长和多样化，但他们认为它造成了严重的环境问题，并开始在经济、物质和社会方面对地方进行重建，以服务游客和私营部门。游客还涉及对游客有吸引力的文物和活动的社会建构，随着生活方式和社会分化的变化。游客对地区的影响使旅游业归属于公共部门经济的范畴，对公司和个人的税收以及提供基础设施的支出都有影响。他们的结论是，旅游业具有许多其他经济部门所特有的特征，如产品周期、劳动过程的变化、旅游供应的日益集中和跨国公司的一体化等。

　　在对未来趋势的推测中，Shaw & Williams 提出，公司的行动将在很大程度上受到消费者对文化和绿色旅游日益偏好的推动。他们看到了一个两极分化的市场，后者的旅游消费与大众市场的旅游消费形成鲜明对比，带来了旅游市场的结构调整，对资本、劳动力市场和公共政策产生了深远影响。Shaw & Williams 强调了早期研究者如 Greenwood（1976）和 Burkart & Medlik（1989）的观点，即旅游问题不应该孤立地解决，而必须放在与整个社会科学相关的更广泛的背景中。其所提出的一些问题与评价旅游业的经济学文献有关，现在注意力已经开始出现转向。

3.2 旅游分析的范围和局限

关于旅游业经济分析的文献关注的方面是不平衡的，因为学者们总是对一些主题进行反复研究，特别是对旅游业影响的需求、预测和乘数研究，而对其他主题却很少关注。对各种国际地区的旅游需求和支出进行调查则很多，例如，Gray（1966）考虑了在美国和加拿大的国际旅行，Barry & O'Hagan（1971）研究了在爱尔兰的旅游支出，O'Hagan & Harrison（1984）对英国在欧洲的旅游支出进行了研究，Bechdolt（1973）和 Witt（1980）对一系列外国假期的需求进行了建模。Pack et al.（1995）研究了英国国际旅游需求的空间集中和分散变化。对需求的调查一般涉及估计决定度假支出水平和模式的特定变量的相对重要性，如收入、相对价格、汇率和运输成本。Archer（1976），Johnson & Ashworth（1990），Sheldon（1990）& Sinclair（1991a）对不同国家和时期的旅游需求的许多研究进行了回顾，而 Witt & Martin（1989）研究了旅游需求预测的替代方法。尽管如此，迄今为止所进行的大多数关于旅游需求的研究都缺乏明确的理论基础。与有关需求的文献相比，供给是旅游经济研究中的一块空白。对旅游生产结构进行了一系列说明，并对旅游供应的具体方面进行了调查，例如，集中度（McVey, 1986;Go, 1988, 1989），整合（J. Randall, 1986;Bote Gómez et al., 1991;Bote Gómez & Sinclair,1991），以及特定部门的市场结构，特别是旅游业务（Sheldon, 1986, 1994;Fitch,1987;N.Evans & Stabler,1995）。Figuerola（1991）从微观经济学的角度考察了旅游企业的运作。但是，目前还没有关于旅游供应的连贯理论，实际上也没有关于旅游供应的决定因素、对这些决定因素变化的反应或生产中使用的资本、劳动力和环境投入的互补性或可替代性的定量研究。因此，调查只是进行了描述。一个相关的分析是粗略的关于价格的确定，尽管定价模型试图考虑旅游的复杂性，将旅游看作一种复合产品，提高度假"一揽子"服务的价格竞争力（Sinclair et al., 1990; Clewer et al., 1992）。关于旅游业对收入的影响，在一些案例中，是用旅游地区的就业来衡量的。Archer（1973，1989）、Sadler et al.（1973）以及 Sinclair & Sutcliffe（1978，1988a，1988b，1989a）在乘数模型和创新研究领域做出了分析和应用贡献，创新研究包括 Henderson & Cousins（1975）、Varley（1978）以及 Johnson & Thomas（1990）的研究。旅游业对就业影响的经济分析相对较少，Vaughan & Long（1982）、Goodall（1987）以及 Johnson & Thomas（1990）的研究是值得注意的例外。与经济发展有关的官方组织，如联合国开发计划署（开发计划署），一直关注旅游业在发展中国家创造收入和就业的能力，并将若干使用乘数模型的研究的结果纳入他们对所审议领域的适当政策建议的评估。Copeland

（1991）建立了旅游效应理论的一般均衡模型，Adams & Parmenter（1995）随后估计了一个可计算的一般均衡（CGE）模型，以显示旅游扩张的结构性影响。Zhou et al.（1997）利用CGE和投入产出分析估计了旅游业对夏威夷经济的影响。

　　旅游的国际方面，例如，跨国公司的作用和公司之间其他形式的跨界联系（Dunning & McQueen, 1982;Sinclair et al., 1992）、贸易条件（Curry,1982）、旅游业外汇收入的不稳定性（Sinclair & Tsegaye, 1990）以及旅游业与经济发展之间的关系（例如，Bryden,1973;Varley,1978;Britton,1982;Aislabie,1988a;Bachmann,1988;Theuns,1991;D.Harrison,1992;Oppermann,1993;Dieke,1995; Sinclair, 1997a）已经得到了一些关注。研究的主要重点是旅游业对外汇收入和国际收支的贡献（贸发会议，1973；英国,1986;G.Lee, 1987）以及需要更准确的统计数据，从而需要更准确的国际收支账户（Grünthal,1960; 西班牙研究所，1980，1983;White & Walker,1982;Baretje,1982, 1987,1988）。除了少数个例（Gray,1970, 1982;Socher,1986;Vellas,1989），很少有人注意用国际贸易理论来解释国家间的旅游流量。旅游业中经济学几乎还没开始涉及其他方面，包括环境、财政政策和监管。关于旅游和环境的文献越来越多，但大多数研究缺乏强大的经济基础，集中在文化、物理和社会方面，或关于可持续性的商业举措。经济学家倾向于将注意力集中在休闲和娱乐上，这源于Clawson的开创性工作（Clawson & Knetsch，1966），特别是非价格商品和服务的估值问题。可以在Walsh（1986）和Hanley & Spash（1993）的文献中了解更多概述内容。明确关注旅游业的有效研究主要集中在特定主题上。例如，Wanhill（1980）研究了收费以减少热门景点拥堵的可行性，稍后又评估了旅游业的资源成本（Wanhill，1982）。环境经济学在污染、资源耗竭、自然环境和建筑环境退化以及可持续性方面的发展，一般只间接提到旅游业等服务部门（D.W. Pearce et al., 1989;Pearce & Turner,1990;Turner et al., 1994）。人们的注意力集中于评价自然资源和人为资源的利益，从而产生了关于最适当方法的大量文献，如条件估值、享乐定价和旅行费用模型。关于条件评估方法的标准文本是R.C. Mitchell & Carson（1989），而享乐定价已应用于历史建筑、遗产遗址和设施资源，如Willis & Garrod（1993a），以及Sinclair et al.（1990）的度假套餐。旅行成本法是评估休闲设施最广泛使用的方法，在过去30年里有许多例子（例如，Clawson & Knetsch, 1966;Burt & Brewer, 1974;Cheshire & Stabler, 1976;McConnell,1985;Willis & Benson, 1988;Willis & Garrod,1991a;Bockstael et al., 1991; Hanley & Ruffell,1992）。Brown & Henry（1989） 将条件评估和旅行成本方法应用于旅游业是一个罕见的例子。Sinclair（1992a）概述了与旅游、发展和环境相关的经济学文献，Brooks et al.（1995）和Stabler（1995a）在一项有关城市保护及其作用的研究中回顾了主要的经济方法，以及旅游业在城市经济再生中的作用。公共部门经济学实际上忽视了旅游业对国家和地方经济的影响，以及国家和地方公共财政政策减小其对环境的有害影响或为所需的基础设施和服务提供资金的潜力。然而，也有一些关于可行的税收形式的研究实例。有关于住宿税的贡献（Mak & Nishimura, 1979），税收类型（Fish, 1982;Bird, 1992），股权效应（Hughes, 1981;Weston, 1983）和酒店房间占用、娱乐和消费税（销售税）（Fujii et al.，1985）。虽然税收增加了旅游业的成本，但可以采用补贴和赠款来刺激供应；在此背景下，Wanhill（1986）研究了资本补助、持续经营补贴和税收减免的作用。监管也是改变旅游业影响的一种手段。例如，旅游业对环境的不利影响可能是重大的，在环境领域中，除其他处理这些不利影响的手段外，就条例也已进行了研究。然而，与基于价格的工具相比，研究集中在制造和监管的有效性上，例如，Tietenberg（1988）、Turner（1988）、Opschoor & Vos（1989）、Opschoor & Pearce（1991）、Opschoor & Turner（1993）、O'Riordan（1992）、Stavins（1988）和 Turner et al.（1994）。在 20 世纪 80 年代早期，Gray（1982,1984）和 Sessa（1983,1984）回顾了经济学对旅游分析的贡献，并确定了方法途径的主要局限性，如需要定期对经济假设和假说进行批判性检查，其理论在空间背景下的弱点及需要更系统的研究。Gray 还认为，旅游业对自然资源和公用事业的广泛使用，以及需求的时空变化，对经济方法的有效性提出了质疑。Aislabie（1988b）进一步概述了旅游研究的主题，主要集中在旅游和经济发展、其对社区和环境的影响以及对公共政策的相关影响。Aislabie 认为旅游研究的主要缺点是缺乏深度，没有足够的经过测试和一致同意的主张来概括。他认为一些主题是对旅游分析做出经济贡献的核心，即生产组织、通过市场匹配需求和供应、价格形成、影响方法、预测和发展中国家的旅游业。但是，他指出了妨碍了解旅游业的具体方面，例如，由于缺乏明确的定义而造成的困难，加上不准确的统计数据，产品特性的复杂性，不稳定的需求，过剩的能力 / 高峰负荷问题，在信息不完整情况下的定价和销售等。Aislabie 认识到，旅游业的特点是其特有的市场结构，这给分析带来了严重的困难。他指出，尽管这些主题似乎适合传统分析，但研究未能在该领域取得重大进展。从早期到 20 世纪 90 年代中期几乎没有什么变化。虽然已经出版了关于旅游经济学的教科书，例如 Bull（1991）、Cooper et al.（1993）、Burns & Holden（1995）、Lundberg et al.（1995）和 Tribe（1995），但教科书中并没有将传统经济学原理深入应用于旅游业中。虽然这些教科书作为基本文本是有用的，但没有充分显示这一主题的相关性和应用，主要限于简单的需求和供应分析、市场结构概述以及预测和定价要素，如价格和收入弹性。正是在这样的背景下，人们才对旅游业的特定主题进行经济分析。

4 旅游需求的微观基础

引言

目前，旅游业在人们支出预算中的相对和绝对重要性急剧上升，不仅对游客本身，对他们所游览地区的居民也造成了重大影响。大量游客及其消费规模对地区的收入、就业、政府收入、国际收支、环境和文化都有相当大的影响。需求下降会导致生活水平下降和失业率上升，而需求增加会导致就业、收入、产出和通货膨胀上升，并可能威胁环境质量和可持续性发展。此外，旅游公司面临着收入和利润的变化，政府也面临着税收收入和支出的变化。因此，旅游需求影响经济的所有部门——个人和家庭、私营企业和公共部门。旅游需求的显著水平和影响为更好地理解游客决策过程的性质提供了强有力的依据。这样做的另一个原因是，与旅游需求有关的政策的制定最终取决于解释和估计旅游需求的理论的相关性。如果在需求的实证研究中加入不适当的理论框架，可能导致用于估计旅游需求的方程不正确，以及决定需求变化因素响应性的偏差测量。任何以这些措施为基础的政策措施也可能被误导。因此，本章将考察微观经济层面下旅游决策基础的经济理论，它提供了一个理论框架，可以用来评估已经进行的大量实证研究。本章理论分析的重点是可以定量衡量的变量，包括对旅游的有效需求，这是消费者愿意和能够消费的金额，而不是他们想要进行但没有支付能力支持的名义需求。这并不意味着不可测量的定性变量不重要。事实上，经济心理学的研究考虑了一些认知变量，主流经济学承认预期可以发挥的重要作用。然而，可测量的"物质"变量是关注的焦点，因为这是经济学贡献最大的领域。本章第一部分将探讨解释旅游需求的经济理论。首先，调查了就业、收入、消费品需求和无薪时间之间的关系。这就解释了一个人对所有消费品和服务的需求，包括旅游。其次，讨论了相对于其他商品和服务购买多少旅游的选择，再将分析扩展到考虑不同类型的旅游之间的选择，包括一种类型的旅游补充或替代其他类型旅游的情况。最后，研究了收入和相对价格变化对旅游需求的影响，并解释了消费时间的一些决定因素。本章第二部分不同于之前对个人的强调，而是考虑了旅游业决策的社会背景，说明了其他学科的见解如何有助于对旅游业进行经济分析。

4.1 旅游需求的最佳选择

4.1.1 消费、有偿工作和无薪时间

人们的偏好和支出预算都是旅游需求的关键决定因素。一个正在考虑是否外出度假的人要有一定的资金或预算，可用于旅游和其他商品和服务方面的支出。预算的大小取决于他或她在每一段时间内从事有偿工作（劳动力供应）小时数、每小时收入以及用于购买商品和服务的可支配收入的税率。人们在带薪工作和无薪时间之间进行权衡；有些人喜欢更多的收入，因为有更多的有偿工作，而另一些人则喜欢有更多的无报酬的休闲时间或家庭活动，因此，花在有偿工作上的时间更少。如果他们从事更多的有偿工作，而无薪时间更少，他们的收入水平会提高，但休闲和家务劳动就会被放弃；相反，享受更多的休闲会减少收入。然而，事实上存在一种相对关系，因为享受休闲活动往往需要收入，因此休闲活动有一个估算的"价格"或机会成本。带薪工作和无薪时间的每一种组合都提供了不同数量的收入或预算，这些收入或预算可以用于购买商品和服务。带薪工作与无薪时间的最高比率通常提供最大的预算，对应于最大的潜在消费价值，反之亦然。一个人可能拥有消费和无薪时间的不同组合，如图 4-1 所示。假设一下，纵轴表示消费价值，横轴从左到右表示无薪时间的增加（或从右到左表示带薪时间增加）。OC 点表示一个人在有偿工作上花费尽可能多的时间所能达到的最大消费。没有从事有偿工作的人，其消费和无偿时间的组合如 B 所示，OC* 是该人在失业期间（如领取失业救济金）获得的消费值。C 和 B 之间的位置表示中间组合。CBU 线称为预算线，其斜率表示薪酬率，因此，如果工资率上升，它就会变得更陡峭。

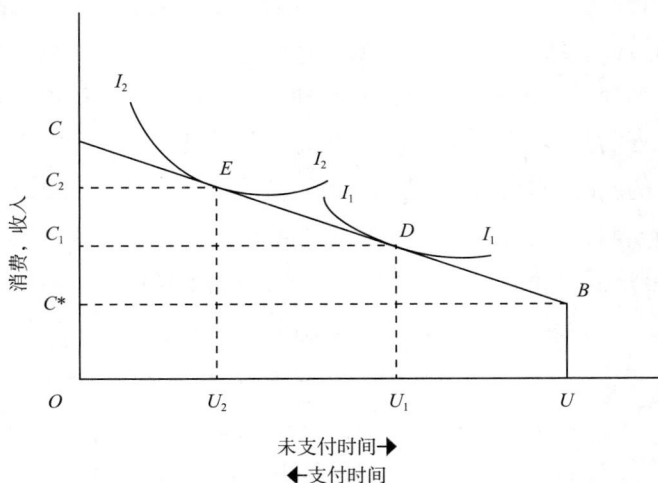

图4-1　一个人可能拥有消费和无薪时间的不同组合

人们还可以从消费品和无薪时间中获得满足感或效用。例如，一个人从大量的消费品和少量的无薪时间中获得的效用可能与从少量消费品和大量无薪时间中获得的效应相同，或者从两者的中间组合中获得的效应相同。图 4-1 曲线 I_1I_1 和 I_2I_2 描述了消费和无薪时间的不同组合，这些组合可提供相同的满意度。这种曲线被称为无差异曲线，因为人在给定曲线上的不同位置之间是无差异的，因为他或她从每一种商品和服务数量的选择中获得同样的满意度。远离图形原点的曲线对应于更高的消费和无薪时间组合，因此也将对应于更高的满意度，反之亦然。经济学家假设人们想要最大的满足感，并通过选择有偿工作和无薪时间的组合来获得这种满足感，这种组合为他们提供了他们喜欢的、可实现的消费品和无薪时间的组合。一个人的首选位置可能是图 4-1 中的 D 处，该位置由无差异曲线 I_1I_1（由该人的偏好决定）与预算线的切点决定，并显示了该人的最佳消费组合 OC_1 和无报酬时间 OU_1（有报酬工作时间 U_1U）。不同偏好的个人会有不同的消费和无报酬时间组合。例如，个人可以从较高的消费和有偿工作与无偿时间的比率（如曲线 I_2I_2 所示）中获得相同的满意度。因此，在给定偏好和每小时收入的情况下，个人的最优位置将在 E 处，即消费 OC_2 和较低的无薪时间值 OU_2（以及较高的有酬时间 UU_2）。当然，在某些情况下，当一个人无法选择他或她喜欢的消费和无薪时间的组合，并且受到结构化工作时间的限制时，只能处于特定的次优位置。例如，每周必须工作 38 小时，没有兼职或加班的可能性。此外，由于经济低迷，他或她可能被迫采取额外的无薪时间，甚至可能因无薪时间 OU 和消费 OC^* 而被解雇。因此，用于旅游和其他商品消费的金额是由个人的带薪工作（劳动力供应）以及他或她在消费（带薪工作允许的）和无薪时间之间的偏好所产生的收入或预算。因此，消费和劳动力供应是共同决定的，应该同时考虑。工作报酬的变更带来了人们消费和无薪时间的变化。例如，工资率的增加或所得税的减少会导致更高收入和更多消费，以及更多、更少或相同数量的无薪时间。这是因为每小时有效报酬的增加鼓励人们用更高报酬的工作和更高的消费来代替无薪时间，即替代效应。相反，人们可以使用从给定数量的带薪工作时间中获得更高收入来购买更多商品，同时占用更多无薪时间，这就是收入效应。净效应是根据个人偏好，他或她可以增加消费，同时有更多、更少或相同的无薪时间。当讨论人们对旅游业与其他商品和服务业需求程度的比较时，我们要考虑对旅游业的替代和收入效应概念的应用。

4.1.2　相对于其他商品和服务的旅游需求

对旅游业的需求取决于可用支出的总预算（如上所述，来自个人的劳动力供应或失业救济金）以及相对于其他商品和服务对旅游的偏好。在一种极端情况下，这个人可以把他或她的所有预算都分配给旅游业，而在另一种极端情况下，没有任何预算用于旅游业，所有预算都用于其他商品。在这两个极端之间，旅游和其他商品的一系列组合是可行的。预算线给出了所有可能的组合，其斜率表示商品和服务的相对价格，图 4-2 中用 TG 表示。

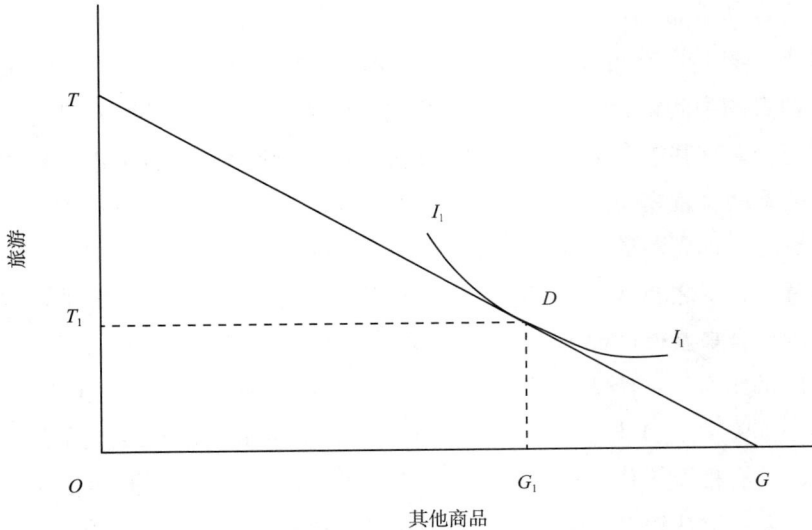

图4-2　*TG* 表示商品和服务的相对价格

　　OT 代表一个人把他 / 她所有的预算都花在旅游上，那么他 / 她将会消费的旅游数量，而 *OG* 是没有旅游支出，他 / 她将会消费的其他商品的数量 *TG* 显示中间可能的组合。可供消费的旅游产品和其他产品的数量取决于旅游产品和其他产品的相对价格，因此旅游产品价格越低，旅游产品的消费量就越大，反之亦然。相对价格变化的影响，用预算线斜率的变化来描述，将在下面讨论。人们决定购买的旅游和其他商品的组合取决于自己的喜好。旅游和其他商品的替代组合可以为消费者提供相同水平的满意度，例如，旅游低消费和其他商品高消费提供了与旅游高消费和其他商品低消费相同的满意度，如图 4-2 中的无差异曲线 I_1 所示。人们在旅游和其他商品之间分配预算，选择满意度最高的组合。在 *D* 点上，无差异曲线与预算线相切，结果是 OT_1 旅游和 OG_1 其他商品消费。如果一个人对旅游有更强烈的偏好，他就会消费 *D* 点左侧的组合；如果一个人更热衷于消费其他商品，他的冷漠曲线就会与 *TG* 相切，位于 *D* 点右侧。人们不仅要决定他们相对其他商品的偏好组合，还要决定他们对不同类型旅游的偏好组合。例如，一个游客可以把他 / 她所有的旅游预算花在走亲访友上，也可以把所有预算都花在国外新的度假地点上，或者兼而有之。最优位置再次取决于个人的预算和偏好，并再次假设预算在不同类型的旅游之间分配，以最大限度地提高满意度。探亲访友和出国度假的最佳组合可以用类似于图 4-2 的图表来说明，但不同类型的旅游要在坐标轴上测量，如图 4-3 所示。当然，实际上可能有两种以上的组合；这些可以用数学表示，但不能用图表表示。在不同类型的旅游中，一个人可以选择一种旅游类型的组合。然而，这并不是可能出现的唯一结果，因为一种旅游可能替代或补充另一种旅游。例如，一些前往欧洲旅行的美国游客将不同欧洲国家的旅游地区视为旅游体验的互补部分，而不是替代品，如伦敦和巴黎可以被视为互补，并为各自分配固定比例的支出。

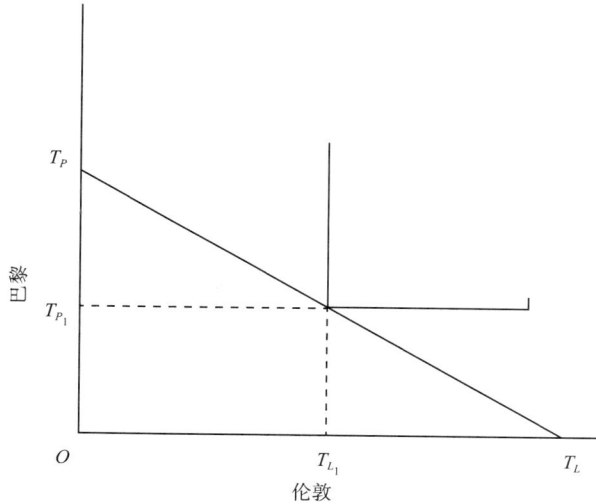

图4-3　巴黎和伦敦视为互补关系

图 4-3 描述了这种情况，预算线 T_PT_L 显示了如何将旅游支出的不同组合分配给两个地区，但 L 型无差异曲线显示，该人希望将预算的固定比例分配给每个地区。旅游地区作为替代品的另一种情况可能适用于悉尼和纽约的假期，如图 4-4 所示。预算线 T_ST_{NY} 表示两个度假地区的相对价格，再次表明每个地区的旅游业可能分配的预算比例不同。然而，无差异曲线 I_BI_B 显示，个体 B 将这两个地区视为替代品，并选择纽约为首选地区。另一个体 C 也将两个地区视为替代品，但其偏好不同，如无差异曲线 I_CI_C 所示，他选择了悉尼，而不是纽约。了解不同类型的旅游或旅游地区在多大程度上是可替代或互补的，对于旅游规划和营销特别有用，但这是一个在旅游文献中几乎没有开始探索的问题。

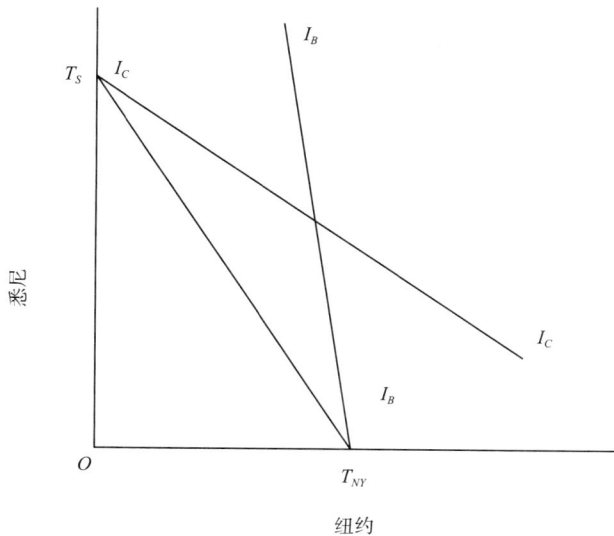

图4-4　旅游地区作为替代品可能适用于悉尼和纽约的假期

4.1.3　收入和价格的变化对旅游需求的影响

经济学家认为，旅游需求主要受收入和价格的影响，而关于这些变量在多大程度上导致需求变化的信息，对于旅游供给商和政策制定者来说非常重要。首先，分别检查这些变量的影响是很有帮助的。在相对价格不变而收入增长的情况下，对大多数类型的旅游和旅游地区的影响可能是积极的。因此，收入的增加导致旅游购买量的增加，类似于收入增加对大多数其他商品和服务需求的影响，也就是说，它是一种正常的商品，因为它的需求与收入呈正相关。然而，收入的增加可能会导致需求的下降，比如在大众市场地区的旅游业，这意味着这种形式的旅游是次等商品。这两种效果如图4-5所示。纵轴衡量的是旅游业，横轴衡量的是其他商品。TG 和 $T'G'$ 线分别代表收入增加之前和之后的预算线，由于假定旅游业和其他商品的相对价格不变，这两条线是平行的。图4-5无差异曲线说明了个体的偏好。如果旅游是一种正常商品，偏好可以用无差异曲线 $I_2 I_2$ 来表示，因此需求在 E 处从 OT_1 到 OT_2。如果旅游是一种劣质品，如无差异曲线 $I_3 I_3$ 所示，收入增加会导致 F 点的旅游人数从 OT_1 减少到 OT_3。如果需求与收入呈正相关，且增长超过比例，则该商品被称为奢侈品；如果需求增长低于比例，则被称为必需品。根据弹性的概念，对奢侈品的需求相对于收入的变化是有弹性的，而对必需品的需求是缺乏弹性的。

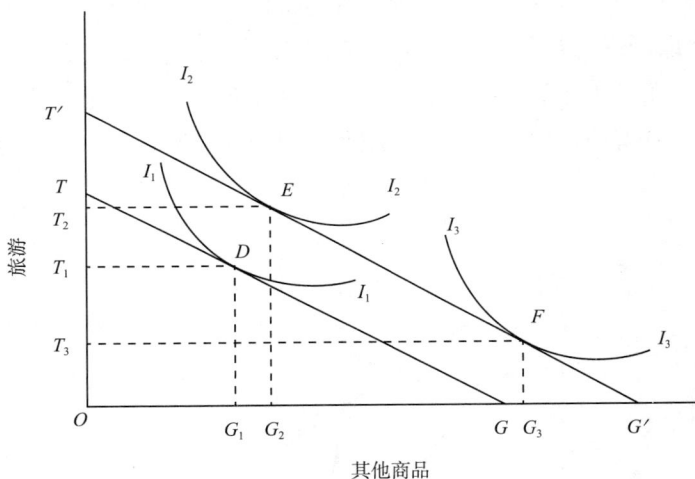

图4-5　旅游业和其他商品的变量影响

其次要考虑的情况是，在收入保持不变的情况下，相对价格的变化对旅游需求的影响。需求和价格通常是呈负相关，因此价格的下跌与需求的上升相关联，反之亦然。图 4-6 描述了旅游价格下降的影响。由于旅游现在价格下降，该游客的预算最多可以购买 OT' 旅游，而可以购买的其他商品的最大数量保持不变，为 OG，因为假定它们的价格保持不变。$T'G$ 线给出了旅游降价后可以购买的旅游商品和其他商品的组合。图 4-6 中

的 D 点和 E 点分别代表旅游产品和其他产品的最初最优组合和随后最优组合，因此旅游产品价格下降会导致需求和满意度增加，因为人们会购买 OT_2 旅游产品和 OG_2 其他产品，而不是价格下降前的 OT_1 和 OG_1。当然也可以考虑在两种类似的旅游形式之间做出选择，其中一种形式的价格相对于另一种形式发生变化。例如，英国居民可能考虑在地中海地区的两个度假胜地度假，一个在法国，另一个在意大利，如果法国法郎对英镑升值，而里拉不变，则会选择意大利度假胜地。

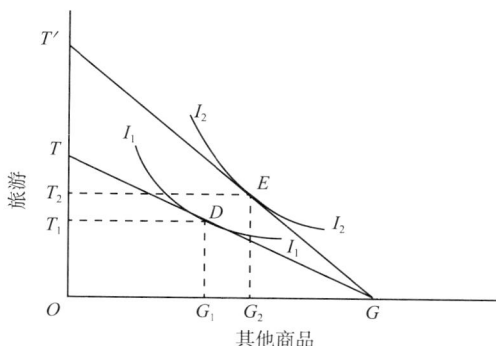

图4-6 旅游价格下降的影响

收入和价格对旅游需求的影响可以用同一个图表来描述，如图 4-7 所示，它有效地结合了图 4-5 和图 4-6。例如，假设旅游价格发生了变化，旅游相对于其他商品变得更便宜，该游客的预算线从 TG 变为 $T'G$。在收入保持不变的情况下，相对价格的变化所产生的影响，可以通过画出与新预算线 $T'G$ 具有相同斜率的折线 PP 来证明，因此，新的相对价格也与原来的冷漠曲线 I_1I_1 相切。（由于这条线与原来的无差异曲线相切，因此满意度和收入是不变的）。相对价格变化的影响体现在从 D 到 S 的变动上。这种效应被称为替代效应，因为旅游价格的下降导致人们用相对便宜的旅游来替代其他商品，从而对旅游的需求上升，而对其他商品的需求下降。第二个影响是实际收入的变化，由于旅游现在价格下降，该游客的实际生活更好了。他／她可以选择将增加的实际收入全部用于旅游业，或全部用于其他商品，或各用一部分。

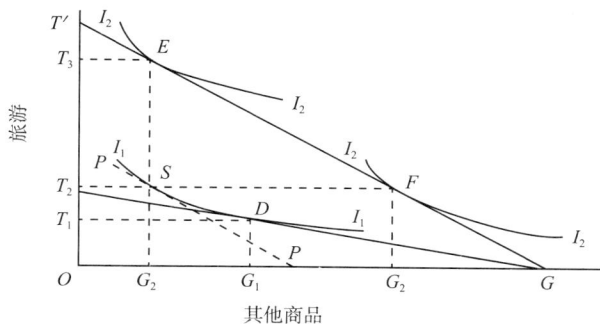

图4-7 收入和价格对旅游需求的影响

如果该游客选择将增加的收入全部用于旅游，那么收入效应将通过图4-7中从S到E的移动来说明，在图4-7中购买了OT_2旅游产品和OG_2其他产品（由于PP与$T'G$平行，价格比率保持不变，因此只考虑收入增加的效应）。如果所有的增加都花在其他商品上，则收入效应从S到F，分别购买OT_3和OG_3。如果他／她选择增加旅游和其他商品的需求，最佳点将介于E和F两者之间。相对价格变化的净效应是分别从D到E、从D到F或从D到E和F之间的一个点。因此，旅游需求上升，而对其他商品的需求下降、保持不变或上升，这取决于个人的偏好。在结束上述讨论之前，需要注意的是，在图4-7中，由相对价格变化引起的替代效应是在收入（购买力）保持不变的情况下定义的。替代效应的另一个定义是，在效用而不是收入保持不变的情况下，相对价格的变化会导致需求的变化。在后一种情况下，对旅游业的需求被称为补偿需求，因为人们可以说，由于相对价格的变化，他／她的满意程度保持不变，从而得到了"补偿"。

4.1.4 随时间变化的旅游需求

人们关于消费时机的选择被称为跨期选择，在经济学中引起了越来越多的关注（例如，Herman,1974;Obstfeld, 1990;Deaton,1992）。例如，如果考虑两个时期，该游客可能会选择将他／她在第一个时期获得的所有收入都花在该时期，而不花在未来（第二个时期），以最大化初始消费。或者，该游客可以选择在第一个时期减少支出和消费，以增加第二个时期的支出和消费。这些可能性如图4-8所示。

该游客在第一时期的收入为Y_1，在第二时期的收入为Y_2，他可以选择在第一时期将Y_1全部用于旅游和其他商品，在第二时期将Y_2全部用于旅游和其他商品。这种情况下，最优消费点是D。另外，该游客可能决定在第一时期减少消费，以便在第二时期增加消费。

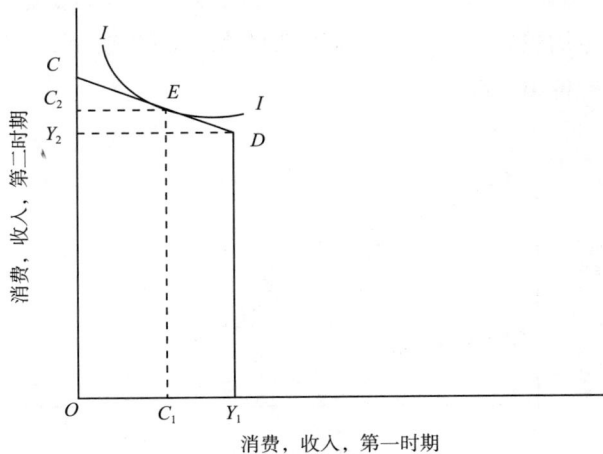

图4-8 两个时期的可能性

在极端情况下，游客在第一个时期选择不消费，以便在随后的时期实现消费最大化，则最优消费点为 C。CD 线段给出了最初消费少于全额收入和随后消费多于全额收入的消费可能性范围。选择两个时期的消费组合取决于个人的偏好。这些可以用无差异曲线来说明。这种情况下，无差异曲线显示了每个时期提供相同满意度水平的消费组合。在图 4-8 中，该游客选择在 E 点消费，在第一个时期消费较少的旅游和其他商品 OC_1，以便在随后的时期消费更多的 OC_2。

这种情况忽略了一种可能性，即人们可以通过借贷来增加当前的消费，也可以通过借贷来增加未来的消费。引入借贷增加了可获得的跨期消费组合的范围，如图 4-9 的预算限制 CDC* 所示。CD 线比图 4-8 中的等值线更陡，因为一个人可以通过借出当前收入所赚取的利息获得更高的未来收入，从而获得更高的未来消费。他/她还可以通过借贷来增加第一时期的消费，DC* 线表示通过借贷可以获得的（较高）第一时期和（较低）第二时期收入和消费的组合。

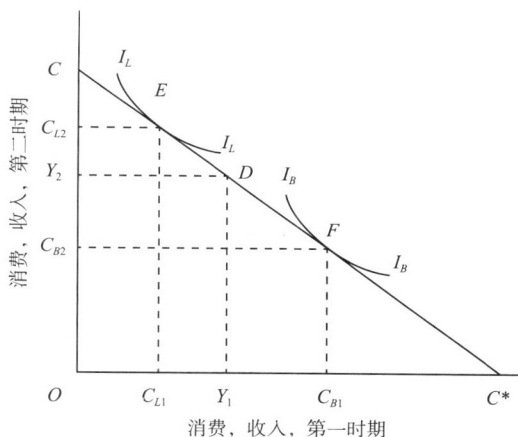

图 4-9　预算限制 CDC*

折线 CDC* 表示该游客通过借贷可以实现的所有第一时期和第二时期消费可能性，OC* 表示第一时期消费最大和第二时期消费为零的极限情况，OC 表示相反的极限情况，CC* 表示中间组合。无差异曲线 $I_B I_B$ 表示一个人选择借贷以增加初期消费，而 $I_L I_L$ 表示一个人倾向于借贷以增加第二时期收入和消费。

这种分析有些复杂，因为利率和通货膨胀的变化改变了人们跨期消费的可能性，并提供了当前少消费、未来多消费的动机，反之亦然。例如，在图 4-10 中，旅游和其他商品的初始预算线为 CC*。利率的增加通过允许未来收入的增加来提高未来消费的可能性，并通过增加借贷成本来降低当前消费的可能性。新的预算线在图中是 C'C'C*'。利率上升的影响可分为替代效应和收入效应。前者总是负的，即存在反比关系，因为利率的增加鼓励人们用（更便宜的）未来消费替代（更昂贵的）当前消费。收入效应是正的，因为利率越高，收入就越高，也就是说，两者之间存在正相关关系。

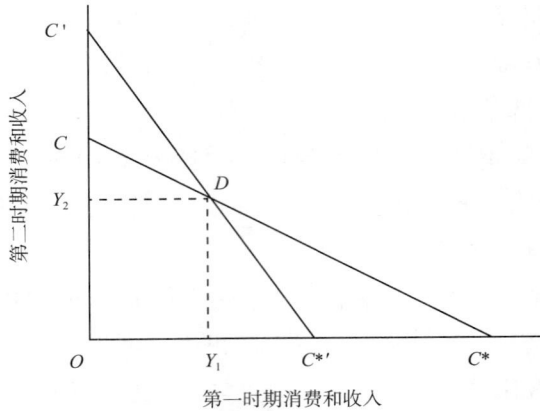

图 4-10　初始预算线 CC^*

对于借款人来说，利率上升对当前消费的净影响是负的，但对于贷款人来说，净效应可能是正的，也可能是负的，这取决于替代效应和收入效应的相对规模。有趣的是，通货膨胀的下降对当前消费的影响与利率上升所产生的影响相似，因为通货膨胀的下降导致实际利率的上升。如果总通货膨胀率的变化随着旅游和其他商品的相对价格的变化，结果就更为复杂，因为必须考虑到额外的替代和收入影响。

4.2　旅游决策的社会背景

支出预算和人们的偏好都是旅游需求基础的关键变量。在旅游需求的单方程和方程组模型中考察了消费在抑制需求方面的作用。然而，传统的需求理论并没有解释偏好和品味是如何形成和改变的，也没有解释在社会环境背景下做出决定的过程。相反，研究主要集中在个人利益上，即将收入分配到消费和储蓄中，以及消费者购买产品的选择。对个体的重视体现在早期的旅游文献中。贯穿动机理论研究的一个共同主题是，个人需要逃离日常工作和家庭制度，并寻求只有通过旅行才能满足的新体验。研究方向导致旅游形式和游客类型的分类。格雷（1970）"旅游欲望"类别暗示了一种逃避的欲望，而他的"阳光欲望"类别则暗示了一种在家庭环境中无法体验的需求。普罗格（1973）对旅游者的心理细分中考虑的是行为维度，而不仅仅是旅行的动机。

社会心理学家和一些地理学家对动机进行的这些非经济研究，在两个方面为旅游需求经济模型的发展做出了有益的贡献。首先，他们试图解释经济学家只能从偏好中观察到行为的原因，在这方面，对动机的研究有助于更准确地解释和预测旅游需求的水平和模式。其次，这些方法补充了相对较新的、以经验为导向的经济学分支——实验经济学和经济心理学，它们将注意力转移到决策的社会背景上，并阐明了决定旅游消费偏好和品味的因素。这些方法虽然承认其他学科对解释旅游需求和行为的贡献，但都是在一个经济框架内建立的，并且可以帮助解释和预测旅游消费行为。实验经济学和经济心理学的贡献在于扩大了决定旅游需求变量的可能范围和分析方法，并且方法通常是归纳而不是演绎。此外，他们所提供的一些见解已被纳入主流经济模式。实验经济学通过实验调查消费者的决策来模拟科学实验室的方法，特别适用于与关键相互关系相关数据不可得或不可用的情况。经济心理学认识到在效用最大化理论中大部分无法解释或未得到充分考虑的感知、信息处理、态度、期望、动机、偏好和品味是重要且易于衡量的，从而在概念和方法上做出贡献。

经济心理学家认为，对决策过程的解释需要对决策的社会背景进行调查。社会环境在微观层面强烈影响消费水平和产品选择，在宏观层面强烈影响消费和储蓄思想。杜森伯里（1949）及利宾斯坦（1950）在他的相对收入假设中提出，一个特定群体的消费水平和模式与其说是由当前或未来的收入决定的，不如说是由其他群体（通常是收入较高的群体）的消费水平和消费模式决定的。示范效应的概念意味着消费者寻找参照群体并模仿他们的消费模式。在这里，经济心理学结合了社会学（群体理论）和社会心理学（态度假设）的思想，将分析焦点转移到微观经济层面。通过参考旅游业增长的历史背景，为这些观点提供了支持。凡勃伦（1899）的炫耀性消费理论和利宾斯坦（1950）的势利和从众效应解释了低收入群体如何追随富人的度假模式。游客类型的分类，如非中心型和心理中心型，以及度假村的生命周期可能反映了社会参照群体的影响。不以中心为中心、勇于创新的游客寻求新的体验，而一些不那么冒险的游客，通常（尽管不完全是低收入群体）随后也会效仿这种行为。这种口味的变化导致旅游行为模式的改变。例如，对一些大众市场地区的需求已经下降，正如在英国传统的海滨胜地所观察到的那样，这说明了度假周期的下降阶段。因此，社会因素包括消费者与其他消费单位的比较，在基于心理和社会学的方法中被视为重要因素。

经济心理学和社会学认为，经济社会化是行为模式、偏好和品味的一个重要决定因素。经济社会化（Stacey,1982;Jundin,1983）涉及儿童如何分阶段接触和发展与消费有关的技能，从金钱和财产的知识到社会分化和社会经济的理解。消费者社会化的概念考虑了关键个人，如父母在形成儿童对消费水平和模式的态度方面的具体作用。性别角色和家庭内部互动过程与消费决策的关系也很重要。

研究表明，配偶在消费者决策中的角色因考虑购买的商品或服务不同而不同，在决策过程的不同阶段，配偶双方的观点也会产生不同影响。对于大多数商品和服务而言，项目和所需的相关信息在技术上越复杂，决定就越有可能由男性主导（H.L.Davis,1970；Burns & Ortinau，1979）。然而，对社会群体内部和群体之间的非持久和持久旅游消费过程的研究却很少。关于假期的决定，Filiautraut & Ritchie（1980）发现男性的观点往往占主导地位，但 Qualls（1982）发现决定是由双方共同做出的。Kirchler（1988）在回顾假日决策时指出，影响消费的其他变量包括年龄、生命周期阶段、阶级、收入和国籍。在传统角色和老年家庭中，消费决定由丈夫控制。在中等收入家庭中，更多的消费决策是家庭成员共同做出的。在社会阶层方面，上层和下层阶级的决策权多由男性主导。迄今为止的少数几项研究得出的结论并不令人惊讶，即具有经济权力的人主导消费的开始、过程和结果，但在不断变化的社会和经济环境中，不同的人占有这种地位。实验经济学阐明假日消费决策是消费单位内部以及该单位与其他社会群体之间的互动过程，反映了旅游需求和行为的社会背景。该方法可以结合博弈论，其中可能的结果是由参与者的目标和策略决定的。例如，一个家庭的一个或多个成员希望购买海滩度假可能串通，而其他寻求更积极的文化体验的人可能与他们讨价还价，试图实现另一个目标。Kent（1990）采用了一种准实验的方法来检验决策过程，并增加了某些家庭成员占据主导地位的维度。这种地位可以通过掌握该家庭其他成员无法获得的信息而得到巩固。

在风险和不确定性情况下的决策属于实验经济学和主流经济学的研究范围，可以应用于涉及大笔开支的度假决策，如度假屋的资本支出。这些决定是在未来收入、相对价格、通货膨胀和利率不确定性背景下做出的，可以使用实验方法进行调查，在这种方法指导下，构建各种情景并观察做出的选择。一些社会心理学家认为，即使在消费者可以通过获得更多信息来降低不确定性的情况下，一旦获得了可接受的信息水平，对额外信息的搜索和处理就会停止。这可能发生在消费者获得他或她所能理解的最大信息量之前，与西蒙的（1957）"满足型消费者"概念相似。它也符合有限理性的概念，但不是完全理性的行为。结果可能是消费者的决策不一致，这解释了偏好逆转现象，有时出现在消费者选择的博弈论模拟中。在国际旅游消费选择的背景下，实验方法的应用对支出延迟模型的假设提出了质疑，例如，假设在一个时间段内做出的选择与在另一个时间段内做出的选择是独立的（Loewenstein, 1987）。因此，它为分析决策的跨期性质提供了机会。更多地利用其他学科提供的见解可以丰富旅游消费决策的经济理论。例如，在微观层面上，有人假设旅游需求取决于特定个人的经济实力和/或社会参照群体以前的消费。可以估计这些变量的定量度量，并将它们纳入旅游需求函数。这不仅可以纠正遗漏变量的偏差，还可以计算这些变量对需求的影响程度。由此可见，旅游消费偏好形成的问题，特别是与旅游需求的时间序列分析相关的问题，需要进一步研究。

4.3　本章小结

本章介绍了旅游需求的传统微观基础。之所以这样做，原因之一是在宏观经济一级建立适当的模型需要对微观基础有一些了解，而迄今为止，大多数旅游需求估计都是在国家宏观经济一级模型进行的。例如，旅游需求的宏观经济模型包含消费和劳动力供应决策之间的可分离性，以及消费的跨期可分离性的假设。本章的讨论表明，这些假设需要修改，这意味着购买旅游的决定可能与劳动力供应的决定一起做出，也可能随着时间的推移而相互关联。研究还表明，购买旅游产品的决定与消费其他商品和服务的决定有关，而选择特定类型的旅游是在购买其他类型旅游的可能性下进行的。如果旅游需求在某一时间点和一段时间内与其他类型的消费有关，则在旅游需求模型中应该考虑这种相互关系，尽管过去大多数研究都没有这样做过。

5 旅游需求的实证研究

引言

实证研究可以帮助解释旅游需求的水平和模式，以及它对其所依赖的变量变化的敏感性，例如，来源地的收入以及不同来源地和地区之间的相对通货膨胀率和汇率。这些信息对公共部门和私营部门的决策都很有用。然而，通常只有在基础模型的理论规范是正确的情况下才能获得准确的估计。本章将解释和批判性地评估两种用于模拟旅游需求的方法；一是单方程模型，二是方程组模型。本章第一部分介绍的单一方程模型已用于许多国家和时期的旅游需求研究，并假设需求是若干决定变量的函数。估计的方程式允许计算需求对这些变量变化的敏感性。对该方法的讨论集中在确定其优势和局限性，并考虑其对未来研究的相关影响。与第一种方法相比，方程组模型要求同时估计所考虑的国家或旅游支出类型的一系列旅游需求方程式。方程组模型试图解释一系列来源地和地区（或旅游类型）旅游需求的预算份额对基本决定因素变化的敏感性。本章第二部分解释方程组模型的理论基础，并对模型进行评估，提出了进一步调查的方向。本章第三部分介绍了估计旅游需求的两种方法与预测需求方法的相关性，并评估了替代的预测模型。在本章结束时，我们应该清楚地看到，经济理论与旅游需求的实证研究之间有必要建立更紧密的联系。

5.1 估算旅游需求的单方程式方法

5.1.1 方法、优点和局限性

该方法可以分析国家群体、个别国家或州、区域或局域地区的旅游需求。需求还可以按访问类型（例如，假日和商务旅游）和游客类型（包括国籍、年龄、性别和社会经济群体）等进行划分。在另一个维度上，它的分析可以与特定类型的旅游产品有关，例如，体育旅游或生态旅游，或与旅游产品的特定组成部分有关。在本章中，旅游需求的概念是指游客购买的一整套服务：交通、住宿、餐饮、娱乐及相关服务。单方程方法首先要将需求理论的决定因素理论化，然后使用多元回归分析技术来估计需求和每个决定因素之间的关系。一个需求函数可以被写成：

$$D=f\left(X_1, X_2, \cdots, X_m\right) \qquad (5-1)$$

其中，旅游需求和是决定需求的自变量。因此，理论问题是确定哪些自变量应该包含在方程中，以及适合估计方程的函数形式（如线性或对数线性的）。该理论的应用相对容易，这取决于数据的可用性，通过计算机模拟来估计旅游需求作为因变量和决定它的自变量之间的关系。这些软件可以检验每个假设的自变量是否在决定需求方面发挥了重要作用，以及每个重要变量在多大程度上解释了需求的变化。单方程式方法有许多优点。除了相对容易实现外，它还可以提供有用的信息；一旦使用回归分析来检验旅游需求和决定变量之间的关系，其中任何一个变量的变化对旅游需求的程度都可以通过计算相关的弹性来量化。例如，一个旅游地区的旅游需求收入弹性，是衡量需求随游客来源地收入变化而变化的程度。弹性值可以根据不同的持续时间计算，从而显示需求对所考虑变量变化的短期和长期响应性之间的差异。这对政策目的可能是有用的，例如，指出各项适当的反补贴政策调整应在何时生效。弹性值不仅可以在国家层面估计，而且可以对不同群体或国籍的游客或旅游产品类型进行估计，这可能与在更综合层面上估计的值有很大差异。例如，Gray（1970）指出，度假旅游的需求价格弹性高于商务旅游的需求价格弹性，而"漫游癖"游客的需求价格弹性可能低于"向日葵"游客。这种方法也受到各种限制。如果由于包含不恰当的变量或遗漏适当的变量而导致旅游需求方程构建错误，则从估计中获得的结果可能是有误的，并导致不恰当的结论和政策建议。在某些情况下，旅游需求方程应与旅游供给方程和/或劳动力供应方程一起估计。若不能同时估计这些方程，结果也可能产生偏差。这些考虑因素进一步加强了为旅游需求的规范和估计提供坚实理论基础的理由。

5.1.2 旅游需求单方程模型

大多数经济研究通常在国家层面上使用单一方程式来解释旅游需求，正如 Archer（1976），Johnson（1990），Ashworth（1990）& Sheldon（1990）的评论所证明的那样。旅游需求函数的一个典型例子是，其中所有变量都发生在给定的时间段 t 内：

$$D_{ij}=f(Y_i, P_{ij/k}, E_{ij/k}, T_{ij/k}, DV) \tag{5-2}$$

式中，D_{ij} 是来源地 i 对地区 j 的旅游需求，Y_i 是来源地 i 的收入，$P_{ij/k}$ 是来源地 i 相对于地区 j 和竞争地区 k 的价格，$E_{ij/k}$ 是来源地 i 与地区 j 和竞争地区 k 之间的汇率，$T_{ij/k}$ 是来源地 i 与地区 j 和竞争地区 k 之间的运输成本，DV 是一个虚拟变量，用以考虑体育赛事或政治动荡等特殊事件是来源地对地区的旅游需求，是来源地的收入，是来源地相对于地区和竞争地区的价格，是来源地与地区和竞争地区之间的汇率，是来源地与地区和竞争地区之间的运输成本，是一个虚拟变量，用以考虑体育赛事或政治动荡等特殊事件。

研究还使用了其他多种旅游需求方程的构建，导致估计的弹性值范围很广。例如，一项关于美国和加拿大出境旅游的早期研究（Gray，1966）发现人均收入弹性值在 4.99 ～ 7.01，这意味着收入每增加 1%，旅游支出便会增加 4.99% ～ 7.01%。Artus（1972）发现欧洲游客对国际旅游需求的收入弹性在 1.36（瑞士）和 3.84（奥地利）之间变化。据

Tremblay（1989）的估计,18 个欧洲地区国家的旅游收入弹性在 0.33（英国）和 11.35（葡萄牙）之间。J.S.Little（1980）对美国在 10 个地区国家的需求进行了研究,结果发现收入对需求的影响并不显著。更多的研究提供了一系列来源和地区额外的估计,如 Archer（1976）、Johnson & Ashworth（1990）和 Sheldon（1990）。在某种程度上,不同的旅游需求研究中估计的弹性值的差异并不令人惊讶,因为这些值通常指不同的来源和地区、时间段和需求指标,如人均旅游收入或人均访问量。但是,一些估计值可能是不准确的,因为它们所基于的需求方程的建立不恰当。特别是,对需求理论的检验在很大程度上依赖于二手数据和计量经济学方法,其中随机误差项包含模型无法解释的变量。因此,许多旅游需求模型的一个核心特征是,影响消费者行为的一些变量被忽略了。此外,尽管在计算机回归模块中提供了这些统计数据,但很少有研究包括完整的测试统计数据。因此,估计结果的置信度是不确定的。正如 Johnson and Ashworth（1990）所指出的那样,在某些情况下,统计量检验结果不显著已经被讨论过,仿佛它们与那些被证明为显著的结果同样重要。在其他情况下,诸如异方差（回归方程中的误差不具有恒定方差）等计量经济学问题被忽略了。

根据前面的理论讨论以及与消费有关的宏观经济文献的最新发展,本章将考虑有可能成为旅游需求重要决定因素的变量。首先考察了收入和跨期消费理论。然后,将讨论扩展到考虑相对价格和汇率,这对于在国际层面确定旅游的有效相对价格是非常重要的。与旅游需求方程相关的其他变量也需要被纳入考虑,特别是运输成本、营销支出和特殊事件的虚拟变量。

5.1.3　收入和对旅游的跨时需求

收入的变化可以对旅游消费产生重要影响,因此它显然是旅游需求方程式中的一个关键变量。讨论还考察了旅游消费时间选择的理论基础。然而,大多数使用单方程模型的旅游需求研究的一个关键问题是缺乏明确的消费者决策理论。因此,没有解释旅游需求随时间变化的过程以及收入在其中的作用。除了少数例外,大多数研究都认为需求取决于当前收入,而不是过去或预期的未来收入,特别是 Syriopoulos（1995）。通过这一假设,该研究忽略了经济学文献中关于跨期决策的争论,以及消费者是逆向观察还是前瞻性观察的问题。因此,在那些假定需求仅依赖于当前收入的研究中,旅游需求与其决定因素之间的关系可能是错误的,计算出的弹性可能不准确。跨期选择理论可以从宏观经济和微观经济两个层面解释旅游需求。该理论考虑到这样一个事实,即需求决策往往是在信息不完善、不可预见的事件、对未来的预期和限制当前消费的流动性约束的背景下做出的。跨期选择理论允许消费依赖于当前、未来和 / 或过去收入的任何组合。因此,它仅依赖于当前收入的假设成为一般模型中的一种特例。跨期选择理论认为,人们决定如何在当前和未来两个时期之间分配他们的消费,因此,相对于未来消费,对当前消费偏好较高的人被认为具有较高的时间偏好率，而对延迟消费的人则相反。任何给定时期的消费价值取决于时间偏好率，当前收入的价值也可能取决于过去和预期的未来收入。对当前消费的解释需要建立一套关于未来收入的预期理论，因为，如果人们预期他们未来的收入会发生变化，他们很可能会改变他们当前的消费。这种情况下，消费者是具有"前瞻性的"，消费的实际变化是未来收入可预测变化的函数。这意味着，为了理解总消费及其中旅游消费的变化，有必要解释（或建立模型）未来收入的变化。人们提出了一系列关于未来收入预期的理论。许多关于消费的研究都假设，未来收入的预期变化是基于过去的收入变化。

例如，假设人们对收入变化的预期符合一个适应过程，即预期是根据消费者过去的收入值进行调整的，因此消费可能是预期未来收入的贴现值的函数，根据过去的收入值进行预测时，消费者是逆向观察的。或者，消费者可能会预期他们未来的收入将以一种不同于过去模式的方式发生变化，即所谓的收入创新，如福利和税收制度的变化。这些创新可能会影响预期的未来收入，因此影响其贴现现值，如果它们持续下去，将导致消费的变化。收入方面的创新在不同时期的国家内部及国家之间各不相同，而且由于预期和背景不同，纳入未来预期收入的方式也可能不同，还必须考虑到消费者在特定情况下可获得的信息量的不同。新古典宏观经济理论（Sargent & Wallace，1976）中的理性预期理论认为，消费者会基于获得和使用所有可用的信息做出决策，从而使实际结果与预测结果相一致。根据该理论，不可预测的收入变化会导致消费者修正对未来收入的预期，从而引起其收入贴现值的变化和相应的消费变化。然而，经验证据对这一预期理论的形成提出了质疑（例如，Flavin，1981；Blinder & Deaton，1985；Jappelli & Pagano,1989；J.Y.Campbell & Mankiw，1991）。一个可能的原因是，消费者对收入创新的认识不完全，因此他们的消费反应很小。新的凯恩斯主义宏观经济学家认为，消费者的行为可能会受到市场不完善的限制。例如，工资刚性会使希望工作的个人找不到工作，从而限制了他们的收入。一些消费者很难增加其当前的消费，因为他们的流动性受到限制，无法用未来的收入进行借贷。借贷约束会因信息不对称而发生，即消费者知道未来收入的增长，但贷款人不知道未来收入的增长，或者怀疑未来收入的增长是否会发生。对未来收入的不确定性也会导致增加预防性储蓄以应对未来收入可能减少的情况，从而减少消费。大多数关于旅游需求的研究都在需求函数中考虑了当前而不是过去或预期的未来收入，这与借款的流动性限制是一致的。这些研究也符合消费者的行为，既非前瞻观察，也非逆向观察。因此，旅游支出完全依赖于当期收入可被视为消费行为范围内的一种特殊情况。如果旅游消费者是逆向观察者，旅游消费方程就应该包括收入的滞后值，并根据当前消费由过去收入决定的程度加权，接近当期年份的权重通常最高。如果消费者是前瞻观察者，在没有流动性限制的情况下，旅游消费函数应包含考虑由消费者对其未来收入贴现值预期引发消费变化过程的描述。这需要关于收入随时间变化的信息，以及人们制定预期并将现有信息纳入他们对未来收入预测的方式。因此，上述讨论表明可以指定旅游需求函数来具体反映每个来源国特有的需求和收入之间的关系。现在的主要问题是对这些理论进行实证检验。

5.1.4　相对价格、汇率和旅游需求

迄今为止，对旅游需求的研究主要集中在收入影响需求的方式上。然而，旅游需求不仅取决于自身的价格，还取决于其他商品和服务的价格，而不同类型旅游的选择也考虑到了它们的相对价格。此外，旅游也可以是其他商品的替代品或补充品。虽然旅游需求方程式应该包含这些相对价格变量，但在实证研究中尚未考虑到这些变量。首先，旅游的价格指数通常无法获得，因此使用零售价格指数，尽管除了 Martin & Witt（1987）的研究之外，几乎没有研究对其作为代理变量的适用性进行调查。其次，大多数研究都忽视了购买旅游产品的决定与购买其他商品的决定同时进行的可能性，因此后者的价格没有被考虑在内。最后，许多研究要么忽略了消费者在一系列旅游产品和地区之间进行选择的事实，要么包括了一系列替代产品的价格但没有为所选择的范围提供充分论证的理由。关于国际旅游，由于消费者的原籍国可能是一个旅游需求国，因此，原籍国和一系列其他地区之间的汇率也可能是相关的。旅游原籍国与其地区之间的相对价格和实际汇率已被纳入旅游需求的研究，通常作为单独的解释变量（例如，Artus, 1972; J.S.Little,1980; Loeb, 1982; Quayson & Var, 1982; Martin & Witt, 1988; C.K.Lee et al., 1996）但有时又以有效汇率的形式出现（根据相对通货膨胀率差异调整的名义汇率）。从长远来看，后者更合适（Syriopoulos, 1995）。有时其他竞争地区的价格和汇率也会被纳入进来。总的来说，文献中很少讨论将相对价格和汇率作为在国际层面上对旅游需求的单独决定因素在理论上是否是合理的，或者有效汇率是否合适。可以认为，在短期内，通货膨胀率和名义汇率的变化是不同的，因此，游客在做决策时要分别考虑相对价格和汇率。一个相反的观点是，游客不知道海外地区的通货膨胀率，只考虑名义汇率。或者，有效汇率可能是相关的解释变量。支持这一观点的一个理由是，大多数游客用本国货币支付旅游消费，他们被收取的价格都考虑到了相对价格和汇率的差异。因此，旅游消费的现行定价和支付方法是在估计方程中应包括哪些变量的关键考量因素。

5.1.5　滞后变量

对旅游需求的研究通常将当前的相对价格和 / 或（有效）汇率值作为估计方程中的自变量。然而，鉴于旅游产品的购买是在实际消费之前进行的，根据有关国家的旅游消费模式，相比当前值，滞后值可能是适当的自变量。鉴于大多数消费者对未来价格和汇率变动缺乏信息了解和不确定性，对未来价格和汇率变化的预期不可能像过去的汇率那样成为需求的重要决定因素。消费者对其他地区的价格和汇率的认知在不同的来源和地区之间有所不同，并随着时间的推移而变化，因此有必要进一步研究旅游需求、相对价格和汇率之间的关系。这包括这样一些方面，如消费者会对外汇价格产生货币错觉，因为他们在短期

内不知道自己国内货币的价值。特定时期内对特定地区的旅游需求取决于前一时期的需求。这是因为消费者缺乏经验及有时缺乏相关知识，导致阻碍了对另一地点的旅游需求。因此，通常假设消费者对地区的信息越多，对地区的需求就越大。增加信息的影响可以通过在估计方程中增加一个滞后因变量，即当前时间段的需求受到之前需求水平的影响。这也与一些消费者养成重复访问特定地区的行为假设相一致（Witt,1980; Witt & Martin, 1987;Martin & Witt, 1988; Darnell et al.,1992;Syriopoulos,1995），与习惯持久性（时间不可分性）对总消费支出的影响效应一致（Braun et al.，1993）。习惯可以用旅游文献中关于心理中心旅游者的讨论来解释，他们倾向于熟悉而不是新的体验和地区，因此，当前需求和过去的需求之间存在正相关关系（系数）。相反，显著的负系数表明游客并非是以心理为中心的，是在新的地区寻找新的体验。对负系数的另一种解释是，以前的访问经历揭示了地区的一些不受欢迎的特征。就调整过程中的滞后而言，以心理为中心的游客的调整有很长的滞后，或者根本没有调整，而非心理中心的游客则表现出非常迅速的调整。显然，当前需求对之前需求的响应会随着时间的推移而改变。例如，消费者最初会增加他们对地区的需求，因为他们获得了更多的信息或养成了访问该地区的习惯，从而产生正系数。然而，消费者随后会降低他们在地区的消费水平，这是因为他们进一步了解了在地区获得产品和服务最具成本效益的方式，例如，在一定的质量水平下，更便宜的当地交通方式或更便宜的餐馆和酒店（Godbey，1988）。这将导致一个负系数。习惯持久性和更广泛的信息可得性很少在实证研究中得到检验。

5.1.6 交通价格

交通价格或者说是通行成本，是另一个变量，一些研究将其作为旅游需求方程的自变量。支持和反对这样做的理由是很复杂的。支持者认为实践中通常包含的零售价格指数没有明确考虑到始发地和地区之间的交通价格，因此有必要包含一个单独的交通价格变量。此外，它的成本在度假总价格中所占比例如此之大，以至于它的变化会导致模式的改变。反对者认为通常所解释的旅游需求的定义是所购买的旅游要素（住宿、娱乐、其他服务提供和交通）的总和，因此，包含在估计方程中的自有价格变量应考虑所有这些要求的价格。因此，从理论上讲，没有必要单独加入交通价格。此外，即使可以为一组特定的始发地和地区加入一个交通价格变量，但以何种形式加入才合适并不清楚。也不清楚哪些其他地区可以替代或补充特定地区。因此，除了所研究的特定起源地区的交通价格外，还可以考虑哪些交通价格？另一个问题是有待加入方程的具体交通价格，因为在大多数交通工具之间有不同的票价，根据预订前时间、旅行时间和停留时间等标准而有所不同。航空公司的定期机票和包机机票或廉价机票店的票价之间的差异就是明显的例子，因为后者没有可靠的时间序列数据。考虑到这些因素，在对旅游需求的研究中所包含的交通价格变量的影响往往是不显著的，这样的结果不足为怪，就如美国到一系列国家的旅行案例一样。其他研究也发现了显著的负相关关系，如 Kliman（1981）对加拿大旅游需求的研究，其弹性值在 −0.94（意大利）和 −3.09（葡萄牙）之间，以及 Tremblay（1989）的研究发现弹性值在 −0.48（比利时）和 −0.47（瑞典）之间变化。

总的来说，如果把交通价格作为旅游需求的一个决定性因素来考虑，我们应该更加谨慎地对待，并进行更详细的理论和实证调查。

5.1.7 其他变量

其他被假设为决定旅游需求的变量是市场营销支出和反映非典型事件的虚拟变量，例如，体育赛事或重大政治变化。C.D.Clarke（1981）和 Uysal & Crompton（1984）对巴巴多斯和土耳其的研究发现，市场营销支出的弹性值影响显著，但结果并不统一。特殊事件虚拟变量的加入并不会产生这样的问题，奥运会和加拿大世博会的虚拟变量的弹性值相对较小，奥运会为 0.35（Loeb，1982），世博会为 0.49（J.S.Little，1980）。政治事件会对旅游需求产生更大影响，例如，印度尼西亚人对新加坡的旅游需求，在两国之间的紧张局势背景下，旅游需求的弹性值为 −1.5（Gunadhi & Boey，1986）。

5.1.8 单方程模型研究的启示

以上对旅游需求单方程模型的讨论突出了未来研究的一些问题。这可以分为理论、聚合和估计的广义标题。之前章节的理论讨论，一方面考察了总消费、有偿工作和无薪时间之间的关系；另一方面考察了旅游消费与其他商品和服务（如耐用消费品）消费之间的关系的重要性。同时也证明了收入和相对价格在旅游消费中的作用。迄今为止的实证研究未能对这些问题进行彻底的验证。人们通常认为，旅游消费与从事有偿工作或消费其他商品和服务的决定是可分离的。此外，旅游消费与收入和有效价格变化之间的跨期关系的性质也很少受到关注。预期的作用也被忽视了。一些关于需求的研究在相当特别的基础上将自变量纳入了估计方程中。这个过程会导致方程的错误设定和结果偏差。Davidson 等（1978）、Hendry & Mizon（1978）以及 Hendry（1983）提出了"一般到具体"的方法，并将其应用于 Syriopoulos（1995）的旅游需求单方程模型，这是一种克服因遗漏相关自变量而产生估计结果偏差的方法。该方法包括在估计方程中包含所有可能的相关自变量，排除那些对需求无关紧要的决定因素。旅游需求对其决定因素的短期和长期响应之间的差异可以通过包含一些自变量的滞后（前期）值和使用误差修正机制，从而计算出短期和长期弹性值。

聚合的问题是特别重要的，并没有通过实证研究来解决，这些实证研究将旅游需求作为一个总商品进行估计，例如，关于英国人在西班牙的度假需求中没有考虑对其组成部门的需求或特定消费群体（如家庭或老年人）的需求。一般没有考虑不同类型的旅游产品或不同的个人或群体的旅游需求方程的性质意味着实际上没有关于总体旅游需求方程微观基础的证据。因此，不可能确定已估计的需求方程是否适用于所考虑的情况，也不可能确定估计的结果是否准确。可见，聚合问题值得进一步关注。如果对旅游需求方程有适当的规范，那么通过加入和检验统计数据，就可以相对容易地解决计量经济学结果不准确的问题。然而，在同时估计旅游供给方程和/或劳动力供应（有偿工作）方程的情况下，对旅游需求的单一方程的估计结果也会产生偏差。如果需求和供应是相互关联的，但在估计过程中没有考虑到这一点，那么就会出现识别和同时性的计量经济学问题，并导致不正确的估计。例如，出现识别问题的原因可能是供应限制，如住宿或飞机座位缺乏。在供应限制的情况下，有必要考虑供求是否相互依赖。如果是这样，需求和供应方程应同时估计。显然还有进一步研究旅游需求的余地，其基础是对有待估计的方程的适当形式进行严格的理论论证，包括其动态结构，这将显示旅游需求随时间变化的方式。这种调查将使旅游需求方程能够适应所研究案例的具体情况。最后一个需要考虑的问题是对与旅游相关的耐用资产支出，如度假屋、分时度假、大篷车或船只。

度假屋或分时度假与大多数耐用品的不同之处在于，随着时间的推移它们可能升值，或至少保持其实际价值，因此，对消费者的财富有重大影响。这种购买会影响未来的收入和支出模式。例如，拥有第二套住宅往往会使消费单位在居住地继续进行旅游支出。此外，该财产可作为进一步借款和支出的抵押品，但不一定与旅游业有关。旅游财产作为一种特殊的耐用品，其作用尚未得到研究，但这类资产已体现在财富中，从而影响了消费（Caballero，1993）。结合一个明确的理论框架的实证研究可以调查，如与旅游相关的耐用品库存变化的决定因素，以及购买它们的支出是否可能存在的周期性。对不同地区旅游耐用品库存价值随时间变化的估计将提供有用的基本数据序列。

5.2　旅游需求的方程组模型

旅游需求的方程组模型已被用来估计来自多个始发国的消费者对多个地区国的旅游需求。这些模型具有坚实的理论基础，具有需求的微观经济理论基础。其目标是建立一个模型，该模型根据正常的个人行为进行概括，使得用于估计消费者总体旅游需求的方程具有适当的个人行为基础。在传统的经济理论中，个人通常被视为"理性的经济人"，他们被认为想要更多的物质产品，并以最优化的方式行事来最大化自己的效用。个人在市场机制内做出决定，在市场机制内人们假定价格调整可以消除过剩的需求和供应。旅游需求方程组模型一般假设个人根据"消费者选择公理"做出决策。这些理论认为，价格上涨导致需求下降（负性），个人支出总和等于总支出（加总条件），支出和所有价格的比例变化对购买量或预算分配没有影响（同质性），消费者的选择是一致的（对称性）。如果这些公理能够有效地反映个人层面的行为，那么对总体层面的概括则是适当的，这就为总需求指定一个估计方程，而不是临时性的，可以从经济行为的角度来证明其合理性。根据旅游支出分配的方程组模型，决策是通过一个"阶段预算过程"做出的。消费者首先将其预算分配给旅游、住房和食品等大类商品和服务；再分配给小类商品和服务，例如，欧洲、美国和世界其他地区的假期就是旅游的小类商品和服务；再分配给单个商品和服务，例如，将不同国家作为度假地区。迪顿和缪尔鲍尔（1980a，1980b）开发的"几乎理想的需求系统"（AIDS）模型，是一个常用于估计一系列商品和服务之间或一系列国家之间的消费者支出分配的模型。该模型结合了消费者选择公理和阶段预算过程。在所考虑的项目（例如，不同的旅游地区）之间分配支出，可以通过多元回归分析计算出每个项目在总支出中所占份额对一些自变量（尤其是价格）的敏感度。一个典型的方程如下：

$$w_i = \alpha i + \sum_{j=1}^{n} \gamma_{ij} \log P_j + \beta_i \log(x / P)$$

（5-3）

其中，w 是始发国 j 居民在地区分配给旅游目的地 i 的预算份额，P_j 是始发国的价格水平，x 是始发国居民的旅游支出预算，P 是考虑地区价格的价格指数，S 表示总和，α、γ 和 β 是系数。该模型考虑了支出预算和价格在决定旅游需求中的作用。消费者需求的方程组模型已被用来解释旅游支出预算在不同地区之间的分配和不同类型（White,1982;Hagan & Harrison, 1984;Smeral,1988;Syriopoulos & Sinclair,1993）的旅游支出中的分配（Fujii et al.,1987;Sakai,1988;Pyo et al.,1991）。因此，这些模型的目的不同于前面讨论的模型，前面讨论模型关注的是解释旅游总支出，而不是按地点或支出形式分类。AIDS 方程组模型用于有研究从西欧国家（美国、英国、联邦德国、法国和瑞典）到南地中海地区（意大利、希腊、葡萄牙、西班牙和土耳其）的旅游需求（Syriopoulos & Sinclair，1993）。人们假定消费者首先在一系列商品和服务的总类别之间分配预算，所有类型的旅游消费都是一个类别。消费者随后在世界各主要区域之间分配其旅游支出，并在决定其首选区域后，将其支出分配到该区域内的不同国家。地中海区域内的支出分配是这一决策过程的最后阶段，其估算公式与式（5-3）相似。结果表明，旅游支出弹性差异很大，既包括特定始发地的不同地区之间的差异，也包括特定地区的不同始发地之间的差异，如表 5-1 所示。例如，来自英国的旅游支出弹性在 0.88（意大利）和 2.65（土耳其）之间变化，而联邦德国旅游对土耳其的支出弹性为 1.73。弹性值与始发国在旅游支出预算中所占份额的变化有关，例如，土耳其的旅游支出预算份额将因预算规模的扩大而大幅增加，而意大利的增幅则相对较小。有效价格弹性的值（考虑到价格和汇率的变化）在特定始发地的地区之间和特定地区的始发地之间也有很大差异，如表 5-2 所示。该表提供了未补偿的价格弹性值，其中考虑到由于价格变化而引起的支出实际价值的变化，因为这些值往往对政策目的最有用。来自瑞典、英国和德国的旅游业的估计弹性值相对较高，表明这些国家的旅游业对地区价格变化敏感。需求对地区价格上涨的反应在葡萄牙和希腊尤为明显，其次是西班牙、土耳其和意大利，因此，价格竞争力是决定这些地区旅游需求的一个重要因素。

表5-1 南地中海国家的旅游支出弹性

系数	英国	法国	联邦德国	瑞典	美国
希腊	1.05	1.26	1.07	2.08	1.43
意大利	0.88	0.85	1.02	0.91	0.83
葡萄牙	1.58	1.45	1.01	1.32	1.61
西班牙	0.90	1.08	0.81	1.06	0.72
土耳其	2.65	2.40	1.73	2.09	1.75

表5-2 南地中海国家的有效价格弹性

系数	英国	法国	联邦德国	瑞典	美国
希腊	−2.61	−0.27	−2.03	−2.44	−0.87
意大利	−1.59	−0.95	−0.80	−1.82	−0.63
葡萄牙	−2.81	−1.90	−1.35	−3.17	−3.33
西班牙	−1.11	−1.17	−1.82	−1.53	−0.44
土耳其	−0.60	−0.51	−1.67	−1.89	−1.66

Fujii 等（1985）将 AIDS 模型应用于夏威夷不同类型的旅游支出中，也估计了弹性值，该模型提供了接近统一的支出弹性值。补偿的自身价格弹性值衡量的是在假定实际支出不变的情况下，某一特定类型支出（如粮食）的预算份额对价格变化的反应，该值一般小于1。这表明预算份额对价格变化不敏感。考虑到因价格变化而导致实际支出发生变化的未补偿的自身价格弹性值与零没有显著差异，这表明价格变化对预算份额几乎没有影响。

旅游需求方程组模型的优点、局限性和研究意义如下：

该方程组模型的优点是结合了消费者决策过程的明确理论，而且其形成方式符合从旅游消费者个人（代表机构）到宏观经济层面的聚合。该方法避免了由于不适当的理论基础而产生的结果中的偏差大部分指控。目前的研究正在改进对消费者的动态需求的估计，并应允许将该方法纳入跨决策。该模型提供了支出、自有价格和交叉价格旅游需求弹性的估计。这些弹性是旅游需求（占旅游总支出的比例）对旅游支出、特定旅游类型或旅游地区的价格以及其他旅游类型或地区的价格变化的敏感度的估计，这些旅游类型或地区是所考虑的旅游类型或地区的替代品或互补品。估计的弹性值对商业战略和政策制定产生影响。例如，某些特定旅游地区的低支出弹性值会引起关注，从长期来看，支出增加所带来的好处将流向其他地区。这表明有必要检查造成低弹性值的原因，以及如果有可能的话，可以做什么来使地区更理想。需求的高价格弹性明显大于整体水平，这在通货膨胀率和／或汇率贬值率相对较高的国家是令人关切的问题，但在提高价格竞争力的情况下，这是增加旅游收入的一种手段。需求的交叉弹性表明旅游地区或旅游类型之间的互补性或可替代性，它们为企业和公共机构的旅游营销活动提供了有用的信息。在具有互补性的情况下，可以与其他国家或生产商联合开展这种研究。方程组方法中，AIDS模型通常被认为是表示消费者偏好的最灵活形式。然而，它假定消费和有偿工作的决定是单独做出的，而前面的讨论表明，这种决定可以同时做出。但与单方程方法相比，它的灵活性较差，因为所有的估计方程必须包含相同的自变量和函数形式，以便同时估计方程。例如，政治变化或体育赛事等特定变量与特定一个国家的旅游需求有关，与其他国家的旅游需求无关，因此无法将其纳入考虑之中。此外，方程的滞后结构也必须进行标准化。虽然该模型可用于检验消费者选择公理，而这些公理本应是消费者行为的特征，但结果却普遍表明，该模型违反了消费者选择的同质性和对称性公理，从而使人们对该模型所依据的代表性消费者的理性假设产生了一些怀疑。消费者决策并不总是符合消费者选择公理的经验证据表明，有关消费者决策的假设需要修改。例如，消费者在有限理性的基础上做出决策，只获得和使用有限数量的信息，或者以一种为他们提供满意而不是最大效用水平的方式行事，这被称为满意行为（Simon，1957）。然而，效用最大化理论的支持者可以提出一种包罗万象的效用定义，即一些消费者实现效用最大化的手段是花费有限的时间和精力来收集和处理信息，这样他们就对自己获得的所有可能性的知识有了自我限制。此外，有人认为，理性经济人的概念最大化他或她自己的效用，代表了对消费者行为的狭隘观点（Sen，1979）。理性的概念可以扩展到指一个人在决策时不仅考虑个人偏好，还考虑他人的偏好。"社会人"这个更广泛的概念似乎符合"绿色"游客，他们关心他们所访问社区的环境、福利和文化。它还包括旅游消费决策，其中个人旅游消费者在做决定时会考虑消费单位的其他成员（如家庭或外部社会参照群体）的消费行为（Kent，1991）。决策是在市场失灵的情况下做出的，例如，信息不对称，即一些旅游消费者比其他消费者拥有更多的信息（有时是权力），一些消费者在借贷方面受到限制，以及存在非价格的外部性和公共产品。一些实证研究表明，借贷能力等制约因素的差异对经济环境中不同家庭的行为产生重要影响（Hayashi,1985;Jappelli & Pagano,1988;Zeldes,1989）。实证研究还表明，随着时间的推移，微观层面上的经济关系与在宏观层面的经济关系有所不同。例如，在微观层面上，收入的变化往往与他们自己过去的价值变化呈负相关（MaCurdy，1982；Abowd & Card，1989；Pischke，1991），但在宏观层面上呈正相关（Deaton，1992）。此外，一些在微观层面估计的时间序列消费函数中具有重要意义的解释变量，如家庭规模和特征，通常在宏观层面的实证研究中被忽略。单独使用综合数据会导致对价格和收入弹性的偏差估计，尽管基于微观的模型并不总是优越的（Blundell et al.,1993）。一般来说，虽然多样性和差异是微观层面上的问题，但它们在宏观层面上可以通过聚合来消除。

旅游消费与收入之间的总体关系不同于旅游消费与旅游消费个人或群体的收入之间的关系，不仅是因为收入分配和相关效应（Drobny & Hall，1989），还因为信息可获得性的差异。例如，个人不知道或对影响总体收入和消费预测的宏观经济政策变化的信息没有反应。这些差异进一步表明了根据个人旅游消费者概念进行概括所存在的问题。方程组模型具有一个明确的理论框架优势，只要它们假设一个有代表性的个体根据消费者选择公理行事，就可以提供大量关于旅游需求的有用信息。然而，在某些情况下，它们的基本假设需要修改，并且还需要改进模型考虑旅游消费短期和长期动态的能力。旅游需求的方程系统和单方程模型会掩盖旅游消费个人或群体决策的许多有趣之处。正如 Sheldon（1990）所指出的那样，有必要在微观经济层面对旅游需求进行更多调查。

5.3　旅游需求预测

旅游需求单方程和方程组模型是预测旅游需求的主要方法，被称为计量经济学预测模型，另外两种是定性方法以及单变量和多元预测方法。当然，旅游行业的成员以及政府和旅游协都会对旅游需求预测感兴趣。计量经济学方法包括利用相关解释变量估计旅游需求方程，并通过在方程中加入未来可能的变量值来预测需求。因此，基于计量经济学模型的预测的准确性取决于解释旅游需求的基础模型，从而通过改进这些模型来获得更准确的预测。先前关于旅游需求模型的讨论与预测有关，因为它们指出了模型可以改进的方法。例如，旅游消费的跨期理论表明，旅游需求者是前瞻性消费者，他们会对其预期未来收入的价值进行贴现，这涉及对他们预期收入随时间变化的模型建立。如果旅游需求取决于当前和／或过去的收入，那么未来收入的替代模式可能是相关的。预测旅游需求的计量经济学方法还包括对需求所依赖的其他变量，特别是相对价格和汇率的未来价值进行建模。一些事件的发生，如奥运会或世博会是预先知道的，可以包括在预测方程中。虽然将需求模型的发展纳入预测模型很重要，但模型的选择会有相当大的分歧。当其他模型提供的结果和影响大相径庭时，这一点很重要。例如，考虑到收入在决定旅游需求方面的作用，人们假设随着时间的推移收入是"趋势平稳的"，这意味着收入按照预先的趋势增长，与趋势的偏离具有恒定的均值和方差（Lucas，1977）。这种情况下，收入创新影响偏离趋势，旅游需求对创新的反应不高。另一种理论是，收入是"差异平稳"的，因此它是根据随机趋势增长的（C.R.Nelson & Plosser，1982）。这种情况下，创新影响收入的增长路径，而不是偏离它，旅游消费对衡量收入的变化高度敏感。这两种理论对商业周期的性质和政府干预经济的影响有不同的含义。目前还不确定哪种模型更合适，因为在经济学中存在一个共同问题，即推翻一种理论（Lakatos & Musgrave，1970）。选择模型的一个标准是使用所考虑的案例的数据来估计备选模型，并选择提供不仅在经济上合理而且在计量上优越的结果的模型。随后，可以将从不同模型中得到的预测与实际数据做出比较，从而对模型的有效性进行回顾性测量。与旅游需求的计量经济学模型相比，单变量方法仅根据过去的需求值来预测旅游需求，而不调查过去的需求值的原因。因此，对于那些需要解释旅游需求水平的人，以及那些希望了解需求对特定变量的未来可能值或这些变量的可能替代值的反应的人来说，单变量方法是不合适的。非因果关系的单变量预测方法包括：计算和预测旅游需求的移动平均值；指数平滑法；趋势曲线分析法，包括最佳拟合趋势的预测；分解法，不仅考虑数据中的趋势，还考虑季节和不规则效应以及 Box-Jenkins 单变量法（自回归综合移动平均法，ARIMA）。然而，它们涉及因果关系的因素，因为允许旅游需求的过去值以外的变量影响需求的预测值。定性方法包括专家对可能结果和可能的替代方案的意见，并在缺乏可靠的时间序列数据的情况下使用。与定性预测有关的问题之一是这种方法往往是主观的，而预测所依据的假设并不总是明确和合理的。因此，该方法在许多方面与计量经济学预测模型中使用的方法截然相反，后者注重所做假设中涉及的经济推理。另外，当需要长期预测时，通常在高度不确定的情况下，定性方法特别有利。Archer（1976）、Witt & Martin（1989）对单变量和定性预测方法进行了全面讨论。预测模型已应用于多个地方的旅游业，包括巴巴多斯（Dharmaratne，1995）、夏威夷（Geurts & Lbrahim，1975；Geurts，1982）、佛罗里达（Fritz et al.，1984）、波多黎各（Wandner & Van Erden，1980）、荷兰（Van Doorn，1984）、西班牙（Clewer et al.，1990；Gonzalez & Moral，1996）和一系列西欧国家、北美、日本和澳大利亚（Means & Avila，1986，1987；Witt et al.，1994；smgeneral & Witt，1996）。对不同预测方法的准确性进行比较的研究表明，在定量方法中，没有一种技术总是优于其他方法（Martin & Witt，1989）。单变量方法有时比计量经济学模型提供更准确的预测，并具有易于估计的优点。计量经济学方法提供了关于未来需求原因的信息，涉及旅游消费者未来可能的行为以及旅游始发国和地区国的经济（Makridakis，1986）。从计量经济学模型中得到的预测可以根据有关国家的经济情况的变化加以调整，对与旅游有关的决策大有帮助。

5.4 本章小结

本章试图展示经济分析如何有助于解释旅游需求和评估已经进行的实证研究。经济学的优势在于其理论框架超越了对旅游类型的描述性分类，而这正是过去一些研究的不足之处。该理论具有识别决定需求的变量的额外能力，并为量化需求对这些变量变化的短期和长期敏感性提供理论基础。讨论显示了一些经济理论是如何被试图纳入模型的，这些模型试图估计旅游需求，特别是在国家层面。然而，迄今为止，许多需求模型的建立都是临时的，没有充分的微观基础。讨论认为，实证研究受益于主流经济学以外的经济学分支的理论贡献。这种理论分析和发展的潜力尚未得到充分发挥，因为研究人员倾向于将研究局限于可测量变量的影响，因为这些变量的数据虽然是次要的，但却是最容易获得的，而且可以采用计量经济学建模的现行经济方法。一般来说，预期、信息可得性和其他难以量化的变量的影响都被忽视了，决策的社会决定因素也经常被忽视。然而，旅游需求分析的发展是通过经济理论的改进所产生的贡献而发生的。消费需求的微观经济理论是经济理论进步的一个例子，它为解释旅游需求提供了一个新的框架，可以应用于微观经济和宏观经济层面，分析也可以扩大到纳入决策的社会背景。因此，除了目前强调在国家层面建立需求模型外，对需求的研究还有相当大的扩展空间。旅游需求的性质和多样性在特定的时间和空间背景下还需要进一步研究。例如，不同类型的旅游消费者所使用信息的性质和数量对需求的影响，以及他们所受到的限制都值得进一步研究。来自不同学科的见解有助于提出需要研究的具体问题和检验的假设，否则这些问题和假设就会被忽视。例如，社会心理学家对支持旅游需求的动机进行了研究，社会学家认为家庭内外的社会关系都会影响度假的选择。显然，对旅游需求的微观经济研究可以根据针对具体情况的分类模型，就不同社会群体的旅游需求提供许多有趣的发现。可以根据社会经济阶层、性别、种族和年龄组制定旅游决策过程和需求的经济模型。在估计方程中加入对需求起决定作用的其他解释变量，至少可以部分考虑到决策的社会背景。可以提供一些关于社会偏好的定量信息。关于社会偏好的一些定量信息可以通过以下方式提供，例如，调查某一特定阶层对某一地区的旅游需求在多大程度上是由同一阶层过去对该地区的需求或高收入阶层过去对另一地区的需求决定的（示范效应）。用于衡量旅游需求的单位选择非常重要。例如，家庭需求并不能揭示家庭内部发生的相互作用，而这种相互作用很可能与经济权力的不平等有关。例如，旅游消费决策是由个人做出的，还是由工薪族强加给其他家庭成员的，抑或是由群体成员之间协商做出的，在过去的大多数研究中这一问题都被忽略了。因此，消费者的决定可能是在社会压力下做出的，社会背景的变化会导致旅游消费模式的变化。不同性别、阶级和种族的偏好有所不同，通过比较男女旅游需求方程的结果，可以获得关于性别差异影响的信息。如果女性没有从事有偿工作，其旅游消费是其伴侣收入的函数，但如果女性从事有偿工作，则旅游消费是其自身收入或共同收入的函数，而且子女的存在也可能与此相关。旅游需求模型可以扩展到研究不同社会经济阶层或种族的游客以及年轻人和老年人在其选择的地区内分配支出的方式差异。还可以对经济周期内不同社会经济群体对旅游业需求的变化进行调查。在无法获取数据的情况下，访谈可以提供有用的定性信息，并指出值得进一步研究的理论。

当然，只有在有收入的支持下，需求才能发挥作用，而消费者的预算、旅游需求的水平和模式在很大程度上取决于收入和财富的基本分配。例如，通过政府支出和税收的变化而发生的分配变化会引起旅游需求的变化。

对不同社会经济群体进行微观经济研究，可以阐明分配变化产生的影响，对不同国家的比较研究可以在一定程度上说明其他分配方式的影响。

通过估计分类计量经济学预测模型，我们可以扩展对社会群体旅游需求的分析。与旅游需求分析的情况一样，国家的总体模型不一定是关注的重点，但研究可以包括根据不同社会经济类别的具体行为模式，预测他们对旅游不同组成部分的需求。不同群体的旅游需求与他们所需要的假日或商务旅行的特点以及他们所能获得的信息和机会有关。因此，对旅游不同组成部分的需求分析，包括交通、住宿和其他服务提供是未来研究的重点。这有助于克服旅游需求研究中隐含的一些理论和经验问题，这些问题是由将各种不同的服务合并为"旅游"这一综合项目引发的。接下来的章节将通过研究旅游行业的不同组成部分、这些组成部分的供应市场以及其中各公司的定价和产出策略为上述研究奠定基础。

6 旅游供给理论及其市场结构

引言

由于产品的性质和交付过程，旅游供给是一个复杂的现象。主要原因是它不能储存，不能在购买前检查，必须在旅行中消费，严重依赖自然资源和人工资源，而且需要许多组件，这些组件可能是单独购买的，也可能是共同购买的，是依次消费的。它是一种综合产品，涉及交通、住宿、餐饮、自然资源、娱乐和其他设施和服务，如商店和银行、旅行社和旅游经营者。许多企业还服务于其他工业部门和消费者的需求，因此，我们提出一个问题，即供应商在多大程度上可以被视为旅游业的主要供应商。产品的许多组成部分，由在市场上运营的多个企业提供，这在分析旅游供给时产生了问题。因此，将其视为产业和市场的集合，并不仅使用新古典主义范式，而且使用其他的思想流派来检验它是方便的。这种方法使分析不仅能应对旅游产品的复杂性，还能考虑到经济概念、理论和方法的发展，特别是供应分析对产业经济学及其所关注问题的导向。

6.1 旅游供给市场结构的经济模型

6.1.1 完全竞争

完美竞争模式提供了一个基准，说明了竞争程度非常高的市场的极限情况。假设有大量的企业和消费者，因此生产者和消费者都不能影响所假定的无差异产品的价格。它还假设产品能自由进出市场，这意味着市场没有进出壁垒。一个可能接近这些条件的例子是，处于相对贫穷的国家，有许多小吃、餐饮和饮料生产商在旅游地区的街道和海滩上出售产品，尽管这些销售商在空间上可能是分离的，但也影响了竞争力的程度。长期完全竞争市场中单个供应商（公司）的成本和收入情况如图 6-1 所示。只要卖方愿意，就可以以图 6-1 中 P 点的价格出售。每增加一个额外的产出单位（如零食或饮料）都以相同的价格出售。因此，生产者从销售每一额外单位产出中获得的额外收入，即边际收益，等于价格，也等于销售每一单位产出的平均收益。假设成本结构为：随着产量的增加，每增加一个单位的边际成本和平均成本都会下降，但随后又会上升，原因是最初规模收益递增，随后收益递减。例如，饭店购买原料来烹饪，如果他们只生产一顿饭，这顿饭的成本就会相对较高。当一定数量的原料可以用于生产不止一顿饭，固定成本相同时，每多生产一顿饭的边际成本就会下降，平均成本也会下降。

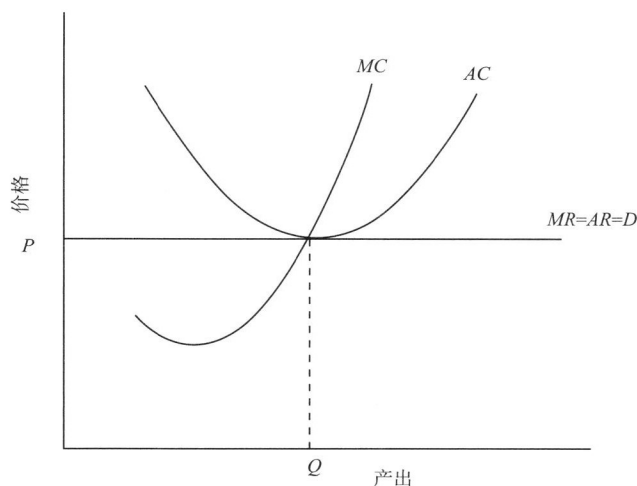

图6-1 单个供应商的成本和收入情况

在某些情况下，生产者要生产更多的食品，就需要更多的原料，其至需要另一种设备或厨师，这样边际和平均成本就会上升。生产者不愿以低于当前市场价格 P 的价格生产，因为他们会亏损。因此，边际成本曲线在 Q 点的右边部分是生产者的供给曲线，因为它显示了短期内生产者在每个价格下愿意提供的产量。实际上，这意味着只有价格上涨，供应数量才会增加。

从供应商的角度来看，最优的生产点出现在边际成本等于边际收益的地方，对应于产量，即图 6-1 中的 Q 点，这代表利润最大化，这可以很容易地用数字来证明。低于 Q 点的产量与边际收益超过边际成本相关联，因此生产者希望增加产量，因为他们可以增加利润。相反，在高于 Q 点产量水平时，边际收益低于边际成本，因此生产者会经历利润减少，并寻求将产量减少到利润最大化的产量水平。因此，从长期来看，该行业的供应曲线在价格 P 处是水平的。如果成本上升，如原料变得更昂贵，那么平均成本更高的生产者，即使他们只在产量 Q 点上实现收支平衡，即只赚取正常利润，也会倒闭。成本的整体下降将导致短期超常利润的结果，这将吸引更多生产者进入该行业，直到利润恢复到正常水平。因此，在完全竞争市场中，现行价格在短期内会导致超常利润或损失。然而，在平均成本最低的情况下，有一种趋于收支平衡的价格等于边际成本，消费者似乎会从中受益。这就提出了一个问题，即是否应该使竞争水平较低、赚取超常利润的旅游市场更具竞争力，以及这是否会增加消费者的福利。这个问题没有明确的答案，因为在规模经济的背景下，企业产出的增加随着每单位生产的平均成本的下降，不完全竞争市场可能比完全竞争市场更有效率。下面将讨论这个问题。

6.1.2 可竞争市场

有人认为，尽管大多数现实世界的市场并不是完全竞争的，但有相当一部分市场会产生类似的经济结果。Baumol（1982）引入了可竞争性的概念来考虑这一结果。可竞争市场的特点是进出成本不显著，因此进入和退出的门槛可以忽略不计。沉没成本（指企业为生产而产生的成本，如果企业离开该行业，这些成本将无法收回）也是不显著的。由于合理有效的信息流动，所有生产者都可以获得同样的供应条件和技术。假设生产者不能立即改变价格，那么消费者会立即作出反应。然而，可竞争性的关键是新的和现有企业发现有可能通过定价策略来挑战竞争对手的地位。因此，在可竞争市场中的企业与完全竞争市场中的企业运作方式相似，因为它们对给定的产品收取大致相同的价格。虽然可能会出现规模经济和范围经济，但现有的企业无法收取超过平均成本的价格，因为这将吸引竞争对手进入市场。由于沉没成本低、进入 / 退出低壁垒，竞争对手倾向于进入市场。因此，可竞争市场有利于消费者。例如，没有与航空公司、连锁住宿酒店或其他设施纵向整合的独立旅行经营者受到这类市场中的许多普遍条件的制约，特别是进出市场的便利性和最小的规模经济。埃文斯和斯塔布勒（1995）在考虑英国航空全包游市场时，使用"二线"和"三线"旅游业务的类别讨论了这种行为。惠誉（1987）和谢尔顿（1986）早期的研究也指出了旅游业务的层级。同样的情况也适用于旅行社，尽管在该行业存在倍数增长的情况，出口级经营成本并不明显低于独立公司（Bennett，1993）。

6.1.3 垄断

垄断是完全竞争的另一个极端。与完全竞争市场中的生产者不同，垄断者对产品价格和产量有相当大的控制权。在正常需求条件下，企业为了销售更多的产品，必须降低产品价格，使平均收入下降，因此随着销售量的增加，每增加售出一单位产品的边际收入就会减少。这两种形式的收入之间的关系是，边际收益的降幅是平均收益的两倍，因此边际收益曲线位于平均收益曲线之下，如图 6-2 所示。根据有关成本结构的经济假设，收益先增后减，因此，边际和平均成本曲线开始下降，随后上升。

在边际成本等于边际收益且边际成本不断上升（或在收益递增的情况下，边际成本的下降速度低于边际收益的下降速度）的产出水平上，利润达到最大化。图 6-2 中平均生产成本低于产生超额利润的价格，高于企业在行业中生存的最低要求。因此，消费者所付出的价格已经超过了在一个竞争更激烈的市场中可能出现的价格。这就提出了一个问题，即应该允许一个垄断行业自由地进行交易，还是作为一个竞争性行业被监管或重组。

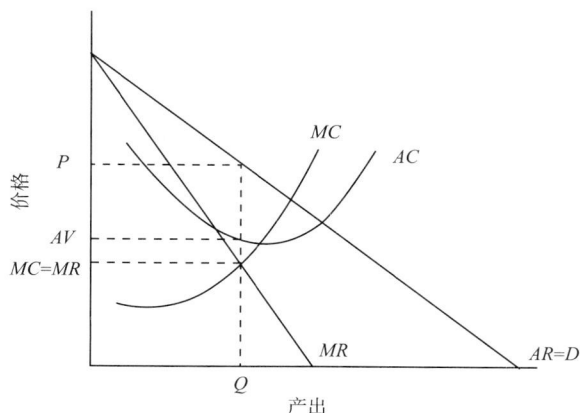

图6-2　产品价格和产出的关系

不同国家的旅游供给的各个组成部分被有意地组织为垄断企业。例如，国内航空航班被国有航空公司垄断，铁路网络有时作为单一行业运营。这可能显得自相矛盾，因为它似乎不利于消费者的利益。然而，与竞争相比，垄断会产生两种有趣的结果，这说明了关于每种市场结构的相对优点和缺点的争论。第一种情况比较了竞争和垄断条件下的均衡价格和产出组合，其中假设竞争性产业在生产条件没有任何变化的情况下被垄断。结果如图 6-3 所示，假设每个竞争企业的成本相同，为简单起见，可以排除平均成本曲线。很明显，竞争条件下的价格 P_1 比垄断条件下低，而产量 Q_1 比垄断条件下高。如果行业是垄断的，利润最大化会发生在短期边际成本 SMC 等于边际收益 MR 时，从而导致价格上升至 P_2，而产量下降至 Q_2。从长远来看，垄断者会关闭一些生产单位，将产量减少到 Q_3，把价格提高到 P_3。因此，消费者在垄断条件下比在竞争条件下的处境会更糟糕。这种情况可能发生在旅游住宿或中间行业，特别是在运输行业，小型独立航空公司、巴士、长途客车或渡轮运营商合并，这在一定程度上是放松管制的结果。在最初的新进入者涌入之后，大企业已经接管了许多较小企业并行使了垄断权力。

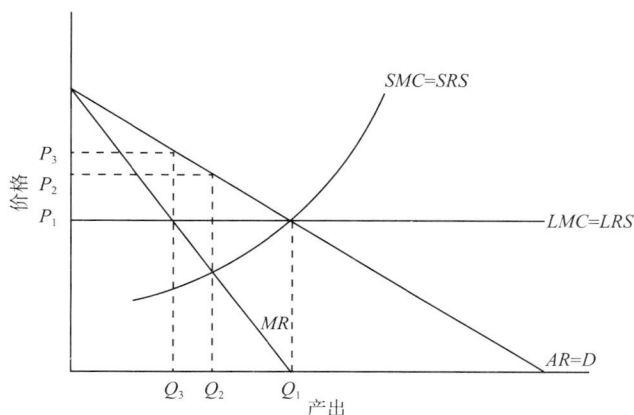

图6-3　垄断条件下的均衡价格和产出组合

在第二种情况下，生产条件因行业是垄断还是竞争经营而不同，因为当生产由一家企业承担时，可产生巨大的规模经济效益。这适用于所谓的自然垄断的情况，这种情况下，与竞争相比，边际成本和平均成本都在可购买的产出范围内较低。在这种情况下，即使垄断者获得了超常的利润，消费者可以从较低的价格和较高的产量中受益。如图6-4所示，它显示了不受管制的垄断下的价格和数量组合，P_1 和 Q_1。如果对垄断进行监管，使收取的价格等于生产的边际成本，即 P_2，消费者的福利将由价格降低和产品增加而增加，即 Q_2。

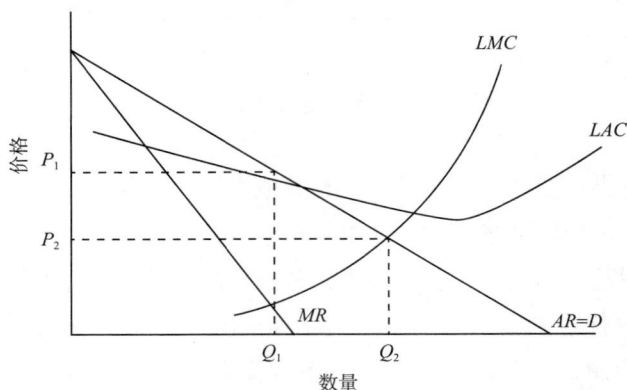

图6-4　不受管制的垄断下的价格和数量组合

然而，由于价格低于平均生产成本，政府需要对生产进行补贴，因此供应商出现亏损。例如，大多数铁路系统的运营都处于亏损状态，无法弥补平均总成本，因为它们被视为提供公共服务，可能被要求收取价格，以努力弥补运营（边际）成本，并有助于支付固定成本。即使不对垄断进行监管，从长远来看，消费者也会从产品和工艺创新中受益，因为垄断者将获得的部分利润实行了再投资，包括进行必要的研究和开发。在竞争条件下，研究资金的供应有时会出现问题。因此，是否应该允许旅游业以及其他经济部门的垄断企业存在或对其进行监管是一个复杂的问题，并因特定行业的不同情况而异。由于对不同市场结构的相对优势缺乏一般性结论，我们更有必要对旅游行业进行具体的实证调查。

重新考虑国家批准的垄断铁路和航空市场的例子，可以很好地说明想要预测一个确定结果的难度。许多国家的政府已将迄今为止被视为自然垄断的一些服务部分或全部私有化。其理由是，尽管存在规模经济，但作为私营部门的产业，它们可以更有效地运营。私有化往往伴随放松管制，以鼓励新进入者和增加竞争。然而，最终的结果是带来更大的集中度。其中一个重要原因是，规模较小的新进入者无法充分利用规模经济，因此失败。根据经验确定航空公司、巴士、渡轮或铁路部门的结构还为时过早。这需要进行有效的监管，防止以高价和攫取超常利润或限制竞争的形式滥用垄断权。在实践中，各国政府通常将垄断定义为单个生产商在某一特定产品的生产中占特定的、相对较高的比例，并对相关企业的经营进行监督，以确保消费者处于有利地位。

6.1.4 垄断竞争

垄断竞争是一种市场结构，通常与零售业有关，介于完全竞争和垄断之间。它类似于完全竞争和可竞争市场，从长远来看，进入和退出都很容易。但不同的是，供应商对其产品的销售价格有一定的控制权，因此，对其价格/产量组合和市场份额也有一定的控制权。然而，单个供应商的定价和产量决定不会对另一个供应商的定价和产量决定产生重大影响，因为通常假定有许多供应商，而且集中程度不高。与垄断和寡头垄断的情况不同，其规模经济通常也有限。在旅游业中，垄断竞争在许多方面都适用于酒店住宿业，该行业的特点是供应商多，他们提供的产品虽然接近，但并非完全替代，因此，产品存在一定差异，就像零售业，企业的空间分离和地理位置加剧了这种差异。在短期内，垄断竞争市场中的供应商可以收取为其提供超额利润的价格。企业生产时的短期边际收益（SMR）等于边际成本（MC），其价格高于平均成本。如图 6-5 所示的价格和产量组合，即 P_1 和 Q_1。然而，从长期来看，超常利润加上该行业几乎不存在的进出壁垒，吸引了新的竞争对手，导致现有企业的产品需求下降。

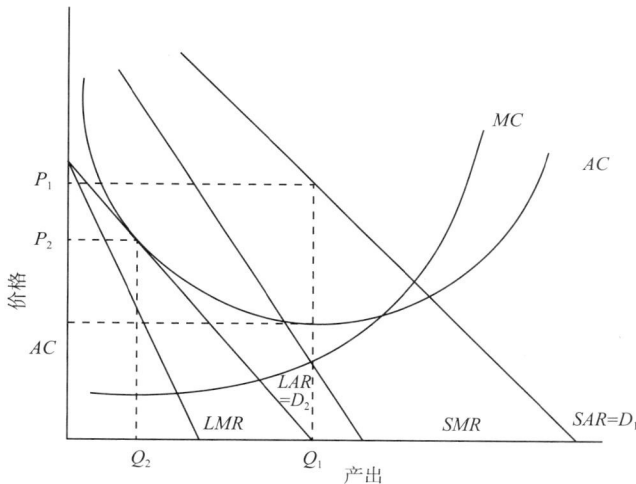

图6-5 价格和产量组合

具体表现为平均收益（需求）曲线 SAR 和短期边际收益曲线 SMR 向左移动，直至达到长期位置，即均衡价格 P_2 和产量 Q_2 的 LAR 和 LMR。从长远来看，需求会减少，直到盈亏平衡点，即平均收益（显示为价格 P_2）等于平均生产成本，从而不再有企业进入（或退出）该行业。虽然产量已经收缩，超常利润也已消失，但所收取的价格仍然高于边际生产成本。因此，虽然产品种类繁多，为消费者提供了更多选择，但这种竞争形式的效率似乎不如完全竞争。有许多处于这种状况的旅游企业，如住宿和交通行业中可竞争部分的小型企业，它们的市场范围限制了在降低成本的水平上运营的可能性。这也许可以解释为什么小型航空公司、巴士和渡轮运营商最终会被收购，因为它们无法以现行价格进行竞争，尤其是在价格战期间。

6.1.5　寡头垄断

当少数生产者在行业中占据主导地位时，就会出现寡头垄断市场结构，国际航空业就是一个典型的例子。每家公司对其价格和产量的决策都有一定的控制权，进入和退出也存在壁垒。寡头垄断的主要特点是生产者之间相互依存，因此每家公司的价格和产量决策在一定程度上取决于其竞争对手的价格和产量决策。这种相互依存的一个著名例子是寡头的扭曲需求曲线，这已成为一个标准案例，它显示了在成本或需求没有变量的情况下，如果企业考虑改变其价格可能出现的结果。寡头垄断企业知道，如果自己降低价格，竞争对手也会随之降价，对自己产品的需求就会变得更缺乏弹性，因此，寡头垄断企业这样做不会增加市场份额。相反，如果寡头垄断企业提高其价格，竞争对手会保持自己的价格，使其产品需求更有弹性，寡头垄断企业将失去市场份额。因此，现行的市场价格才是使企业利润最大化的价格。如图 6-6 所示，寡头垄断者的均衡价格和均衡产量分别是 P 和 Q。如果该企业将价格提高到 P 点以上，由于其竞争对手未能同步降价，需求量会大幅减少，因此寡头垄断者的平均收益（需求）曲线在 A 和 B 之间相对有弹性（更平坦）。相反，如果寡头垄断企业把价格降到 P 点以下，由于竞争对手也倾向于降价，它的销售量只会略有增加，因此它的需求曲线在 B 和 C 之间相对缺乏弹性（更陡峭）。同样，企业的边际收益曲线在产量 Q 点以内相对有弹性，超过产量 Q 点则相对无弹性。因此，在寡头垄断者之间没有合谋的情况下，现行价格 P 和产量 Q 趋于稳定。理想情况下，单个垄断者倾向于将价格设定在一个能使行业中所有生产者的共同利润最大化的水平上。实际上，如果行业中所有企业都能共同行动，结果将类似于垄断，导致价格上涨和销售数量减少，这与竞争条件下的结果截然不同。通过这种方式获得超常利润的可能性为企业间的合谋提供了一个理由。例如，航空公司间的定价和航线共享协议就是用来增加共同利润的战略之一。另外，单个企业也有作弊的动机，因为如果它能成功地作弊，就会相对于竞争对手增加利润和市场份额。一些产品定价和产量安排之所以稳定，是因为如果所有企业都作弊，那么所有企业的情况都更糟。正如百慕大度假酒店市场的案例所示，寡头垄断者在做价格和产量决策时，可以改变产量和价格，并考虑竞争对手可能做出的反应（Mudambi,1994;Baum & Mudambi,1995）。博弈论研究了可能出现的策略和对策。

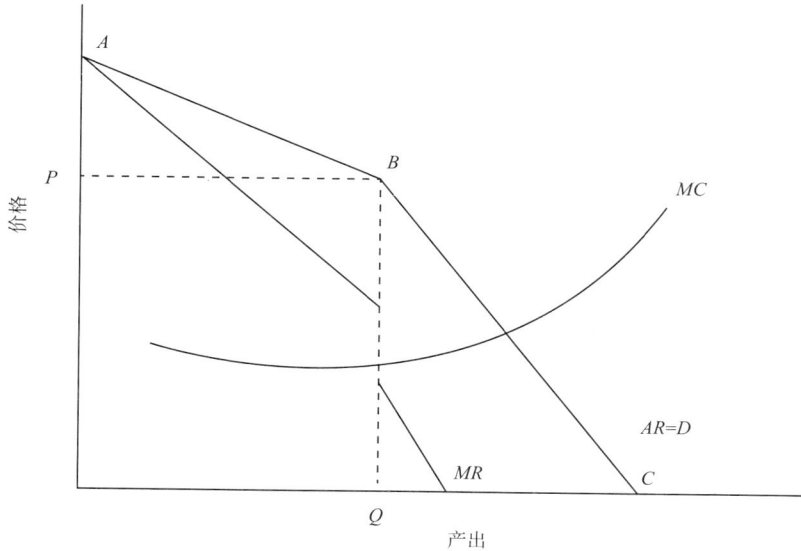

图6-6 寡头垄断企业的均衡价格和均衡产量

6.2 旅游供给的市场结构

上文虽然已经提到了一些旅游市场结构，但考虑到旅游供给部门众多，在多大程度上可以将具有类似特征的部门归为上文所述的一种经济竞争形式是很有指导意义的，因此，有必要确定和描述供给的性质。本节所采用的方法是概述在旅游文献中得到认可的部门。简要描述了旅游业市场结构中具有代表性的企业，并确定了体现其竞争地位的关键因素，如集中度、进入和退出条件、定价策略、利润水平、产品差异化、成本结构和能力以及企业之间的互动。对旅游供给组成要素的任何分类的问题在于其范围的宽窄。交通和住宿等类别非常宽泛，将其细分为具有不同结构和运作模式的次级市场将大有裨益。本书采用的旅游市场分类方法基本沿用了旅游文献中采用的惯例（Cooper et al.，1993；Holloway，1994），但对所使用的术语进行了一些修改。对旅游供给的讨论主要是在经济学之外进行的，因此对经济问题的讨论是零散的，也没有连贯的概述。许多针对从业人员（特别是在酒店业的从业人员）的教材在讨论财务结构、管理、营销、质量和培训时，都涉及供给及相关问题。在具体的应用层面上，对酒店、宾馆、度假村、滑雪场和分时度假胜地及主题公园等企业的规划、发展、运营和绩效进行了研究。在更广泛的层面上，人们已经尝试建立旅游地点模型，例如，地理学家试图找出决定增长或衰退的关键因素。除交通业外，经济学家对该行业一直不感兴趣，因为之前的研究主要是针对工业结构或组织的研究，例如，酒店和航空部门的跨国企业（Dunning & McQeen，1982）。经济学家倾向于忽视整个服务业，特别是旅游业，因为对该行业部分领域的实证评估存在很大差距。虽然也提到了一些其他行业，但为了使研究不超出范围，本章将注意力集中在住宿、交通和中间行业，并将其作为说明性案例。

6.2.1 住宿行业

本书对住宿业的粗略观察发现，几家大型连锁店主导市场，给人一种寡头垄断结构的印象。然而，假日旅游中的服务酒店接待行业大多分散在许多小单位中，其中住宿地点和空间分布是决定竞争程度的重要因素。此外，住宿的广泛范围和质量、产品多样性（例如，露营、大篷车、度假中心、分时度假以及服务式住宿）和需求的季节性变化都为市场运作提供了额外的维度。旅游文献对住宿业的这些方面进行了详细论述，其中霍洛威（1994）、麦金托什和戈尔德纳（1990）的研究就是很好的例子。因此，如下文所述，不同形式的结构——完全竞争、垄断竞争、寡头垄断甚至垄断——可能反映了从提供服务到不提供服务的自助餐厅业的不同要素的条件。尽管住宿业结构复杂，但一些基本的经济因素是其特点。面对周期性、易腐性和季节性，它受制于固定体量并因此引发各种问题。除此以外，特别是在提供多种服务的大型单位，高固定成本促使经营者通过产品差异化和市场细分等手段来实现高入住率。这些特征往往涉及自然垄断和寡头垄断的要素。例如，一些酒店专注经营豪华酒店，而另一些酒店则为客户提供经济型服务。许多酒店在工作周瞄准商业市场，在周末瞄准休闲市场，以寻求灵活性。在度假胜地，一年四季都可以满足不同群体的需求，例如，冬季满足滑雪者的需求，夏季满足徒步旅游者的需求，奥地利、法国和瑞士的情况就是如此。尽管这些尝试都是为了挖掘市场潜力，但是20世纪90年代初，在英国房地产繁荣高峰时期购入房产的酒店经营者却承受了巨大的压力，因为他们购买的房产价格过高，无法通过收益来满足他们的需求。房地产市场的崩溃加剧了这个问题，因为房地产价值的下跌降低了抵押品的安全性。有证据表明（Horwath，1994），某些住宿形式不仅可以在单个酒店内利用规模经济，还可以通过管理大量酒店来利用规模经济。这在一定程度上解释了连锁酒店的存在意义，这些连锁酒店控制着许多酒店。在某种程度上，它也说明了该行业的集中度，所有权的性质和位置是其他解释变量。例如，在企业所有制比例要高得多的美国，集中率超过30%，而在由家族企业组成的地中海东部度假胜地，这一比例不到2%。一些大型住宿集团不仅通过收购和合并，还通过特许经营、租赁、管理合同和合作协议来试图扩大其市场份额和控制权。企业之间的经济一体化会导致固定成本和进入壁垒的降低，并通过开发新的细分市场来提高入住率。独立的和规模较小的经营者有时会试图通过组建合作联盟来对抗大公司的权力，以减少管理费用，如通过建立推荐或预订系统。主要为商务旅客提供服务的大型企业经营的酒店，往往聚集在大城市地区、机场和陆路交通路线上或其周围。假日酒店更有可能是独立的，而且分布更广，但仍有聚集的情况，如在度假村或主要旅游景点。从这个意义上说，住宿业类似于零售市场的垄断竞争，在这种竞争中，城市经济学的核心原则——可达性和互补性是其重要特征（Balchin et al.,1988）。城市经济理论表明，关键位置赋予商业优势，从而带来更高的营业额和利润，这解释了为什么大公司可以在高成本地区出价高于小公司。实际上，特定地点的位置垄断会产生市场垄断。它还有助于解释像海滨度假胜地这样的度假区的住宿模式，那里规模较小、质量较低的酒店被推到远离海滨的次要地点。这可以根据空间租金/物业价格梯度来解释，即对于单个企业来说，选址取决于每个企业所面临的物业/土地成本，而物业/土地成本又取决于竞争活动对特定地点的需求。在机场周围、城市中心和沿海地区，土地成本很高，而更远的地方，由于对土地的需求较少，土地成本较低。因此，收入和利润较低的企业被迫进入租金/价格较低的地区。尽管在这种聚集的地点之外的特定地区，竞争的激烈程度较低，但考虑到消费者可选择的度假方式的数量以及可提供的住宿的规模和质量范围，就整个市场而言，竞争的激烈程度仍然很高。

总体而言，考虑到空间因素对市场条件的重要调节作用，在从完全竞争到垄断的连续过程中，旅游住宿市场结构趋于符合可竞争—垄断竞争的定位。

在商业和度假中心，大型酒店处于寡头垄断状态，但在这些地区之外，这种结构更接近于垄断竞争。行业内部对住宿类型和质量的选择在一定程度上掩盖了这一情况，某些细分市场（如自助式住宿）比其他细分市场更容易面临竞争。由于缺乏经验证据，本书无法作出进一步推论。

6.2.2　中间行业

旅游经营者和旅行社主要面向大众市场分别安排和零售假期。旅游经营者的作用是提供度假套餐，并促进始发地和地区的旅游、住宿、设施和服务供应商与游客之间的联系。他们通常通过谈判获得折扣价格来采购产品的组成部分，然后通过旅行社或直接向客户进行零售。旅游业务有多种经营方式：由专门从事假日安排和营销的独立公司经营，作为拥有各种利益的综合企业的子公司经营，作为航空公司的一个部门经营，与旅行社挂钩经营等。

6.2.3　旅游经营者

除了在产业经济学中具有一定意义的委托代理关系外，欧洲和美国等地的中间市场结构还提出了其他一些有趣的问题。就所有权、控制权以及市场份额而言，市场上有一些大公司。在美国,20世纪90年代初总共有1500家旅游经营者，其中40家旅游经营者（3%）几乎控制了近1/3的市场。在英国，在1993—1994年颁发的1700万个ATOL（航空旅行组织者执照）执照中，前十大旅游经营者占了70%以上。尽管集中程度高，但旅游业务的其他特点值得注意，如企业的增长速度和总数。20世纪70年代末，美国有近600家公司在运营，但到1985年，这个数字增加到1000多家（Sheldon，1986）。同样，1985年，英国大约有500家公司，到1993—1994年，当1000家公司获得许可时，数量几乎翻了一番。更重要的是旅行经营者的兴衰，他们大多是规模较小的公司。据统计，20世纪70年代末，在美国和欧洲，只有 1/3 企业在 20 世纪 80 年代中后期仍然存在（Sheldon，1994）。旅游经营者的业绩对市场情况非常敏感，特别是由于汇率变化、始发国经济衰退、通货膨胀和地区政治不稳定等因素引起的需求变化。面对旅游业的发展和可能地区的不断扩展，供给有时超过了需求。此外，与酒店市场一样，季节性对旅游业很重要。大公司依赖于低利润率的高销售额，其中很大一部分利润是来自提前预订的投资收益。高销售额可以通过运营效率、对广阔市场的广泛了解以及从承运商和酒店经营者获得大折扣的市场实力，实现巨大的规模和范围经济，而过去的业绩是关键。如果固定投资较低，规模较小、专业性较强的旅行经营者，固定投资的回报会相对较高。然而，许多公司连续多年遭受亏损，即使实现净利润，也不会很高。英国的回报率往往不到 4%，尽管存在相当大的波动性。在市场上，为了确保销量从而产生现金流，竞争非常激烈。因此，在推出下一季套餐时，企业会通过折扣形式鼓励提前预订。折扣也可以发生在季节结束时，以填补过剩的产能。潜在游客对折扣预期，使他们在旅游旺季早期推迟确定预订，这加剧了旅行经营者的问题，因为他们要以略高于成本的价格处理假期，避免使现金流受到不利影响。20 世纪 90 年代初，英国夏季日光浴套餐市场的订单近 40% 都是晚订的。然而，1996 年 8 月，主要的旅游经营者取消了套餐并提高了价格，试图阻止消费者的这种行动，这种行动导致 1995 年利润大幅下降。折扣策略既是维持或增加市场份额的一种表现，也是推出新假期类型所需的长时间（通常长达 3 年）的反应，这提高了高估需求导致供过于求的可能性。即使是大公司也沉迷于价格战，市场的领导者也经常发起价格战来维护自己的市场地位。进入和退出的便利性、旅游经营者的数量、激烈的价格竞争、低利润率和经常出现的巨额亏损等一系列因素都表明，在英国和许多其他国家，市场竞争即使不激烈，也是无处不在的。然而，全包度假市场份额的集中程度表明存在寡头垄断结构。与住宿业一样，市场的实际情况比任何单一的市场结构理论模式都要复杂。因此，我们有必要考虑不同的部分具有不同的竞争条件。这一点，再加上明显的内在不稳定性，表明市场还不成熟，往往会显示出新古典范式的局限性。

6.2.4 旅行社

旅行社在安排商务旅行和假期旅行的各个方面都充当着经纪人的角色，但作为代理人，他们代表的是委托人，无论他们是旅行经营者还是最终供给商，如承营商、酒店经营者、汽车租赁商和保险公司。旅行社作为旅行供给商的组成部分，集中在拥有多个网点的有限数量的公司，其中一些公司还与旅游经营者或承运商合并，特别是在美国，这一现象尤为明显。在低利润率的情况下，旅行社需要产生高营业额，平均佣金不到 10%，即毛利率。毛利率必须涵盖所有运营成本并产生净利润。中间市场的这个部门也经历了数量的快速增长。20 世纪 70 年代初以来，美国的代理网点已经增长近 5 倍。20 世纪 90 年代初，在存活的 30000 多家公司中，超过 2/3 是单一的代理商，只有 1/5 是多个公司的分支机构。

与此形成鲜明对比的是，欧洲的单一门店数量不超过总数的 1/3，大型综合网（100 家或更多的门店）拥有的比例仅比 1/4 多一点。与旅行经营者相比，旅行社的死亡率记录略低。 目前有一半的代理商已经经营了十年或更久。然而，在销售方面，旅行社的分支机构占主导地位。到 20 世纪 90 年代初，英国有 20 家代理公司占据了接近一半的市场份额，其中仅 5 家就控制了近 1/3 的市场份额。与旅游运营一样，规模和范围经济是旅行社行业的特征，但要在英国充分利用这些特点，每家公司需要拥有150～200家分支机构。然而，20 世纪 80 年代末，英国多家公司的经验并不能证实规模经济的实际实现，当时多家较小的公司都被收购。由于这些陷入困境的连锁店并不总是有利可图，旅行社的分支机构并不总能增加市场份额。显而易见的是，有选择地开设新的分支机构，有时是以新的形式，如大型商店或通过特许经营，往往是比吸收较小企业更好的战略（Liston，1986）。Liston 提供的证据表明，旅行社就像英国的旅游业务一样，似乎正在两级分化为极大和极小规模的旅行社，尽管独立旅行社可能通过合作来对抗大型连锁旅行社的主导地位（Dane shkhu，1997）。

入门成本低是独立经营旅行社数量众多的原因之一，但另一个重要原因是，旅行社作为一种零售活动，通常需要与客户面对面接触，以便提供更个性化的服务。训练有素和技术熟练的员工加上严密的管理控制对企业来说是一种财富，可以培养出忠诚的客户。对当地市场了如指掌的独立旅行社或小型的当地连锁店的业绩要比多个旅行社的分支机构表现得更好，特别是在需要专攻某些服务或旅游类型的情况下。就空间因素而言，有利的地理位置是成功的重要决定因素，但这被黄金地段的成本所抵消，因为这一黄金地段有不仅来自其他旅行社，还来自其他零售形式的竞争。然而，旅行社的空间分离减少了这种竞争，并使公司有可能获得足够的投资回报。虽然这不能得出结论，但它部分解释了美国独立代理商的高比例，其中 60% 位于郊区或小城市地区。然而，关于旅行社的竞争结构，学者（Mclutosh & Goeldner，1990；Holloway，1994）和从业者的意见存在分歧。创新，特别是在计算机预订系统领域引入信息技术，可能会产生好坏参半的影响（Bennett，1993）。旅行社委托人可以利用一个专门针对自身业务的系统作为与公司沟通的唯一手段，如汤姆森的 TOPS（汤姆森在线程序系统）通过影响为其提供服务的企业及其服务条件，增强对旅行社的依赖性并减小竞争对手的影响。这种做法不仅构成了对贸易的限制且不利于消费者的利益，还增加了代理成本，因为需要建立访问若干系统的手段。从长远来看，它们还阻碍了各机构实现规模经济。贸易协会是在中间行业使限制性做法永久化，还是促进效率的提高，这是一个问题。那些与旅行社有联系的机构能够获取很高比例的旅行社会员资格，主要是因为它们需要参加一些计划，如作为防范旅行社失败的保证金，作为采购许可证的先决条件或为了让客户放心。美国旅行社协会（ASTA）和英国旅行社协会（ABTA）就是很好的例子。规模较小的企业认为，这些协会已经给予了它们一定的保护，通常通过代表它们的利益来面对更大、更有权势的委托人和公共机构。最近，由于获得会员资格和保护计划的成本急剧上升，这些协会的职能受到了质疑。因此，中间市场的许多方面都是目前经济学感兴趣的，特别是在寡头垄断和竞争情况下，对企业战略和经营的研究。在英国的中间行业普遍存在寡头垄断结构，只有不到 10 家旅游经营者主导全包旅游度假市场，并决定旅行社的经营条件，尤其是在旅行社有可能直接向客户销售的情况下。因此，旅行社处于一种特殊地位，即在一个不完全竞争的市场获得投入，但又在一个高度竞争的市场上销售。这种特殊的结构再次使企业理论受到了严峻考验，而这个问题需要通过实证调查，以确定旅行社行业竞争结构的性质，也许更多的是在产业经济分析框架背景下进行。

6.2.5 交通部门

由于交通方式种类繁多，每种方式都有其独特的自身特征、竞争特征和结构特征，最好将交通作为若干市场进行研究。例如，航空、巴士／长途汽车、渡轮和铁路等主要商业模式存在不可分割性、固定容量及高固定成本、周期性和季节性问题。尽管如此，它们各自的市场结构和条件上还是存在很大差异。它们的相对重要性也因运送乘客的数量、产生的收入和可能的替代程度而不同。在国际旅行方面，航空远远超过了巴士／长途汽车、海运和铁路。自 20 世纪 60 年代以来，在技术变革的推动下，航空旅行显示出了极高的增长率，并且未来有继续增长的潜力。面对私人汽车的增长，巴士、长途汽车和铁路交通运输量相对下降。交通市场的结构和竞争条件受到某些交通方式之间的相互关系和监管所施加的限制程度的强烈影响。在各种交通模式内部也存在竞争，比如在航空行业，许多短途和长途航线上都存在激烈的竞争。类似的情况也适用于巴士和长途汽车市场。在渡轮市场上，容流量大的航线往往竞争激烈。各模式之间存在显著的共生关系。例如，航空旅行同时依赖往返于机场的巴士／长途客车和铁路。同样地，海运口岸的大部分容流量都依赖于公路和铁路运输，而游轮市场目前主要依赖往返于船只起点的航空运输。如果把租车行业包括在内，很明显，它的大部分业务都依赖航空公司，他们经常通过谈判达成"飞驾"套餐来增加业务。这种互补性虽然是交通市场的一个重要特征，但并不意味着在模式内部和模式之间没有激烈的竞争。关于不同交通方式之间的竞争，连接英国和法国的英吉利海峡隧道的开通显示了渡轮和铁路之间的激烈竞争，尽管一些渡轮业务的合并使寡头垄断的市场结构成为可能。在一些欧洲国家的国内航线上，航空和铁路旅行是相互竞争的，特别是在铁路系统已经升级为高速列车的地方。巴士和长途汽车旅行与铁路之间也存在竞争，前者提供了一个低成本的选择，而后者的旅行时间更短。交通管制的发生主要有两个原因：一是安全，二是保护国家或国有或受支持的市场。人们对监管影响的兴趣更集中于放松管制，以促进更大的竞争。然而，正如我们看到的那样，这种做法往往会产生意想不到的效果，正如巴士／长途汽车交通中所显示的那样。此外，即使在特定的模式下，监管的程度也会有所不同。同样，在航空交通方面，部分市场比其他市场受到更严格的控制，从而造成竞争状况的巨大差异。

（1）航空旅行

航空交通的运作和监管机制已经在商务旅行和度假旅行的背景下得到了广泛的研究（Levine，1987；S. Shaw，1987；Button，1991）。弗格森和弗格森（1994）和伦德伯格等（1995）对20世纪90年代早期的情况进行了有益的回顾。梅尔维尔对该行业的经济研究进行了全面的回顾和评估，其中包括计量经济学建模方法。其条件和结构的证据表明，在其他交通市场中出现的一些旅游和经济问题，特别是管制和放松管制所造成的经济环境以及由此产生的竞争水平。一个相关因素是一些航空公司的私有化进程。航空公司的成本结构相当复杂，经营成本和效率与飞行距离、飞机的大小和类型、有效载荷等以及营销和预订系统等支持服务方面的技术因素有关，而固定成本受到飞机是否直接购买或租赁，是新的或二手的影响。直接和间接成本，如机场费用和地勤费用，不受航空公司控制。显而易见，航空公司是具有高固定成本企业，因此，它们需要获得高满座率才能实现收支平衡。短途航班在空中飞行的时间较短，起飞和降落的次数更多，因此费用相对高于长途航班。此外，飞机的设计目的是尽可能高效地飞行特定距离，因此，在长达2500千米的欧洲航线上使用大型喷气式飞机是不经济的。一般来说，只要航线需要，经营大型飞机可以提高技术效率，从而实现规模经济。此外，它们贬值的速度也较慢。所服务的市场在多个方面影响航空公司业务的经营效益。就定期航班而言，为了最大限度地提高有效载荷和收入，必须事先确定需求，了解其构成，如商务和经济客户的数量。航空公司采用的方法被称为"收益管理"，其最成熟的形式类似于完全歧视性垄断定价。定价政策还需要考虑路线、地区和阶段性停靠站、竞争压力和长期需求水平。放松管制和私有化的出现极大地改变了航空公司的运营，并产生了一些"有趣"的经济后果。1978年，美国放松管制的经验对其他地方可能发生的情况具有启示意义，比如已经开始放松管制措施的欧盟。随着新公司进入市场，进入市场变得更加容易，竞争无疑会加剧。这往往表明，进入成本，特别是资本成本，比偶然观察所显示的要低。通过租赁或购买二手飞机以及与专业合同公司或老牌大型航空公司谈判预订、地勤服务和维护协议，都有助于便利进入市场。在短期内，竞争加剧降低了票价，扩大了市场，也迫使航空公司对客户的需求更加敏感。然而，事态发展暴露了放松管制的负面影响，一些前主要航空公司出现了严重的财务问题，被迫停业，美国的泛美航空公司就是一个众所周知的例子。此外，欧洲一些主要国家航空公司，如法国航空、伊比利亚航空、比利时航空公司和北欧航空公司在适应激烈竞争方面存在问题，特别是在主要航线上，因为高度限制性的国际票价政策和国家对航空公司的支持导致结构僵化。这对于消费者的好处可能是短暂的，因为从长远来看，通过合并和互惠协议以及规模较小的新进入者的失败，航空公司的数量肯定会减少。这种集中和整合很可能会导致票价上涨，因为大量长途航班集中在主要机场的航空旅行模式为较小的支线航空公司提供了创造利基市场的机会，尽管较大的航空公司可以决定航线服务的条款。如果航空公司为了保持竞争力而削减成本，服务质量则会下降，对维护和安全系数的关注也会减少，这是令人担忧的问题。鉴于次级市场增长率的差异，以及放松管制尚未对航空公司结构和市场产生全面影响，航空旅行的模式正在不断演变。然而，有数据表明，市场力量可能会集中在少数几个国际巨头手中，特别是随着国家对本国航空公司的支持在私有化计划和协议（如欧盟的协议）下减少，欧盟通常禁止为不盈利的航空公司提供补贴。一个典型的例子是英国航空公司和美国航空公司之间拟订的协议，这两家航空公司是世界上最大的航空公司，控制着约 60% 的英美航线。以上对研究最深入的旅游业的简要描述表明，尽管国内垄断或寡头垄断结构很常见，即只有一家国家支持的航空公司或少数几家相互竞争的航空公司，但放松管制使一些市场在短期内形成了竞争。在国际市场上，一些具有竞争力的航线由许多航空公司为其提供服务。其他大多数航线由至少两家航空公司提供服务，表明这是一个寡头垄断市场，但也有少数航线由一家航空公司提供服务，该承运商可能想行使垄断权。这并没有削弱企业理论解释市场结构的能力，这意味着有必要将该行业划分为子市场，并分别考虑每个子市场。与其他被审视的行业一样，该行业正处于不稳定状态，反映了放松管制和对国外航空旅行需求的变化。

（2）其他交通行业

公共汽车、巴士、渡轮和铁路部门的结构与航空旅行相似，因为它们也面临着高资本成本、固定载客量、需求高峰、需要支线航线来维持盈利的问题。一些国家的支持和监管是这些模式的特征。另外，也有机会利用规模经济和价格歧视来实现收入最大化并填补任何过剩产能。例如，铁路部门的主要问题是与轨道、信号系统和车站相关的高固定成本。在英国，通过将这一基础设施与铁路车辆分离，加速了私有化进程，从而有可能降低进入成本，并将其视为类似于航空旅行的机场和服务项目，导航和空中交通管制系统是由代表航空公司的机构运营。解除对铁路市场的管制并使之私有化以及对其进行商业化运营的关键在于，不赚钱的线路会被关闭，尽管它们有潜力在与航空旅行中不断发展的枢纽和辐条结构相同的基础上支持主要的城际服务。与航空旅行的另一个相似之处是，它试图通过一个复杂的定价系统来填补过剩的产能，这种定价体系类似于原始形式的收益管理。巴士和长途汽车市场的许多元素都类似于航空和铁路部门。20 世纪 90 年代中期，市场的主要问题是服务标准、安全和可靠性，英国的放松管制给老牌运营商和新进入者都带来了不确定性。和航空旅行一样，放松管制的目的是引发更大的竞争。大量的新运营商导致严重的产能过剩。虽然这一举措最初降低了主要航线的价格，但随着许多小公司的进入，在国家和地区级的业务更加集中。大公司不仅提供更全面的服务，而且能够在预订、维修和维护、管理和广告等方面利用规模经济，并在有效载荷和运营时间方面更充分地利用车辆，只以较高的票价运营最赚钱的路线，从而危及小公司的长期存在。因此，市场力量可能掌握在少数人手里。渡轮市场显然服务于私人公路、长途汽车和铁路运输方式，随着地面假期旅行的增加而强劲增长，特别是在欧洲。新的运输形式，如气垫船、水翼船和双体船等新型交通工具缩短了旅行时间，扩大了市场，增加了模式内和模式间的竞争。短途航线的入门和运营成本较高，有点类似于短途航空旅行。船舶规模和速度的增加带来了规模经济效益，但装卸周转时间的增加以及在非高峰期和淡季的产能过剩危险会抵消这些效益，这与航空、巴士、长途汽车和铁路市场的情况类似，会导致复杂的票价结构和旅游条件。在长途航线上，周期性和季节性的问题更严重，在为偏远岛屿社区提供服务的地方，需要国家补贴。游轮行业作为一种海上旅游形式的存在需要得到承认，仅仅因为它是一个增长型行业，尤其是在占全球市场 3/4 以上的美国。从经济角度来看，它有许多与航空旅行相同的特点，是资本密集型行业，对于拥有而不是租用船只的运营商来说，固定成本很高，并且依赖大量高载客量和重复预订来填补固定载客量。从技术上讲，船舶和飞机之间存在平行关系，可以以最佳效率运行，因此高有效载荷率是必不可少的。

6.3　旅游供给的主要特征

参考本章开始提出的理论模型，便于我们进一步分析上述旅游行业概述中所描述的旅游供给结构以及企业之间竞争的程度和类型。这些模型确定了一些表明市场竞争结构的标准。例如，公司的数量和规模以及进入 / 退出壁垒的水平表明旅游公司行使寡头垄断或垄断权力的程度。同样，市场集中度或价格领先的程度表明企业间竞争水平的潜在限制。这些标准可以在不同国家的具体旅游部门的背景下加以研究，以便深入了解普遍存在的市场结构类型和公司间竞争的性质。这是大有好处的，因为不同的市场结构对获取超过盈亏平衡水平的利润有影响，从会对消费者福利产生影响。

理论模型和旅游行业概述中所确定的关键标准是：

①企业的数量和规模。

②市场集中度和进入 / 退出壁垒水平。

③规模经济和不经济。

④资本不可分割性、固定资产和相关的固定运营成本。

⑤价格歧视和产品差异化。

⑥定价政策——领导地位战略、价格战和市场份额战略。

前四项指标表明市场结构，而后两项指标与企业在不完全竞争市场中所采取的战略有关。下面更详细地讨论它们，将本章的理论和实证讨论联系起来。

6.3.1　企业的数量和规模

如果有许多小公司存在，市场竞争激烈是不可避免的。相比之下，少数公司表明寡头垄断结构，垄断是单一公司支配市场的极限情况。在有登记和监管要求及行业协会的情况下，关于交通和中间行业的公司数量和规模的证据相对容易确定。例如，国际航空交通协会（LATA）和国际民用航空组织（ICAO）公布了有关航空公司的统计数据，而在英国和许多其他国家，有代表旅游经营者和旅行社的中间贸易协会，可以对中间机构的数量进行估计。然而，住宿行业的规模、多样性和分散性表明，除国际级别的酒店外，确定住宿机构的数量是极其困难的。公司的规模可以通过许多变量来衡量，从员工数量、销售收入、单位销售数量到雇佣资本。在住宿行业，每个机构提供的房间数量或达到的住宿总过夜次数是有用的衡量标准。对中间商来说，出售假期的数量是一个可行的衡量标准。与运输有关的指标有载客量或乘客公里数，可以对不同交通公司进行比较，以及在整个市场或细分市场中所占的比例。在航空交通方面，国际航空交通协会的统计数据显示，20世纪90年代初，就国际旅行而言，英国航空公司搭载的乘客数量最多，乘客公里数最长，其次是汉莎航空公司、法国航空公司和日本航空公司。在英国中间行业，民航局（CAA）的数据显示，20世纪90年代中期，空中全包游（AIT）市场中最大的旅游运营商是汤姆森，占假期销售总额的近1/4。国家内部和国家之间的旅游行业的构成在公司的数量和规模方面有所不同。在一些国家，航空存在国内垄断，如夏威夷群岛的阿罗哈航空公司。在其他国家，寡头垄断结构盛行。例如，在大洋洲航空交通行业一直由2～3家航空公司主导。在住宿行业内，大量销售差异化产品的机构暗示着垄断竞争，而一些巴士和长途汽车行业的竞争非常激烈。同样明显的是，尽管在一些行业中，少数大公司占据了相当大的市场份额，但市场的其余部分却由许多竞争非常激烈的小公司组成。因此，在一些旅游市场上，激烈的竞争与寡头垄断共存，它们之间存在相互作用。例如，小公司的创新随后可能会被较大的公司所采用，如分时度假的概念或活动假期。因此，旅游市场是复杂的，它是由具有不同竞争结构的子行业组成的。

6.3.2　市场集中度和进入/退出壁垒水平

集中度是市场竞争力的另一个指标。集中度高意味着寡头垄断或垄断，而集中度低意味着竞争度高。集中度衡量标准大致可以分为侧重于公司数量和规模的衡量标准和考虑规模差异影响的措施的衡量标准。规模可以通过几种方式来定义，如上所述，所使用的指标部分取决于数据的可获得性，部分取决于业务的性质。洛伦兹曲线可以用于以积累形式排列最小到最大公司在市场交易公司总数中所占的百分比。基尼系数代表了企业规模完全相等的差异程度，因此，值为0表示所有企业规模相等，从表面上看，高度竞争的条件普遍存在，而值为1等于纯粹垄断。衡量集中度时将企业从大到小排名，因此，高百分比分数表明垄断占主导地位的市场，而低百分比分数表明许多企业服务于市场。更复杂的衡量方法试图通过进一步加权大公司的市场份额来考虑大公司对市场的更大影响。在产业经济学领域广泛应用的这类测度的著名例子是赫芬达尔、赫施曼（1964）和汉娜、凯（1977）提出的指数，戴维斯（1989）评估指数。市场力量的程度可以通过勒纳指数（Lerner，1934）来衡量，该指数考虑了市场价格和边际成本之间的差异，其中值为0表示平等和高度竞争的市场，值接近1表示高利润和高度集中的市场。不同旅游行业的市场集中度因行业、国家地区以及特定国家的主要旅游地点而异。在西班牙，五家主要的包机航空公司承担了西班牙包机公司在20世纪80年代末80%以上客运公里数，而在英国，前五大公司承运了大约 70% 的包机乘客（1991）。与此同时，英国前五大旅行社的市场份额为 47%，而前五大旅游经营商的市场份额为 77%。较高市场集中度伴随着利润超过盈亏平衡水平的程度，这取决于进入或退出该行业的便利程度以及公司经营所涉及的沉没成本水平。传统上，这些壁垒主要是通过技术要求决定，是企业可以有效运作的规模。然而，企业也可以采取战略进入威慑，试图保持相对较高的价格和最高的利润。进入或退出条件和公司的其他战略行为将在后面章节讨论。

6.3.3　规模经济和不经济

为了将规模经济和不经济与市场结构模型联系起来，有必要重新审视经济理论。规模经济的本质是，随着投入的增加和产出的扩大，单位生产的供应成本下降。显然，只要平均单位成本下降，企业就有动力继续扩大规模。单位成本再次开始上升的点，即平均成本曲线上的最低点，是不经济开始出现的地方，企业将不再扩张。在经济理论中，问题在于企业规模相对较小或较大时是否会出现不经济现象。前者意味着许多小企业在一个高度竞的市场上经营，以相当于最低平均成本的价格进行交易，而后者则表明相反的情况。因此，结合企业数量、规模和进入壁垒的水平，规模经济或规模不经济程度的证据可以表明市场结构（Lyons，1989）。为了确定旅游业中是否存在这两种情况，有必要研究不同规模企业的成本结构。在一些市场中，如前面提到的交通部门，特别是航空和海上旅行的情况，从技术上可以解释为什么大型飞机和船舶在操作和维护方面更有效率，从而降低了每单位乘客的成本。此外，专业化生产可以带来规模经济。住宿行业的规模不断扩大，也在更多房间的管理、人员配备和服务方面产生了一些规模经济，而旅行社行业的管理费用可以分摊在更多的网点上。当其他产品共享共同投入时，就会产生范围经济。例如，在新产品的广告和营销中，供应商可以充分利用现有资源。因此，航空公司、巴士、长途客车和轮渡公司可以增加新的路线，更充分地利用运输手段。旅行社和旅游经营者可以利用现有的预订系统和员工为新的细分市场提供服务。因此，从某种程度来说，在存在资本不可分割性或闲置产能的地方，可能有范围经济的机会。这些将在下文旅游供给的第四个特征中加以考虑。有证据表明，规模经济或范围经济尚未得到利用，或今后通过技术变革实现规模经济或范围经济，这表明企业规模有可能扩大，市场支配力增强，从而降低市场竞争力。反之，规模不经济或投入比例相差悬殊的供应，将提高小型企业的长期生存能力，并形成更具竞争力的结构。对旅游供给行业的讨论表明，虽然大型公司可以产生规模经济并主导某些市场，但这并不妨碍许多小公司在同一市场上取得成功。后者往往服务于不适合大规模经营的专业领域，有些活动规模仍然较小，因为它们的市场是地方性或全国性的，而不是国际性的；扩大它们的活动会产生规模不经济。一般来说，主要运输行业的特点是有可能实现范围经济。住宿和中间行业的两极分化更严重。

6.3.4　资本不可分割性、固定产能和相关的固定运营成本

旅游行业拥有不可分割的资本设备，飞机就是很明显的例子。公司通常拥有固定数量的设备，因此在短期内的产能是固定的，维护设备的成本是固定的；只有在长期发生资本重组时才会改变。使用了资本，就产生了可变成本，如航空交通中的燃料和人工成本。经济学者认为，在短期内，一家公司即使不能覆盖总成本，只要能覆盖可变成本，就应该继续交易。然而，从长远来看，如果公司要继续经营，就必须产生足够的收入来支付其固定成本和可变成本。如果该公司离开该行业，还可能存在无法收回的沉没成本。它们通常与不可分割的投入有关，并影响市场的可竞争性，因为如果完全无法收回成本，就会阻碍进入某个行业。例如，航空公司、巴士或渡轮运营商发现一条路线不经济，或者在一个特定地点的酒店经营者发现需求低于盈亏平衡水平，那么在理想情况下，每个运营商都希望执行无成本撤出。这取决于资产是否可以轻松地重新配置，或者通过市场营销和定价策略，提高市场需求以填补产能空间。分析成本结构有助于确定成本的绝对水平以及固定成本和可变成本的比例。20世纪90年代初的航空部门，国际民用航空组织统计数据表明，固定成本的绝对价值很高，如果将熟练的机组人员作为固定投入，并且飞机在不运行时需要存储和维护，则固定成本约占运营一家航空公司成本的2/3。可变成本是指在飞机退役时可以避免的成本，主要是燃料和着陆费以及一些机载消耗品和机组人员费用。这些费用约占总成本的1/5，尽管航空公司和航线之间明显存在一些差异。对于铁路系统来说，基础设施和铁路车辆创造了较高的固定成本和相对较低的可变成本。从绝对值来看，巴士和长途汽车服务的特点是固定成本不高，但从相对值来看，特别是对于较小的运营商来说，固定成本是相当可观的。在住宿行业，固定成本占总成本的比例远低于交通领域（Horwath，1994），与小型住宿设施有关的固定成本价值往往很低。与英国酒店相关的资本成本和经常性成本约占总成本的1/3。总的来说，包括保险和其他资本投入等项目在内，固定成本占总成本的1/2到3/5。在中间行业，情况则大不相同，这取决于旅游经营者和旅行社是否经营自己的飞机和住宿。对于没有垂直整合的小型运营商，其相对和绝对固定成本通常较低。有证据表明，一些行业的固定成本很高，而且产能固定，这表明出现了能够利用规模经济的大公司，从而提高了集中程度。高固定产能和高固定成本的业务需要相对较高的入住率或载客率，以满足固定成本和可变成本；盈利和亏损之间的差别取决于盈亏平衡点附近的入住率。旅游需求的周期性和季节性变化加剧了利润波动，特别是在总固定产能是许多供应商独立决策的情况下，如住宿行业。短期策略的主要目的是弥补固定成本，包括试图从竞争对手手中获取交易。从长远来看，要考虑提高需求的方法，以提高载客率或占用率，特别是在非高峰时期。利润对入住率和客座率高度敏感的特点导致供应商的反应各不相同。

6.3.5 价格歧视和产品差异化

在高度竞争的市场中，大量企业生产相对同质的产品，这些产品必须以现行价格出售，近似于完全竞争模式。许多旅游地区的出租车服务就是很好的例子。在不完全竞争的情况下，企业对市场有一定的控制，就可以实施定价和产出策略。寡头垄断企业在定价和产出政策之间存在相互依存的关系，因为他们在决定自己的战略时必须考虑竞争对手的行为。为了扩大市场份额，在垄断竞争下经营的公司努力使自己的产品有别于其他公司的产品。然而，在适当的条件下，在所有类型的不完全竞争下经营的公司都可以从价格歧视中受益，这涉及针对特定消费者群体。因此，它的存在表明市场是不完全竞争的。价格歧视是基于这样一种观点，即许多消费者在单一价格占主导地位的市场上购买商品或服务时，会享受到被称为"消费者剩余"的福利收益，因为他们本来愿意以更高的价格（有时称为预定价格）购买商品或服务。认识到这一点的供应商可以区分购买者，并向预订价格较高的购买者收取更高的价格，反之亦然。不同程度的歧视取决于可以确定多少个客户群体。在极端情况下，假设每个消费者都支付不同的价格，可以行使完全或一级歧视。如果额外单位的销售价格大于成本，企业就可以获得更高的利润。最可能采用价格歧视的情况是，不同的消费者有不同的需求价格弹性，允许供应商向需求缺乏弹性的消费者收取较高的价格，而对那些需求价格弹性较高的消费者收取较低的价格。供应商希望在不同的消费者群体之间分配产品总量，从而使每个群体的边际收益相等。这决定了每组应收取的价格，使公司能够实现利润最大化。在旅游业中有许多歧视性定价的例子。在航空、轮渡和火车旅行以及住宿行业，有存在价格歧视。例如，航空公司将乘客分为三大类：头等舱、公务舱和经济舱。其中头等舱和公务舱的座位主要由商务旅客占据。在渡轮业务中，商业需求通常比假日需求更缺乏价格弹性。对于铁路旅行来说，通勤和娱乐需求之间的区别尤为明显，因此，在工作日和周末需求较低的时候提供低价，试图吸引需求价格弹性相对较高的旅行者，而经常对在高峰时段旅行的商务人士收取相对较高的价格。在住宿行业，有闲置产能的大型酒店提供周末优惠，在工作周向缺乏需求价格弹性的客人收取更高的价格。航空公司、巴士、长途汽车和渡轮公司在淡季也会遵循这种做法。市场细分和产品差异化也是不完全竞争下的常见做法。产品差异化可以采取不同质量产品之间的垂直差异化形式，例如，一些旅行经营者试图专注于在昂贵的地点提供豪华假期。它还涉及通过提供各种类型的产品来实现横向差异化，例如，为大众市场需求以及高端市场、年轻人、老年人和各种特殊兴趣群体提供假期。品牌战略旨在提高消费者对特定产品类型的认识和需求，广告也起到类似作用。很少有小公司有能力或市场力量对价格进行强有力的控制，因此，为特定细分市场服务或使其产品与众不同是它们唯一的选择。他们所关心的往往是创造市场，而不是扩大市场。实际上，他们在寻找一个空缺的利基市场，并试图在一个相对较小的细分市场中满足特定的需求。在这种程度上，产品会进行自动区分。享受规模经济、范围经济和闲置产能的大公司，除进行价格歧视外，还试图通过品牌来区分他们的产品。在住宿行业，许多国际酒店服务于高端市场，通常为商务旅客提供服务，而经济型酒店，如 Travelodge & Budget，则为家庭提供服务。在某些情况下，这两个市场都以不同的品牌定位。

6.3.6 定价政策

定价政策是寡头垄断的核心，可用于维持或增加市场份额和/或消除过剩产能。20 世纪 70 年代，莱克航空（Lake Air）和 90 年代维珍航空（Virgin）的战略就是最好的例子，而放松管制也加剧了航空公司在关键航线上的价格竞争。正如寡头垄断经济学所预测的那样，一家航空公司的价格降价会引发其他航空公司的反应。这种情况发生在环球航空公司（TWA）在 1991 年削减美国境内票价的案例中。竞争对手以较低的运营成本为基础削减票价，部分解释了该航空公司破产的原因。航空交通行业也有小型航空公司，它们在特定航线上的效率相对较高。因此，英国西印度航空公司（BWIA）在许多加勒比航线上具有成本效益（Melville，1995），而英国米德兰航空公司（British Midland）也能够在国内和欧洲城际航线上竞争，尽管英国航空公司（British Airways）在市场上占据主导地位。其他运输行业，如巴士、长途汽车和轮渡服务也出现了降价。在第一种情况下，这在很大程度上是放松管制的结果，而在最后一种情况下，在大量使用的航线上，尽管公司之间存在行业内竞争，但价格"战"更多的是由行业间竞争驱动的。人们感兴趣的是，许多航空、巴士和长途汽车行业经历了大的波动，因为结构性变化破坏了交易条件和价格的稳定。渡轮服务的情况略有不同，因为新公司进入的情况并不常见，而且主要渡轮公司之间经常存在默许或公开的勾结，使票价相对合理稳定。在放松对航空旅行的管制之前也是如此，当时机票价格更正式地由国际航空运输协会控制，导致一个虚拟的卡特尔。在住宿行业，价格战没有那么明显，因为市场上的住宿企业在类型、质量和位置方面存在更大差异。在企业聚集的地方，比如，度假胜地、机场附近或城市中心的大型酒店，可能存在隐性的价格垄断，因为经营者很容易获得竞争对手的收费信息，并据此设定自己的价格。旅游供给中寡头垄断的典型案例是套餐市场旅游业务。自 20 世纪 60 年代大众旅游兴起以来，大型企业一直采取价格领先、价格战和扩大市场份额的战略。N.Evans & Stabler（1995）继 Sheldon（1986）和 Fitch（1987）对竞争结构和战略进行研究之后，又提出了英国的证据，包括历史回顾。埃文斯和斯塔布勒认为，结构性的变化正在发生，比如企业旅游经营者的进入，通常是企业集团的一部分，它们强调利润的获得，而不是市场份额。对更专业假期的需求也有明显的趋势。大众套餐市场由大约 10 家顶级旅游运营商主导，他们不断地将产品多样化，推出专门的度假类型，以利用范围经济。在公司规模范围的另一端是小型专业运营商，它们可以通过利基市场生存下来，尽管公司的诞生率和死亡率都很高。这是由 30 家左右的公司组成的第二梯队，它们在大众市场上的部分份额被前 10 家运营商所占据，而更专业的部分则被较小的公司所占据。大型集团主要通过兼并或收购等长期战略来实现价格领先和扩大市场份额。公司之间的整合似乎是旅游市场中一个合乎逻辑的结果，因为旅游市场有一条很长的供应链。在英国，大型旅行经营者是纵向一体化的，特别是与旅行社和航空公司的一体化；而在美国，旅行社、住宿业和交通模式之间有紧密的联系，发起者往往是交通公司。互惠协议、特许经营和租赁是所有权关系以外的一体化形式。一体化与竞争结构的相关性在于，一体化的存在意味着信息优势、成本节约、企业规模扩大所带来的更高利润，以及与寡头垄断甚至双头垄断或垄断相关的市场力量增强的可能性。在国际上，一体化的影响比对供应商和游客本身的影响要大得多，特别是在发展中国家。

6.4 本章小结

本章在住宿、中间和交通部门的结构概述及其主要特征的讨论表明，每个行业的市场结构差异很大。它们具有广泛的竞争形式、市场细分、产品差异化、进入和退出率高、具有一定的规模经济效应和监管程度差异大等特点。此外，就公司的数量、规模和市场份额而言，特别是在中间行业，旅游供给结构似乎发生了巨大变化。这些特征引发了两个问题。第一，新古典主义的企业理论和竞争结构理论在多大程度上解释了在旅游供给中观察到的现象？第二，特定行业内的异质性是表明企业理论不够充分，还是仅表明目前采用的旅游行业和市场分类过于宽泛？关于第一个问题，检验理论概念的适当性是看它们是否能解释实际的市场结构，并预测行业或其市场发生变化的结果。在所考虑的三个主要行业中，除了垄断竞争和寡头垄断的主导市场形式外，还存在可竞争性因素（新公司或老牌公司可以与现有公司进行价格竞争）。这种可争议性方面不容易包含在传统的企业理论中，因为它的静态平衡分析框架不适合实际上是动态的情况。因此，虽然可以将旅游供给行业的条件解释为特定的理论竞争结构，但要预测条件变化的结果却比较困难。例如，在交通行业，利用规模经济的可能性导致集中度的提高和公司数量的减少，从而形成寡头垄断结构，航空、巴士、长途汽车和轮渡部门似乎就是这种情况。此外，由于竞争对手可能做出反应，个别公司在提高或降低价格时会受到限制，该理论也表明价格是合理稳定的。然而，放松管制有效地降低了进入壁垒，这种影响与规模经济的影响背道而驰。这造成了更大的价格波动，并导致小公司涌入，并在短期内加剧了竞争。虽然在最初的成功交易之后，有数据表明由于新进入者的失败，公司数量有所减少，特别是在巴士和长途汽车行业，但不能肯定航空业是否会出现这种情况。因此，传统理论的预测能力受到了质疑。在中间行业，特别是旅游业务，由于进入和退出壁垒较低和规模经济有限，传统理论假定的高度竞争市场正日益集中。矛盾的是，在英国度假市场的寡头垄断领域，最大的旅游运营商一直在进行激烈的价格竞争，多年来，利润率和利润都很低，甚至持续亏损。相反，许多规模较小的专业旅行经营者避免了这种竞争情况。类似的情况也适用于英国的旅行社行业。在中间行业长期追求增加市场份额似乎与假设利润最大化行为的理论不一致。第二个问题是观察到的大多数旅游供给行业的竞争异质性及其与企业理论的关系存在问题。在传统框架内进行的分析往往将市场划分为定义明确的竞争结构，而很少承认子市场可能受制于不同的条件。这重要吗？在特定的市场中，不同的竞争形式共存的认识是否削弱了这一理论？主流经济学家的回答是，不同的细分市场应该被视为独立的市场。然而，事实已经证明，在单一行业内的不同竞争行业之间存在相互关系。例如，交通行业中最大的公司确实对较小和较新的竞争对手的行为做出反应。因此，进一步细分旅游市场以满足传统的分析要求不合适。虽然承认还没有对企业理论的适用性进行充分的探索，但说明性的例子表明，在旅游供给的背景下，它的解释和预测能力是有限的。该理论有助于确定在每种竞争形式中决定单个公司和行业行为的关键变量，并为开发更复杂和具有差异化的模型奠定了坚实的基础。对工业的经济分析越来越认识到体制结构的作用及其可能的演变，同时认识到有必要研究市场的动态性质，在这种市场中，信息可用性的不确定性和交易成本都很重要。因此，本书将注意力转向产业经济，在这个视角下，我们确定并研究了旅游供给的一些特征，这些特征被认为对旅游供给的结构和运作非常重要。

7 旅游公司的结构和策略

引言

前一章讲述对市场结构的新古典主义分析被证明有助于识别不同类型的市场，并对企业行为和绩效的各方面提供了许多有价值的见解。然而，不完全竞争（尤其是寡头垄断）和不确定性等现象，以及解释市场动态的需要，都是传统分析无法充分解释的。产业经济学和其他思想流派的发展试图填补传统方法留下的空白，并通过指出最新的理论发展和先进的经济分析来说明本研究的主题，同时也帮助解释旅游供给这一主题。在产业经济学中，有两种主要方法被用来研究不同类型市场中企业的行为和绩效。第一种是结构、行为和 SCP 范式（Structure Conduct Performance，SCP），它在制造业企业的实证导向研究中发挥了重要作用。尽管它受到了一些批评，特别是在基于理论的分析中，但该范式仍然是一个有用的框架，似乎与旅游业等复杂的服务业有关。第二种是博弈论，它被用来分析企业根据竞争对手的行动和可能的反应采取的策略。博弈论已广泛应用于寡头垄断情境中，极大地提高了对动态情境下企业互动及其结果的理解。这似乎对理解旅游供给商的行为和策略尤为重要。在考虑这些分析发展之前，我们简要回顾一下经济学中关于企业存在的市场环境及市场环境影响企业结构和行为的方式等核心问题上所采用的方法是有指导意义的。首先，我们讨论了与产业经济学相关的主要思想流派，这些思想流派可以帮助解释（而不是描述）旅游供给及其变化。因此，本部分概述了奥地利学派以及行为经济学、进化经济学、制度经济学和心理经济学的要素。虽然由于空间的限制和缺乏关于这一主题的旅游文献，它们不适用于旅游供给，但它们有助于为后文的讨论提供背景，并为今后的研究奠定基础。然后解释 SCP 范式，并以旅游中间行业为例，指出了其在服务中的应用。本部分将评估该方法的贡献和局限性。博弈论在解释旅游企业在动态背景下的战略以及旅游市场结构的相关变化方面所起的作用将在后文进行研究。

7.1 产业经济学的启发

SCP 范式（Chamberlin, 1933；Bane,1956；Mason, 1957）在 20 世纪 80 年代之前一直主导着工业经济学。根据该范式，企业经营的市场结构类型是其行为和绩效的最终决定因素，用盈利能力等标准来衡量。市场结构变量，如买方和卖方数量以及市场集中程度，被假定为相对稳定。作为一个以实证为基础的分析框架，SCP 方法认为市场结构通常不同于完全竞争的基准，因此，如果企业制定的价格超过边际成本，就有初步证据表明政府有必要进行干预，并采取措施加强竞争。因此，SCP 方法是以政策为导向的。与更注重实证的 SCP 模型相比，芝加哥学派继续坚持和传播基于竞争市场长期均衡的传统新古典模型的方法。

其论点是，市场内的竞争力量会优化资源配置，自由进入行业会消除市场支配力和超过边际成本的定价。Baumol（1982）的一个显著贡献是，部分修改了一些限制性的传统立场，他反映了对传统模型未能充分解释竞争结构的担忧，促进了竞争市场理论。芝加哥学派认为，完全竞争的市场，或至少是可竞争的市场，是长期形成的主导市场结构，从而使消费者受益，政府干预被认为是不必要的。正如德容和谢泼德（1986）与海伊和莫里斯（1991）的评论中所述，欧洲的一些经济学家采用了芝加哥的立场。芝加哥经济学家与 SCP 范式的支持者之间长期存在争议，后者得到行为学派、进化学派和制度学派的广泛支持。芝加哥经济学家与 SCP 范式的支持者之间的争论由来已久（S.Martin，1993）。在主流分析之外进行的产业经济学研究将关于市场竞争结构的辩论推向了一个不同的领域。这项工作有两个不同但相关的方面。一个是对市场动态性质的适应，另一个是对企业、行业和市场特征和环境的表述。奥地利学派与哈耶克、门格尔、米塞斯以及最初的熊彼特等学者联系在一起（被新奥地利学派否定），以其专注于竞争过程而闻名，而不是对传统市场结构分析中的静态均衡分析。这些学者承认，变化和不确定性是普遍存在的，那些参与产业活动的人必须在这种背景下做出决策。然而，他们认为，随着经验的积累和对过程和机会的了解的增加，在接下来的时间会做出更好的决策，从而产生更具竞争力的市场条件。在这个意义上，存在哈耶克（1949）所说的某种程度的新兴"秩序"，但不一定是均衡。近代可以被视为新奥地利学派组成部分的研究者有 Kirzner（1973）、Reekie（1984）和 Littlechild（1986）。

这种产业活动观点与 R.R.Nelson & Winter（1982）所称的"进化经济"观点不谋而合，在"进化经济"中，执行所需行动的程序随着知识的积累而不断发展。进化经济学的发展一直与制度经济学并驾齐驱，在某种程度上也与奥地利学派的思想并驾齐驱。它主要关注社会信仰、规范和习俗可能导致形成有利于企业行为的制度的内生方式。制度进化的理论是建立在涉及自然选择的生物学和数学理论基础上的。赫什莱弗（1982）在为社会和制度变革建模时回顾了这些问题，认为博弈论可以指出合作和非合作行为的结果，以显示设计有效制度所需的理想人类特质。这些概念与公司等经济组织的相关性，是支持企业家、管理人员和工人在决定工业和市场运作方面的态度和目标的重要性。在本章结尾部分提出的非合作博弈的例子中就体现了这一点。旅游供给是一个有趣的例子，因为它通过某些行业的不稳定性显示出其商业组织演变的不成熟程度，因此结果往往比成熟和稳定的市场更难预测，这也反映了制造业和服务部门之间存在的区别。在强调市场体系及其制度的动态本质方面，奥地利和进化经济学学派呼应了马克思（Marx，1967）。在对竞争的分析中，马克思不仅揭示了竞争的过程，还关注从对收入和财富分配以及资源分配的影响方面确定竞争的结果。马克思的追随者倾向于淡化他对竞争的看法，并强调他的观点，即工业生产将变得更加集中，从而关注剥削行为的潜力，特别是在劳动力方面（Kalecki，1939）。

这在研究垄断的产业经济学领域产生了一定的影响。虽然主流经济学一直是一个强大的工具，具有许多经验相关性，但它一直受到批评（Eggertson，1990），因为它没有解释不同形式的经济组织的基本原理以及社会规则对行为和结果的影响。制度经济学虽然坚持新古典主义理论的基本原则，但引入了信息、时间、交易成本作为实现商业目标的约束。它还强调需要对有关这些限制的假设进行实证检验。这种情况下，制度经济学的立场与许多产业经济学所采取的立场相当接近。商业活动的制度视角是一个相对较新的视角，因此，迄今为止尚未就其原则达成一致意见。它仍处于探索阶段，对其假设存在不同意见。例如，一些制度经济学家拒绝利润最大化和理性原则，代之以西蒙（1957）令人满意的概念。危险在于，放弃太多的原则会使产业经济学没有理论，因此任何研究都只是描述性的。尽管制度经济学还处于起步阶段，而且存在选择理论基础问题，但它为迄今为止被忽视的变量的影响提供了见解，并强调了考虑市场动态和商业环境中遇到的不确定性的经济分析的必要性。在这方面，它与博弈论分析是一致的。它还试图将传统分析与行为方法联系起来，这些方法试图将商业组织内的人类经济活动与经济结果联系起来。此外，它有助于解释为什么会发生市场失灵，这是审视环境问题时的一个重要因素，特别是关于产权。科斯（1960）、威廉姆森（1985、1986）和诺斯（1990）对信息和交易成本形式的市场缺陷分析做出了重要贡献，斯蒂格利茨（1989）和威廉姆森（1989）对这些贡献进行了回顾。这些成本是在搜索和获取信息（这有助于降低不确定性）以及执行交易时产生的。例如一家公司从许多来源组装产品，这种情况可能会很严重，这也是旅游经营者推销套餐式假期的一个特点。这种不完善为企业间的经济整合提供了动力，如汤姆森公司（Thomson Corporation），通过这种方式，企业可以将各自的成本内部化。交易理论也有助于研究委托人和代理人之间的关系，在委托代理关系中，一方的福利取决于另一方的行为。委托人通常会受到代理人行为的影响。这种关系会发生在公司内部，如雇主与雇员或股东与管理层之间。交易成本与委托代理关系相关，因为委托人需要监控代理人的行为，以确保前者的目标得以实现。

在旅游业中，旅行社和旅行经营者之间存在委托代理关系。在英国，旅行社提供的佣金费率通常为10%，但如果代理商达到了度假销售的目标数量，就会获得超额佣金。与交易成本和不确定性有关的另一项重要发展是对创新的研究，特别是研究与开发的作用，例如，Scherer（1967）、Stoneman（1983）、Davies（1989b）和 Reinganum（1989）。显然，并不是所有的研究和开发都能产生适销对路的产品或可用的过程。还有另一个问题是，某一特定公司可以在多大程度上保护现有发明专利，以获得其开发成本的回报。人们试图在新古典框架内建立创新和增长模型（例如，Dasgupta & Stiglit2，1980；Grossman & Helpman，1991；Aghion & Howitt，1992，1995）。产业经济学的进化和制度分支以及交易成本、委托代理分析和创新过程等相关概念的一个有趣特征是，它们确定了个别企业和行业外部的市场现象。在这些研究领域中出现的与产业经济学发展相关的问题是，在多大程度上可以将这些问题内部化，以最大限度地减小其对企业或产业运营在成本方面的不利影响。这就提出了经济供给分析中一个至关重要的问题，即必要的组织安排。简言之，公司为什么存在？它们仅仅是将投入转化为产出的实体，还是为了有效运作而需要组织结构来实现其目标的生产—销售单位？此外，管理者和员工是否可以设定自己的目标，而组织结构也会促进这些目标的实现？后一种概念承认了对企业及其内部个人的长期行为分析的力量。

在此，我们无法探讨这些问题，但可以得出一个不无道理的推论，即虽然进化经济学和制度经济学、交易成本、委托代理和创新概念的理论发展尚处于起步阶段，但经济学思想即使没有趋同，也正在形成一定程度的共识（Dietrich，1994）。这或许表明，一种更有活力、更统一的组织理论将会出现。产业经济学的研究确实表现出对建立牢固的理论基础的关注（Davies et al.，1989;Schmalensee & willy，1989;Basu，1993;S.Martin，1993）。这就是新产业经济学、新产业组织等术语出现的理由。博弈论作为分析商业战略的一种手段，它的出现强化了理论的发展，这并非完全巧合。博弈论的应用不仅允许不确定性和不对称信息的结合，而且使构建更动态的模型成为可能，从而增强了它们的解释力。博弈论重新唤起了人们对长期存在的双头垄断形式的寡头垄断模型的兴趣，如伯特朗、库尔诺和斯塔克尔伯格构建的寡头垄断模型（S.Martin，1993），这些模型已被纳入主流微观经济学文本，因此，寡头垄断理论的发展现已成为产业经济学的主导内容。这一分析引发了对进入/退出市场条件、价格战、掠夺性定价、广告的作用、不同供求要素之间的合作合同安排与共谋等一系列问题的研究。然而，对理论的重新强调，因未能提供可实证检验的产业行为模型而受到批评。尽管如此，相对于早先偏重于更笼统的计量经济学分析，人们对具体案例研究重新产生了兴趣。此外，人们还更加关注干预措施的范围和影响，如反垄断立法、市场监管、税收和补贴等。公共选择理论对政策的作用及其对福利的影响进行了研究（例如，布坎南，1968）。尽管理论家们希望建立一般的供给模型，而经验主义者则坚持建立企业的实际行为，这两者之间产生明显的冲突，但产业经济学，以及对决定供给模式的因素的理解，已经取得了巨大的进步。我们可以更好地了解特定行业内供应商之间的相互关系，例如中间产品生产商与消费品生产商之间以及委托人与代理人之间的关系。现在，模型能更好地反映和解释现实。然而，在发展市场行为模型方面取得的最大进展是摆脱了双寡头垄断的窠臼，再次将博弈论的应用、产品差异化、市场细分、价格歧视以及企业对竞争对手的价格和非价格竞争策略的反应等概念纳入模型。在继续研究不同方法如何揭示旅游市场行为之前，我们有必要简要阐述在主流经济分析之外发展起来的企业行为理论。

7.2 公司行为模型

与新产业经济学的发展同时出现但却几乎未被其承认的，是在经济心理学分支学科内研究的企业行为模式的发展。行为导向理论并不像传统分析那样严重依赖两个主要假设：第一，企业决策与企业内部个人的决策相同；第二，理论上得出的最优结果代表了实际行为。经济心理学视角下的企业对理性公理提出质疑，认为理性假设应接受实证检验。此类企业研究的主旨是，通过对企业行为的分析，可以观察到企业的行为，并通过复制产生广泛的概括，从而通过归纳过程帮助构建理论。商业行为研究人员认为，当决策者缺乏对可能的替代行动方案的了解，并且不确定其结果时，他们不会应用明确的选择模型。偏好可能是不一致的，它们没有确定的指导方针或规则来做出使用哪个模型的决定。从这个意义上说，传统经济理论的假设受到了挑战，正如商业行为理论先驱们观察所显示的那样，如 Simon（1955）、March & Simon（1958）、March（1962）、Cyert & Simon March（1963）、Simon（1979）、Cyert & Simon（1983）。我们假设，商业人士缺乏信息和时间来优化他们的活动，他们只知道可供选择的选项很少。因此，行为学研究者研究的一个主要问题是决策的制度结构过程（Slovic et al.，1977；Ungson et al.，1981；Kahneman et al.，1982）。人们感兴趣的是发现问题的方式、从经验中学习的过程、对可能结果的看法、对风险的态度、对多个问题和活动的注意力分配以及组织适应。虽然经济心理学作为一种基于经验的研究产业组织的方法，专注于行为问题，但它与新古典优化理论并不产生直接冲突，而是通过放松更抽象的假设来修改理论。然而，它的主要贡献是扩大了分析的范围，包括了人的行为因素，并加强了理论研究和实证研究之间的联系。因此，在一定程度上，产业经济学和企业经济心理学已经从传统理论中发展出来，并相互平行运行。这两个经济分析领域的最新发展，更加注重在实证背景下检验理论模型，提高了它们解释旅游供给结构和运作的潜力。理论方法所研究的许多问题都体现在旅游市场中。此外，旅游市场的结构和运作的某些方面，特别是某些市场长期存在的产能过剩和不平现象，对某些产业经济和经济心理学模型的解释、预测和相关性提出了质疑。因此，对旅游供给研究产生的丰富经验证据进行讨论是很有意义的。至此，本书除了对交通和住宿行业的一些讨论外，尚未应用主流产业经济学对旅游市场进行分析，尽管旅游业对许多国家的经济做出了重大贡献。因此，本章的其余部分将利用现有的有限经验证据探讨有关产业问题的经济学思想对理解旅游企业的行为及其市场条件所能做出的贡献。

7.3　旅游中间行业的结构、行为

SCP 范式是分析由不同规模的公司组成的复杂市场的可行手段，在这些市场中，不同程度的集中和 / 或整合发生，并可以行使市场力量（Brozen,1971;Schmalensee,1972;Demsetz，1974;Couling & Watson，1976;Peltzman，1977;Spencer，1977;Clark & Davis，1982;Dixit，1982;Lieberman & Montgomery，1988）。这种方法的优势在于提供了一个清晰的框架，避免了无序的描述，允许从市场结构、行为和绩效等分析类别来研究市场。前面章节介绍了产业经济分析中常用的市场结构变量。衡量竞争状况的两个关键指标是企业的数量和规模以及集中度指数。还可以选择其他变量，如买方数量、进入和退出条件、成本条件、产品差异化和多样化以及企业间的一体化。企业行为涉及定价行为、广告、营销、研发和创新，有时是在默契串通或更正式的卡特尔背景下。虽然创新在一定程度上被视为外生技术变革的结果，但它也受到市场竞争条件的驱动。为了保护创新或控制产品的销售，公司会采取通过法律系统组织的许可证和合同等策略，这些安排往往会强化进入壁垒，从而强化市场的结构特征。绩效可以从消费者满意度、运营效率、企业和行业的增长率、企业的市场份额和盈利能力等方面来考虑。在旅游供给方面，短期绩效指标有时是最重要的，比如在英国的套餐度假行业，人们关注的是销售额和市场份额的增长，往往以牺牲效率和盈利能力为代价。业绩受到公共政策的影响，特别是规制、国际贸易安排和竞争法的变化，这些在旅游业中发挥重要作用。价格管制对交通行业产生重大影响，例如在国际机票价格的制定方面，政府即使没有公开支持，也会暗中支持。此外，公共部门机构对旅游业的促进作用以及提供的补贴和 / 或税收激励措施也对生产产生显著影响，例如在旅游住宿供应方面，SCP 分析的最新研究表明，影响市场结构的不仅有绩效和行为，还有公共政策。例如，放松管制影响了航空公司、巴士和长途汽车公司的行为和业绩，随着时间的推移，它们的市场结构出现了集中趋势。

7.4 SCP框架下的旅游运营行业

通过英国旅游运营商行业的例子，SCP 模型可以提供相应启示，因为该行业在旅游供给中的中心地位及其结构和绩效证据的可用性。英国旅游业务结构的特点是公司数量多，规模差异大，买家数量多。虽然进入和退出的门槛普遍较低，但是集中度较高。几乎没有经验证据显示规模经济和不经济、范围经济、资本不可分割性、固定产能和固定成本的程度等方面。较大的顶级运营商投资于包机航空公司和一些旅行社，似乎享有规模经济和范围经济，这种投资引发了不可分割性和高固定成本的问题，以及随之而来的需要填补的固定容量。

7.4.1 旅游行业的进出条件

英国旅游运营商数量的高增长率表明进入旅游行业的门槛是较低的，并且资本成本也是很低的，推广产品以吸引潜在游客注意的宣传支出并不构成进入该市场的主要障碍。因此，我们可以推测出，进入这个行业的一个重要成本是客户忠诚度。Salop（1979a，1979b）区分了现有公司设立的战略障碍。即使假设了信息的自由流通，经济理论也可以表明，这对已经存在的公司有优势。例如，现有公司通过建立许可和特许经营计划，创建差异化品牌产品，确保消费者和供应商的忠诚度，并与最理想地点的酒店经营者和设施签订合同，建立了进入前壁垒。新公司和老牌公司之间的这些不对称被解释为先发优势（Lieberman &

Montgomery，1988）。进入行业后还可以再次建立壁垒，如经济规模和较低的投入价格，并可能带来绝对的成本优势。战略进入壁垒是由老牌公司有意识地为阻止新公司而进行的努力。典型的策略是采用限制定价，以区分产品，增加广告支出，寻求提高效率或能力，以降低生产的单位成本。企业还可以加强该业务的战略核心。战略核心是一个企业的主要活动，使其能够实现其目标，并考虑到当前的机会和威胁及其优势和劣势。从经济方面来说，战略核心有助于提高规模经济，或扩大产品分化和多市场目标，以开发范围经济。在某些情况下，现有企业会保持闲置产能，以便在一家新公司进入市场时，能够迅速提高产量和降低价格，使其地位无可撼动，并迫使新公司退出市场。因此，维持备用产能是一项对潜在进入者构成威胁的战略，并由价格战的"惩罚战略"作为支持。垂直整合涉及对沉没成本的投资，尤其那些规模大且在短期内无法收回而不涉及业务大量费用的业务，如购买飞机或连锁酒店。有些旅游经营者并没有积极采取这种策略来阻止其余公司进入。他们更关心自己是否可以不断侵占市场份额，接受自己没有足够的能力来排除新进入者。经济理论认为，这种情况下，对于新公司和旧公司来说，沉没成本都很低且相似。Baumol（1982）认为，低成本或可收回的沉没成本使市场具有高度竞争，结论是如果价格具有竞争力，远远超过边际成本，那么垄断和寡头垄断结构在很大程度上是良性的。然而，如果假设一个市场的所有部门的沉没成本都较低则过于简单了。更有可能的是沉没成本的水平是不同的，这取决于寻求进入的细分市场和战略集团。比如深耕于活动假期的旅行社，考虑进军周末假期市场，开发规模经济和范围经济，因此降低单位成本可以作为一个抓手。为了达到这个目的，经营者可能被迫经营属于自己的航空公司和酒店，从而产生大量的沉没成本，阻碍其他企业的进入。战略集团的观点是，在一个相对多元化的市场，和许多公司及其产品有明显的相似之处，这表明它们可以相互联合。

7.4.2 英国旅游运营的行为和表现

英国旅行社之间的相互关系是敌对的，从周期性的价格战、巨额折扣和为旅行社零售假日提供的佣金优惠就可以看出。低进入成本，表明价格战很有可能再次发生，因为旅游运营商试图通过卡特尔类似的联合或暗地勾连以外的方式来维持或增加市场份额，并获得规模经济。大公司一直在增长和市场份额方面寻求扩张，更多的是为了在一个动荡的市场中确保自己的地位，而不是为了击败竞争对手。最大的旅游运营商在反竞争策略上受到立法限制，也面临着来自二线旅游运营商的竞争。然而，尽管"二级"运营商在20世纪90年代初表现出最大的增长，但到90年代中期，它们在大众假日市场和专业假日市场都失去了市场份额。一线企业为巩固其大众市场份额并进入专业细分市场而采取的策略表明，大量的二线旅游运营商和许多三线旅游运营商面临着高水平风险。一些公司的风险很大，因为他们在同一个市场上销售标准化的大众市场包装产品，而一线企业通过垂直整合控制了成本，使供应成本远远低于次级供应商。但是，Kirker（1994）认为，如果没有明确的产品差异化和明确定义的细分市场，一线供应商注定会失败。因为拥有特殊需求的游客会要求更创新、灵活和量身定制的产品，中小型运营商能够满足这些特殊要求。一味追逐市场份额和占领大众市场游客不再是一个可行的战略选择。从数据上来看，几乎没有证据表明英国领先的旅游运营商在 20 世纪 90 年代中期之前获得了很高利润（N. Evans & Stabler，1995）。旅游运营商时刻需要面对需求的变化、低进入成本、高水平的价格竞争，利润相对较低。因此，旅行社可以做些什么来稳定市场，确保长期的盈利能力呢？可能会考虑诸如说服代理商成为唯一分销商的激励措施、利用通用信息技术系统、特许经营、许可和互惠协议等措施，但一些措施难以执行，而其他措施则被监管当局视为反竞争措施。产品差异化、营销和价格歧视是更有效的替代策略。如本章前面所述，旅行社会试图通过说服潜在的竞争对手，让他们相信他们进入该行业将无利可图，以此阻止他们进入该行业。进入威慑往往会增强集中度，因为它能带来规模经济和市场力量的所有优势。然而，旅行社会受到一些抵消力量的限制。Ryan（1991）使用德尔菲技术（技术预测法，Delphi technique）评估了 20 名领先行业从业者的观点，确定了进一步增加集中度的三个主要限制因素：第一，如果竞争是基于产品质量而不是价格，小型旅行社仍然可以竞争；第二，反垄断立法的威胁会阻碍旨在减少竞争的战略；第三，大型旅游经营者缺乏适应性和灵活性，无法保持客户的质量。Ryan 还发现，主要的旅行社可以建立子公司来提供专业的产品，这些公司可以在管理和运输方面获得规模经济的好处。这种情况下，即使市场正在转向利基营销、较小的专业公司和更高的客户意识，也几乎没有什么可以抑制不断增长的集中度。大型旅行社还可能采取哪些策略来扩大或保护其业务？它们可以通过寻求海外扩张来推动经济增长。例如，汤姆森公司与斯堪的纳维亚航空系统公司（SAS）就收购瑞典最大的旅游运营商 SAS 休闲公司进行了会谈。航空旅游公司通过向美国最大的邮轮公司嘉年华公司出售股份而增加了资本（Blackwell，1996）。终极假日公司筹集了 300 万英镑的风险投资，创建了一家泛欧公司（《旅游贸易公报》，1994）。价格竞争行为和相对较低的利润的特点意味着，英国的旅行社一直在为消费者的利益而运营。这种结果持续了一段时间，似乎与 SCP 模型的含义不一致，即增强结构性集中度将导致更高的价格和利润的增加。一种可能的解释是，应在国际范围内考虑供应特征。因此，尽管旅游业务在某些市场被视为寡头垄断，如英国、美国、德国和荷兰（Fitch，1987；Sheldon，1986，1994），但国际上没有一家公司或公司集团占主导地位（垄断和合并委员会，1989）。然而，企业的行为，如企业间整合和扩张的策略，会影响市场结构。鉴于在 SCP 模型中没有单向的因果关系，我们应当提出的问题是，该方法作为分析旅游供给的框架是否是有效的。

7.4.3 旅游背景下的SCP模型评价

SCP 框架非常适合检查市场结构和企业的行为和绩效的特征，并允许在其所能容纳的各种变量方面具有相当大的灵活性。它还提供了一个有用的框架，以描述行业和市场，作为分析的基础。该范式的主要缺点是，市场结构是假定的，并且它过于牢固地设置在新古典主义静态均衡框架内，导致适应市场过程的能力有限。当然，这种方法是从传统的市场分析中发展出来的，它已被用来确定高度竞争、寡头垄断和垄断市场存在的条件，其应用有时只局限于这些目标。SCP 模型在其原始形式中没有显示市场变化的过程，所以它适合解释，特别是某些市场结构的产生，进入壁垒的影响，公司的规模和数量以及公司的增长率对市场结构的影响。最近的研究试图考虑到市场的动态性质和不确定性，其中强调单个公司的成本结构，包括那些与获取信息和进行交易有关的公司的成本结构，特别是对公司的影响所需固定资产、购买可变投入的时间、投入和产出、规模和范围之间的联系。这类研究背离了传统的 SCP 框架，后者倾向于关注整个行业，关注产品，而不是因素市场。SCP 模型不应被视为一个完全充分的分析框架，而应被视为探索关键经济问题的起点。它的优势在于，它是一种提供市场视角的合适方法。它的优点是给出一个整体的框架。它强调了某些特征的重要性，如进入条件，这些条件影响公司的数量和规模，进而影响市场的可能竞争，公司在定价行为和战略及盈利能力方面的行为。正如人们所假设的那样，旅游市场不仅复杂，而且处于不平衡状态，则应该采用适应其性质的工业经济分析的最新方法。事实上，对旅游业的经济解释及其内部的企业战略被局限于一个特定的分析框架，如 SCP 模型。本章开始部分讨论的思想流派可以为旅游市场的运作提供有价值的见解。博弈论可以考虑企业行为的动态过程、市场结构的变化以及不同学派提供的一些见解，接下来将讨论其与旅游的相关性。

7.5　博弈论与旅游

事实证明，对供应和市场结构的传统分析不足以解释当今企业之间的战略相互关系，特别是在寡头垄断的背景下，这是一种日益普遍的竞争形式。相比之下，博弈论适用于寡头垄断市场中的许多情况，特别是在不确定性普遍存在的地方，并且可以用来研究旅游公司所采用的诸多策略。很多情况下，决策是相互依存的，企业可以通过参与合作战略获得利益，比如在旅行社业务中，一家公司可以通过不断改变战略来获得优势。众所周知，旅游供给部门的许多公司在决定他们的战略时，都会考虑到市场上其他公司的行为。关键的问题是，串通还是竞争，怎样做是值得的？博弈论既可以用来解释行为，也可以用来预测关于价格设定、产品选择和差异化、广告、资本投资、合并和收购以及进入威慑等策略的结果。在观察企业的行为和互动时，也可以了解市场是如何运作和发展的，这是分析一些新兴和不稳定的旅游部门的一个重要属性。它不仅可以区分合作（合作）和非合作（竞争）游戏，而且可以改变关于参与者的行为、目标和对竞争对手反应的初始假设。通常，在简单的解释性模拟中，假设竞争对手的理性行为、利润最大化作为一个目标，最初是完美的信息和对称性，从而使企业充分了解竞争对手的成本结构、生产水平、价格等及其经营的市场条件。这种限制性的假设在更复杂的情况和分析中可以放宽。除了合作和非合作外，还可以考虑"一次性"博弈或重复博弈。在某些情况下，公司考虑到一些勾结的非法性，最初可能会采取非合作策略，但根据竞争对手的反应经验，建立稳定的行为模式会导致隐性勾结。例如，在知道竞争对手也会这样做的情况下，保持高价会给所有公司带来优势。一次性博弈反映了需要一次性做出所有决定的情况。例如，是投入资金用于生产新产品还是降价阻止竞争对手进入。相反，重复的博弈表明持续的竞争以获得短期优势是合适的情况。例如，定价和产品差异化策略会经常发生改变，从而使竞争对手定期参与非合作博弈。在旅游业中，存在很多这种情况，如航空公司、渡轮和旅游运营商，进行价格战以增加市场份额，而产品分化是为了扩大公司的整个市场或服务于一个新的细分市场。在旅游业，同时做出的决定往往是根据航空公司、渡轮和酒店部门的需求水平和模式的短期变化，特别是在产能过剩的地区。

为了说明博弈论在旅游业中的应用，本书采用了广告、定价决策和进入威慑的案例，以及旅游供给的旅行社部门可能面临的战略决策的例子。第一个例子展示了一个非合作的同时博弈，其中体现了广告对市场规模和份额的影响；第二个是在定价方面非合作重复博弈的例子。

例1

最简单的初始假设是公司无论在哪里都有主导战略，换句话说，无论竞争对手选择什么，企业都可以获得最佳战略。博弈论中的这一基本概念可以通过一个旅行社决定是否做广告的情况来说明。这个例子发生的前提是，每个旅游运营商都面临竞争，想获得更大的市场份额，扩大市场，增加公司的回报。

表7-1中X与Y基于是否打广告来获得的净收益，X表示获得的净收益，Y表示获得的净收益。旅游运营商X肯定将做宣传，因为这是最好的策略（最好的净回报）。如果Y没有做广告，X的回报是25，如果Y做广告，X将获得20的回报。同样，对于Y，如果两者都做广告，回报分别为10，如果X不做广告，则为15。由此可以看出，两者都将在左上角的市场总回报为30（20=X，10=Y）的广告。这个位置是一个稳定的位置。

表7-1　旅游业企业架构和策略

		旅游运营商 Y	
	回报	打广告	不打广告
旅游运营商 X	打广告	20（10）	25（0）
	不打广告	10（15）	15（5）

例2

可以用公司在每个交易周期内决定价格时所面临的困境的例子来说明这一点。大约在年初，旅游运营商为下一季的夏季市场推出小册子。考虑到市场的范围和航空公司座位和住宿容量的固定容量，个别旅行社认识到，消费者不仅对价格敏感，而且可能拒绝购买，希望可以晚点以便宜的价格预订。因此,旅游运营商会考虑以低价提供假期,以促使消费者提前预订,从而填满容量。然而,考虑到旅游运营商交易的利润紧张,这种策略会导致低利润甚至亏损。首选的策略是让所有人都收取很高的价格,但不确定竞争对手是否会在开始或整个假期坚持这个策略。

重复游戏可以代表这种现实的情况,并切实预测可能的结果,以这种方式模拟市场的主要目标是确定最稳健的策略。其中包括负面的和正面的报酬,类似于"囚徒困境",每个参与者都有一个主导策略,所产生的共同利润低于双方串通所获得的利润。

表7-2中,假设有 X 与 Y 两家公司,如果两者都收取较高的价格,每个都获得10(总共20)的回报,如果两者都收取较低的价格,每个都获得2,总共得到4(分别是左上和右下的单元格)。如果 X 收取高价格,Y 收取低价格,则 X 遭受负10,而 Y 收益20(净总计10)。相反,如果 X 收取低价,Y 收取高价,就会逆转。显然,这两家公司的首选策略都是收取高价,但问题是其中一家是否会"打破底线",并收取低价格,以希望获得更大的收益。

表7-2 旅游业企业架构和策略

旅游运营商 Y			
旅游运营商 X	回报	高价	低价
	高价	10(10)	-10(20)
	低价	20(-10)	2(2)

只要发生隐性合作,双方都会收取高昂的价格。如果一个收取低价格,另一个就会跟随,直到一个回到高价格。只要每个人都理性地行动,能够确定对方的策略,并相信任何威胁都是真实的,就有可能出现一种一致的模式,从而产生隐性合作。然而,这一结果似乎与在英国旅游运营商部门观察到的情况不一致(N.Evans & Stabler,1995),价格战会持续发生,非合作的行为持续存在。可能的原因是,例如需求和成本的变化、低准入壁垒、生产过剩和许多公司的存在,使得无法制定合作战略。这种现象引入的不确定性使得很难创造所需的稳定性。

双头垄断的古诺模型考虑的是企业决定同时生产产出的情况,而伯特朗的方法研究的是企业同时进行定价的背景,斯塔克尔伯格模型假设一家公司将产出放在另一家公司之前。斯塔克尔伯格的方法有助于分析先发优势,例如在研发和投资、进入威慑和营销行动,如广告。顺序博弈使博弈论变为动态,举一个选择是否引入新产品的例子。如果两个旅游运营商,双方都不知道对方的意图,各自决定引入新类型的假期,如果他们同时引入市场相同的产品,那么很可能会亏损。如果 X 公司能够先推出活动假日,那么 Y 将稍后引入文化假日,因此两者都将受益。这本质上是斯塔克尔伯格模型所假设的,即产出的规模可以由先行者来决定，而把市场的剩余部分留给竞争对手。公司可以通过先发制人的战略行动，例如通过影响竞争对手的选择来确保他们能够作为先行者获得优势。这只有在公司有声誉的时候才能做到，因为它做了它声明要做的事；缺乏对战略的承诺意味着向竞争对手表明，对某一特定行动方针的后续公告或威胁是空洞的。

威慑进入是另一个关键战略，因为如果成功，它将赋予更大的垄断权力和增加利润的潜力。因此，现有的公司必须说服潜在的进入者，相信它是无利可图的进入。这可以通过重新考虑是收取高价还是低价决定来证明。如果潜在的竞争对手决定进入高价市场，现任的公司将通过保持高价获得更多收益。如果现有的公司威胁要打一场价格战，使新进入者破产，并／或扩大能力，利用规模经济来维持可能的价格战，那么威慑承诺将得到证实。当一个潜在的进入者试图进入一个由现有公司主导的市场时，就会出现许多不确定性。进入者和现任者的结果在很大程度上取决于威慑威胁的可信程度，获得进入或阻止威慑威胁的成本，以及随着价格的变化而导致的销售和利润的变化。然而，进入者和现任者串通收取高价，结果比价格战更有利润。如前所述，在旅游业供应方面，进入成本往往相对较低，先发制人的投资机会有限，因此威慑战略很难成功。然而，这里给出的例子是为了说明在国际背景下旅游业发展的一个重要方面。由国家支持或资助的投资可以给一个国家带来优势。例如，航空公司、渡轮和火车业务以及在某种程度上的服务式住宿部门具有可观的规模经济的特点。通过补贴，这些业务可以更迅速地扩张。这会阻止外国公司进入市场，从而使国内部门收取更高的价格，获得更大的销售额。这一概念在选择旅游业作为经济发展引擎的发展中国家非常重要，这一相对简短和简单的博弈论阐述，通过几个说明性例子，表明了对工业经营和市场行为的经济分析的发展方向。注意力往往集中在公司之间的竞争互动上，因为这反映了目前大多数旅游市场的地位。博弈论适应许多其他情况，例如串通，公司产生低产出并以高价格出售，类似于垄断市场结构下的结果，或存在更大的不确定性，并存在相当数量的可能结果（多重均衡）。在更复杂的情况下，分析涉及确定特定回报的概率，这更接近于动态的现实情况。

7.6　本章小结

本章利用 SCP 模型和博弈论对旅游的供应因素进行了研究，并深入分析了前文中确定的旅游中的一些经济问题。本章还介绍了工业经济领域的最新发展，以便进一步了解旅游市场的运作。讨论的基础是接受将旅游市场视为动态的和经常处于不平衡状态的必要性。SCP 模式可用于描述旅游市场，并突出关键特征，作为分析市场结构、行为和表现的必要的第一步。SCP 范式的优点是，它给出了显示许多变量的相互关系的概述。这些框架可以加入或适应于旅游中介机构的应用，以反映不同市场的情况。然而，这种方法并不适合检验企业的决策和行为过程，博弈论的最新发展更适合。博弈论还可以容纳不同的理论，关于企业达成决策的过程，以及所采取的策略，由在本章开始所讨论的思想学派提出。一系列的行为模式是可行的，芝加哥学派的新古典主义的优化竞争市场行为的原则是一个具体例子。行为学派假设决策是根据既定的规范和规则做出的，进化经济学学派认为行为是根据过去的实践发展的，这也被纳入可能的决策模式的范围内。经济心理学可以帮助解释期望形成的过程。委托—代理模型分别阐明了业主和管理者的行为，允许他们有不同的期望和反应。因此，博弈论能够分析不同旅游部门、不同国家和不同背景下的公司的各种决策和行为模式，信息的不确定性和不对称性，如市场现有者和潜在进入者之间。该理论承认，在做出商业决策时，大多数公司都会考虑竞争对手可能产生的反应。可以考虑公司之间在知识程度、合作或不合作程度上的差异，并考察简单的一次性策略或竞争对手对不同动作的顺序调整。该方法可以表明信号意图的可信度和威胁战略成功的可能性。它的优点是确保企业可用的战略范围和相关的可能结果的范围得到明确，表明企业根据其使用的战略和市场结构的行为是如何同时确定的。该理论结合了工业经济学的最新发展。而且，由于其广泛包含的框架和分析变化过程的能力，显然适合研究旅游市场的结构、行为。本章关于供应的讨论并没有明确考虑到旅游市场的国际背景，尽管处于供应链不同阶段的公司之间的联系很重要。旅游供给的全球化，包括各种形式的经济一体化，对不同国家之间的生产和贸易的专业化有影响。旅游业对收入、就业和外汇收入的贡献以及旅游业与经济增长都是相关的。

第三篇
旅游经济发展与国际贸易

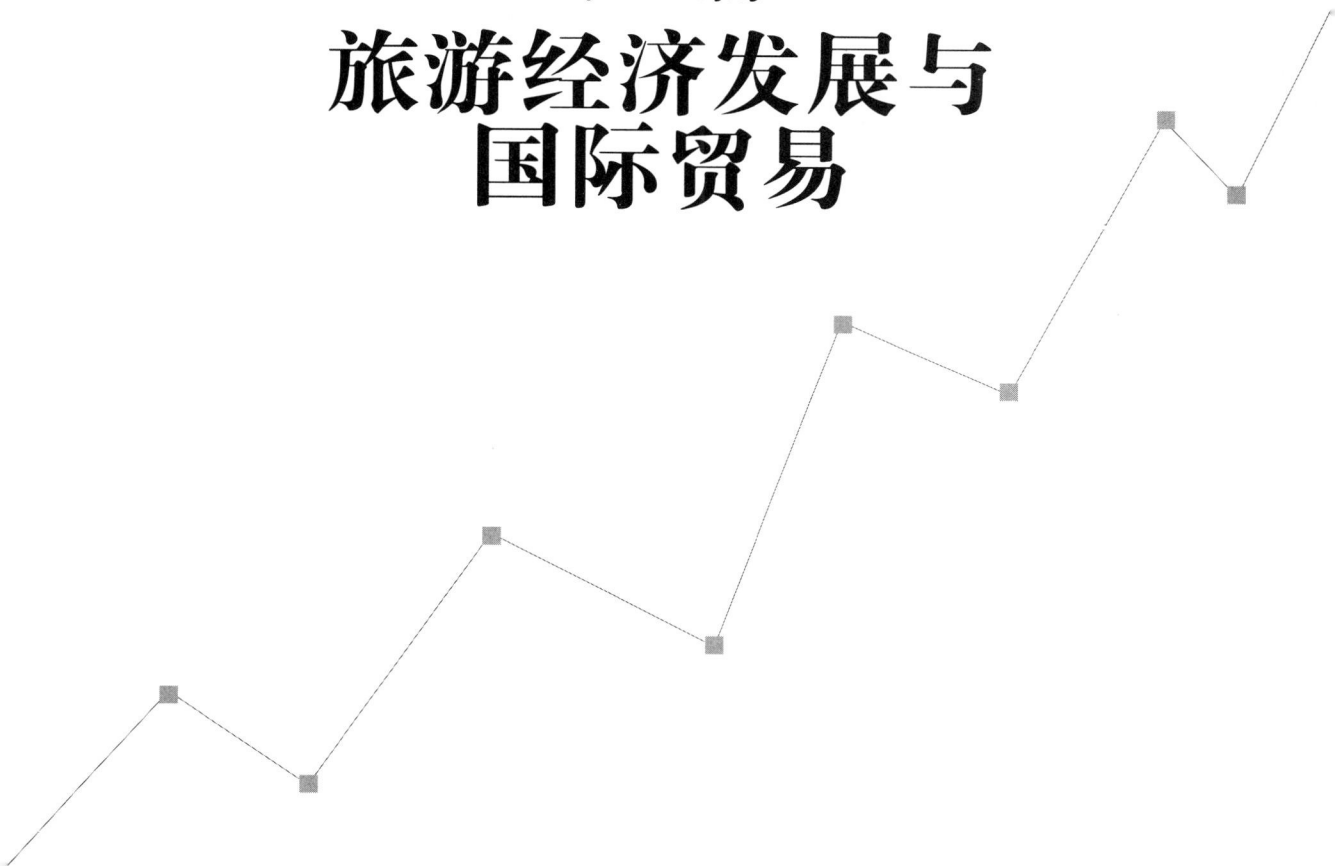

8 旅游、发展和增长

引言

在许多国家，旅游业构成了地方和国家发展的基本引擎，这是毋庸置疑的。近年来，它促进了科学生产的繁荣。我们可以用宏观经济理论的工具进行研究，如收入乘数、外生和内生性增长模型，以及应用于旅游案例的区域发展模型。

显然，旅游业及其动态对宏观经济的影响非常复杂，因此，本章只提供理解旅游和地区经济演变之间的关系所必需的基本理论。本章将分析旅游业对经济短期均衡的影响，研究旅游业作为总需求的自主组成部分如何通过乘数效应影响当地的经济收入和就业水平。旅游业也会产生反馈效应，从收入增长到旅游业需求的演变，需要多次强调这些反馈效应。从长期来看，旅游业可以成为促进经济增长和发展的一个关键因素。许多地区由于有能力管理当地资源和促进旅游业而获得了发展。旅游业在带动经济增长的同时，也会对其他行业产生负面影响，例如，旅游业对资本和其他生产要素的使用会挤占其他行业对资本和生产要素的使用。

8.1 旅游支出乘数

旅游支出对区域收入和就业的影响是旅游经济学家从理论和实证角度研究的早期课题之一。这些经济学家所使用的方法是凯恩斯乘数的应用，本章将通过区分总量分析和分类分析以及乘数和超乘数来简要讨论这一方法。

8.1.1 旅游乘数：总量分析

乘数模型通常是指与经济变量相关的数学函数，其中外生（自变量）变量的增加通常会导致内生（因变量）变量的增加超过比例。与旅游经济学特别相关的模型是凯恩斯乘数模型（Keynes，1936）。该模型分析了特定经济体系中货币的循环流动，并强调了外生支出增加的影响，外生支出不依赖国民收入的流通，例如由公共支出、出口等引起的国民收入流通。约翰·梅纳德·凯恩斯（John Maynard Keynes）认为，总需求的外生成分每发生一次变化，对经济的刺激值都会大于初始值，因为初始支出会多次流通，从而对国民收入产生最终的乘数效应。通过图 8-1 我们可以更好地理解乘数模型，该流程图总结了整个经济的运作过程，并特别关注私营行业的两大经济主体：家庭和企业之间的相互作用。在图中，公共部门的作用被忽略了，为了简单起见，排除了税收和公共支出的影响，我们首先不考虑旅游支出。家庭出现在图的右侧；他们拥有生产要素（资本和劳动力），并将其转移给企业（在图的左侧）用于生产；作为交换，家庭获得收入（工资和利润在图的下部），用于从企业购买消费品和服务 C（在图的上部），这些商品的生产投入与企业从家庭获得的生产要素相同。因此，家庭和企业之间存在真实的商品和产值的循环流动，货币呈现逆时针流动。显然，每一次商品换货币都发生在一个市场内：商品市场在图的顶部，生产要素市场在图的底部。一般来说，家庭支出低于总收入，储蓄一部分（S 在图的右边）。这些节省显然导致公司所面临的需求减少，并在一定程度上中断了循环流动。然而，企业也需要资金来投资（图左侧的 I），因此，除了家庭产生的消费品外，私营行业还产生了另一种形式的需求，S 和 I 也在一个市场内进行交易：资本（金融）市场。位于图之外的通用代理所代表的世界其他国家或地区也参与了这一循环流动。事实上，在一个对国际贸易开放的经济体中，家庭可以购买外国公司生产和销售的商品，这些商品被称为进口商品（Z，图右侧的箭头），而且国内企业也接受来自国外家庭和公司的需求，这种需求被称为出口（X，图左侧的箭头）。如果国内企业产生的最终产量（Y，收入）和从外部进口的产品量（Z）的总和等于国内企业面临的总体需求，即企业自身投资产生的需求（I）、外国需求（X）和家庭出于消费目的产生的需求（C）的总和，那么这个循环流动是均衡的。通过应用这一循环流动模型，我们将旅游业引入图 8-1。这样，我们就不再使用抽象的地域维度，在宏观经济层面，地域维度通常是指国家，而有必要提供一个更精确的空间维度。显然，旅游经济学中的标准地理单位是地区，它可以与国家重合，也可以与国家内较大的区域或较小的区域重合。因此，在图中，整个旅游支出都流向了位于地区的企业。然而，当地家庭的旅游支出来自循环流动中产生的收入，与一般消费混合在一起，因此不在分析范围内。相反，国内游客的旅游支出 G 和外国游客的旅游支出 G_2 是地区企业面临的需求的净增加，因此与我们的目的相关。旅游经济学家采用的方法是将旅游支出视为货币供应量的增加，而货币供应量的增加来自旅游地区以外的收入，因此可被视为外生因素。因此，旅游支出对地区的收入产生直接影响，这对在该地区经营的公司（例如，旅馆、餐馆、商店、旅行社、服务站）形成了直接优势。由于企业带入地区并赚取的一部分额外收入随后以收入的形式（例如，给工人的工资，给资本所有者的利润，给房屋和土地所有者的租金）转移到地区的家庭，并以税收的形式转移到政府，居民的收入被转化为消费品的进一步支出。因此，我们可以通过游客增加当地居民的初始支出，从而对当地收入产生放大效应，乘法函数的概念可以很好地解释这一点。

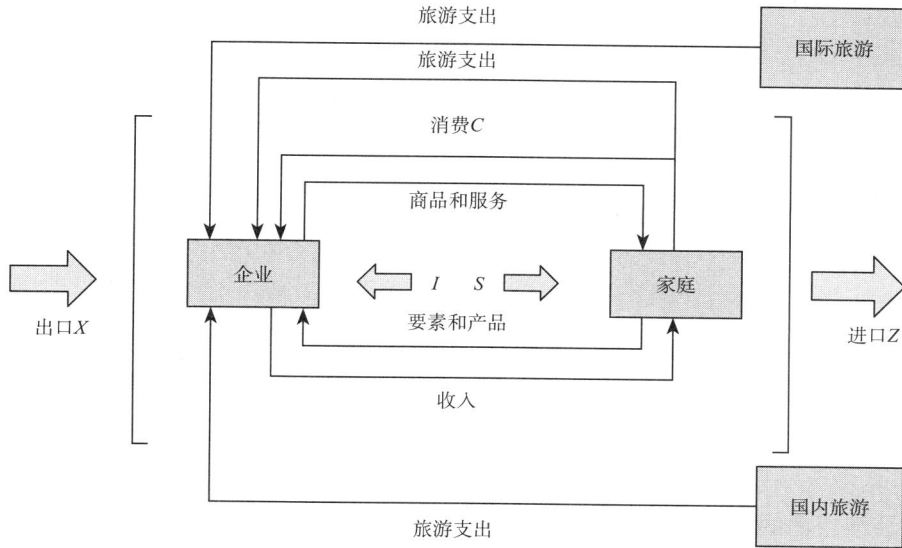

图8-1 乘数模型流程图

8.1.2 旅游乘数模型

为了转换各个部门之间的复杂关系，我们必须从商品市场中存在的总均衡条件开始，假设价格固定。这种关系认为，如果市场处于平衡状态，生产等于总需求，并且可以按下列公式来计算（暂时不考虑公共部门的作用：税收和公共支出）：

$$Z+Y=C+I+X \qquad (8-1)$$

其中，Z 代表进口的商品和服务，Y 代表收入，在式（8-2）中，不依赖收入的需求部分称为外生，而依赖国民收入 Y 的部分，如消费和进口，称为内生。与之前的研究中一样，我们假设需求的内生组成部分是收入的线性函数：

$Z=Z_0+z_Y$，其中 $0 \leqslant z \leqslant 1$，且代表边际进口倾向，而 Z_0 则是进口产品的自主组成部分。

$C=C_0+C_Y$，其中 $0 \leqslant c \leqslant 1$，且代表边际消费倾向，而 C_0 则是消费产品的自主组成部分。

因此，我们的第一个任务是在式（8-1）中强调旅游支出作为需求的一个组成部分。外来游客的支出可以用 G（客人的支出）来表示，是总需求的一个额外组成部分。它显然构成了一个自主的组成部分，因为它不是在地区内部产生的，而是来自外来游客。G 可以分为 G_1（如果来自国内游客）和 G_2（如果来自外国游客）。

为了完成这一模式，还必须包括国外当地人口的支出，即外出旅游。流出的旅游支出构成了消费的一部分，因此，它必须从总需求中扣除。我们将这个组成部分称为 H（主人的支出），部分是自主的（当地人口独立于收入进行的旅行），部分是内生的：

$H=H_0+H_Y$，其中 $0 \leqslant H \leqslant 1$，且代表边际出国消费倾向，而 H_0 则是出国消费的自主组成部分。

有了这些前提，式（8-1）就变为：

$$Z + Y - (C - H) + 1 + (X + G_2)$$

替代相关变量之后，我们得到：

$$Z + Y = [(C_0 + G_1 + C_Y) - (H_0 + H_Y)] + Z + (X + G_2) \qquad (8-2)$$

请记住，国内和国外的客人都可以通过从原籍国购买商品来支付他们度假成本的一部分。我们需要增加系数 G_1 和 G_2，从总旅游支出中扣除这一成本。式（8-2）则为：

$$Z + Y = C_0 + C_Y - H_0 - H_Y + I + X + (1 - G_2) G \qquad (8-3)$$

式（8-3）是一个收入是未知的方程，其中收入是未知的，通常的外生变量出现了：投资、出口和（总）旅游支出。由于这是一个一级方程，可以很容易地得到收入的解：

$$Y = \frac{1}{1 - (C - H) + Z} [C_0 - H_0 - H_Y + 1 + X + (1 - G)G] \qquad (8-4)$$

关于旅游支出的一阶解决条件（式8-4）定义了旅游收入的乘数，换句话说，旅游支出无限小的增加对区域收入的最终影响：

$$\frac{\partial Y}{\partial G} = \frac{1 - G}{1 - (C - H) + Z}$$

$$K = \frac{1 - G}{1 - (C - H) + Z} \qquad (8-5)$$

式（8-5）显示了旅游支出导致的最终收入增长。事实上，针对特定地理区域的经济，来自其他地区（国内或外国）的游客的支出可以被视为总需求的自主组成部分，产生额外收入（与出口或投资一样）。

最后，让我们通过使用式（8-5）并回顾乘数 k 是消费倾向的增函数（因为 C 在分母处出现负号）来说明旅游的各组成部分对地区收入产生的综合短期效应。如前所述，旅游支出在其各个部分之间存在差异，这意味着外来游客（国内外）的支出与当地游客的支出产生不同的影响。我们已经确定，外来旅游支出可以被视为总需求的一个自主组成部分，笔者下面将讨论当地旅游业的影响。

地区家庭的旅游支出必须被考虑为内生需求，因为它取决于可用收入。如果旅游活动是消费的另一个原因，那么家庭消费水平会发生变化，从而保持他们的消费倾向（以及家庭储蓄）不变，或者这可能是 C 增加的原因，从而减少储蓄。在后一种情况下，当地旅游的特点是 $\partial k / \partial C > 0$，从而导致收入增加式（8-5）。很明显，如果 C 的增加没有与 H 的等量增加相匹配，就会产生乘数的积极效应；换句话说，较大的旅游支出倾向不能仅仅转化为家庭出国旅行倾向的增加，因为式（8-5）中的乘数取决于差值 $(C-H)$。

因此，所有的旅游类型都通过不同的渠道对地区的收入产生短期的积极影响：当地旅游影响乘数，而外来旅游（国内外）影响被乘数。此外，只有来自外国的旅游业才会对国际收支产生积极影响。

乘数的确切值可能因情况而异，因为正如我们所看到的，它取决于地区的经济特征、社会结构和它所承载的旅游类型。此外，尽管地区旅游乘数的值很少会发生显著变化，而且随着时间的推移似乎相当稳定，但我们有理由预计，总体影响将随着该国经济的发展而增大。要记住的是，所指的旅游地区可以是整个国家（在这种情况下，国内旅游的自主组成部分 G_1 并不存在），也可以是任何尺度的内部区域，从一个城镇到一个更广泛的区域。

最后，通过对乘数值的分析，可以对旅游与地区经济的联系进行一些分类。事实上，我们可以观察 k 值的三个相关区间。

①如果 $k \geq 1$，当（$H+Z+G$）≤ C<1 时适用，则一个单位的额外旅游支出在地区产生的收入超过一个单位；这种情况下，旅游业可被视为发展因素。

②如果 $0<k<1$，当 $0<C<$（$H+Z+G$）时适用，则一个单位的额外旅游支出在地区产生的收入少于一个单位；这种情况下，旅游业可被视为寄生因素。例如，由跨国旅游运营商在世界许多地方推广的旅游业就是这种情况：他们促进了主办地区的发展，但由于这些活动主要使用从游客本国进口的服务和商品，对当地收入的影响相对较小。

③如果 $k=0$，即当 $G=1$ 时，那么一个单位的额外旅游支出不会在主办地区产生任何收入，这说明旅游业完全脱离了当地的经济活动：这种情况下，我们可以说，游客所在的度假胜地是一个旅游飞地，旅游支出与任何当地业务无关。例如，德国运营商只为德国游客建造的许多旅游度假胜地（如加那利群岛或巴利阿里群岛）或在太平洋许多旅游区开发的类似的度假胜地或多或少都是这种情况，日本游客到达这些地区（乘坐日本航班），住在日本酒店，只购买来自本国的产品。

到目前为止，我们提出的乘数是一个静态模型，不能说明乘数发挥其影响所需的时间，也不能说明向新的平衡收入过渡的方式。此外，旅游支出的影响还取决于一年中旅游发生的时间，因此，旅游乘数也对旅游的季节性敏感（Baretje & Defert 1968）。这些问题的答案要更深入地分析和借助更复杂的动态分析模型，这超出了本书的范围。

8.1.3　旅游超级乘数模型

然而，旅游需求的另一个方面值得进一步研究：旅游支出有可能促使居民投资于新企业、扩大现有企业，或为酒店和其他旅游相关活动发展新的结构和基础设施。因此，我们有理由假设，投资可以作为一个外生变量出现，它是当地人口收入的函数。简单起见，我们假设这个函数是线性的：

$$I=I_0+I_Y \qquad\qquad （8-6）$$

其中，I 是边际投资倾向。基于投资与收入之间的线性假设，下面通过投资渠道讨论旅游支出对区域经济的短期影响。

将式（8-6）替换为式（8-3），并求解收入，同时将出口和旅游支出作为外生变量，我们得到假设 $1-$（$C-H$）$-I+Z>0$。

其中：

$$Y = \frac{1}{1-(C-H)-I+Z}\left[C_0 - H_0 - Z_0 + I_0 + X + (1-G)G\right] \qquad (8-7)$$

$$\frac{\partial Y}{\partial G} = \frac{1-g}{g-(C-H)-I+Z}$$

$$K' = \frac{1-g}{[1-(C-H)-I+Z]} \qquad (8-8)$$

简单起见，在这个框架中，我们假设收入只能受到旅游支出变化的影响。如果不是这样，投资函数就会更加复杂。必须包括旅游业和支出的其他组成部分对收入的影响，但对模型的主要结果没有显著变化。由于 K' 是乘数，也考虑了旅游支出对投资的影响，而且很容易证明 $K' > K$，它可以定义为旅游收入的超级乘数。旅游乘数描述了旅游支出的影响对地区的经济，收入只花在消费商品，旅游超级乘数描述了旅游支出的影响对地区的经济收入都花在消费和投资商品。通过对旅游超级乘数的分析，将旅游定义为发展因素的可能性更大。然而，对于一个旅游飞地，旅游乘数和旅游超级乘数都等于零。

8.1.4　旅游支出乘数：分类分析

对乘数的分析强调了旅游业在收入和就业方面所产生的积极影响。然而，还是应当区分旅游支出（及其组成）对旅游地区的不同经济部门的影响，以确定挤出效应等。

为了做到这一点，我们需要对旅游乘数和输入 _ 输出（input_output，I-0 模型）模型进行分类分析。由于乘数是由两个增量变化之间的关系来定义的，它指的是自主旅游支出的单位值。因此，假设旅游支出的一个单位价值分摊到三个生产部门：农业 A、制造业 M 和服务业 S。

$$A = 0.2M + 0.3S + 1$$

$$M = 0.2A + 0.4S + 1$$

$$S = 0.1A + 0.3M + 1 \qquad (8-9)$$

方程组的解可得到以下值，这些值构成维持每个部门一个单位需求所需的直接和间接生产：

$$A \approx 1.81；M \approx 0.87；S \approx 1.71$$

这些值代表了部门旅游乘数，包括直接和间接的生产乘数。方程组没有考虑当地家庭支出，如果想解释由于旅游支出所产生的额外收入对消费的诱导效应，我们必须首先修改方程组中的关系，再加上当地家庭的消费系数。如果我们假设表收入 V_a、V_m 和 V_s 表示为生产的百分比 [0.7；0.5；0.3]，并且这些收入均匀分布在收入外的两个部门，我们得到了部门消费的增强系数。

如果我们用 d_i 表示，方程组就变成：

$$d_a=0.5V_m+0.5V_s$$
$$d_m=0.5V_a+0.5V_s$$
$$d_s=0.5V_a+0.5V_m$$

其中，$V_a=0.7A$，$V_m=0.5M$，$V_s=0.3S$，通过代换得到：

$$d_a=0.25M+0.15S$$
$$d_m=0.35A+0.15S$$
$$d_s=0.35A+0.25M$$

通过将对这些值的需求增加到系统中，我们获得了一个新的模型，该模型还考虑了旅游支出单位增加产生的额外收入所产生的当地居民的消费：

$$A=0.20M+0.30S+0.25M+0.15S+1$$
$$M=0.20A+0.40S+0.35A+0.15S+1$$
$$S=0.10A+0.30M+0.35A+0.25M+1 \qquad (8\text{-}10)$$

通过求解方程组，得到以下值，这些值构成维持每个部门一个单位需求所需的直接、间接和诱导生产：

$$A\approx4.57；M\approx10.14；S\approx7.63$$

这些值代表了生产的直接、间接和诱导的部门旅游乘数。事实上，它们除了考虑部门联系外，还考虑到当地人口诱导消费的影响。旅游乘数的分类模型说明，一个地区从旅游中获得的好处越大，旅游公司和其他经济体之间的相互依赖程度就越高。只有从供应方面进行强有力的整合，才能使旅游支出将其影响扩散到经济的其他部分，从农业到制造业和服务，并为地区生产结构的多样化和创建新的活动提供激励。以当地经济相对发达地区为例，由于高水平的部门联系的经济结构，对旅游业始终有积极影响，而在多样化程度较低且各部门之间没有相互依存关系的地区中，其旅游发展的过程并不能有效地创造收入和财富。因此，从地区管理的角度来看，在旅游公司和其他部门之间建立良好联系是维持和促进当地发展的规划工具。

I–O 模型能够考虑到由旅游支出的变化所产生的直接的、间接的和诱导的影响，然而，它们基于的假设会导致有偏差的估计，因为：第一，上述条件假设，总需求（旅游支出除外）的组成部分最初是给定的，而不是在模型中内生计算的。换句话说，不可能考虑当代不同部门的外生冲击。第二，价格是给定的，不随需求的变化而改变，这等于假设总供应曲线是完全弹性的，商品或生产要素之间的替代效应没起作用。这些是 *I–O* 模型只在 20 世纪 70 年代和 80 年代被使用，现在已经被可计算的一般平衡（Computable General Equilibrium，CGE）模型所取代的主要原因。

CGE 模型由多个方程组组成，描述了每个市场的供需平衡条件。CGE 模型内源性决定了最终需求组成部分的需求（价格和数量），而生产因素则外源性给出（遵循充分就业的新古典主义假设）。在它们最复杂的应用中，CGE 包括几十个方程。在旅游研究中，从 Copeland（1991）开始，CGE 模型已被广泛应用于分析旅游业对经济的分类影响。在众多作品中，请参见 Dwyer 等（2003a，2003b，2004）、Blake 等（2006a，2006b）、Li 等（2010）。

8.2   旅游和区域发展

旅游地理学家主要感兴趣的是旅游景点的发展以及随后造成的负责酒店和其他休闲服务的各种组织的整合；经济历史学家对重建导致旅游地区崛起和发展的事件感兴趣；应用经济学家主要通过现实案例研究来考察旅游发展如何以及在多大程度上导致经济增长，历史、地理和经济方面应共同考虑，以突出旅游业与发展之间现有关系的复杂性。然而，在这方面，我们被迫做出一些简化，并限制我们自己只从经济理论的角度来处理这个问题。但我们认为简单的抽象模型，确实有助于解释与旅游经济发展的最重要方面。

因此，我们将使用一种理论方法来扩展前面提出的乘数模型。增加一个动态因素（即明确考虑时间的流逝），并关注长期而不是旅游业的短期影响。由于分析方法不同，结果也会有部分不同。现在，有必要回顾一下经济文献中发展理论和增长理论之间的一个重要区别。利用"发展理论"一词，我们首先研究经济的演变，集中研究标志着经济从最初起飞阶段到巩固具有高人均收入水平的国家的结构性转变。另外，增长理论研究不经历结构变化的经济规模增长的演变。换句话说，增长模型被定义为一个动态模型，它研究一种经济，其中所有相关变量都以平衡率增长，使它们的关系保持不变。

根据这一区别，后文中。我们不仅将从发展理论的角度来考虑旅游业与发展之间的关系，指出一个欠发达地区演变成为旅游地区的主要阶段，还将从增长理论的角度来考虑旅游与发展之间的关系，即一个已经是旅游地、没有发生结构性变化的地区。

8.3   发展理论中的旅游业

为了突出一个经济从最初旅游潮流的到来到最终的经济起飞所经历的转型，我们提出了一个确定四个阶段（和三个转型）的模型。该动态模型提出了乘数和超乘数之间的联系。

①游客到达阶段。与工业产品相比，旅游业可以在生产地以外的地方消费，其特点是，大部分都是在它生产的地方消费的。因此，一个地区旅游发展的第一阶段必须以早期旅游业流动的到来为标志，首先是一小群爱探索小众地区的游客，然后是稳定和不断增长的游客流动。

②旅游消费阶段。在发展的初始阶段，旅游地区本质上是一个消费区域，在那里，其他地方赚取的收入跟随游客从他们的原籍地转移到地区。事实上，旅游流动立即带来了购买力。这种转移产生了对当地生产和收入有积极影响的自主需求：旅游业的工人和资本所有者的收入依次用于消费商品。这样，区域生产不仅受到游客需要的商品和服务的刺激，

还受到当地人口的额外消费的刺激。回顾前文中所述的乘数假设，如果旅游业是一个发展因素，第一阶段游客到达的收入会增加当地收入，该阶段对收入和就业的总体影响在区域层面上取决于游客的总需求和居民的消费倾向。

③旅游起飞阶段。从旅游业稳定流动开始的消费阶段证明了向起飞阶段转变的合理性。在起飞阶段，地区发展了完整的生产结构，为旅游业生产产品和服务。因此，在这个阶段，旅游业通过那些旨在满足游客需求的商业和活动的兴起和发展而起飞。当地的旅游所产生的额外收入超过了一定的门槛，除消费外，当地人还开始进行投资。通过超级乘数的概念，旅游支出对区域经济的积极影响扩大。此外，在起飞阶段，当地的工业结构达到了多样化和完整性的水平，使地区能够独立进口，以满足游客的需求。由于边际进口倾向在超乘数中起负作用，该地区在游客生产方面的独立性使旅游需求造成的扩张效应更加强大。因此，随着起飞阶段的到来，旅游业成为一种独立的、非偶然的活动。从消费阶段到旅游起飞阶段的转变标志着旅游业真正专业化的开始，该地区能够独立提供整个旅游产品。生产结构变得更加复杂，但最终，它仍然是一种以旅游为基础的单一模式。事实上，其他经济部门仍然间接地依赖游客的需求。

④分离阶段。在这最后一个阶段，这个地区失去了它以旅游为单一基础的特点。该地区变得足够富裕，可以维持对旅游业以外的生产活动的投资。制造业企业和服务业企业被创建，并独立于旅游业的需求。许多从旅游起飞阶段获得动力的公司现在能够将其活动扩展到当地市场之外。在分离阶段，区域发展并不会完全忘记其旅游起源，但是已经从中解放出来：区域经济假设的经济结构是旅游公司和工业公司（其中一些与旅游业合作，而另一些是完全独立的）被整合在一起。在这一阶段，旅游业和其他企业之间开始了对实物资源（环境、领土等）和金融资源管理的竞争。

区域经济在以上这四个阶段的转型没有遵循一个机械规律：经济发展的过程可以在任何地方停止。为了使过程论述完整，就必须弄清楚能够阻止经济从一个阶段过渡到下一个阶段的原因。例如，当游客消费的产品直接来自游客的本国，或者，游客压根儿不消费当地的产品，游客到达的阶段不会进入旅游消费的后续阶段。这种情况下，区域发展在第一阶段受阻。另外，阶段顺序不一定以机械的方式遵循，并且可以直接跳跃到下一个阶段。例如，由于政府在产业政策方面的精确干预或政策扶持，一个地区可以直接从旅游消费阶段转移到分离阶段。

此外，即使该地区从游客到达阶段转型到消费阶段，也不能保证一定会转型到起飞阶段。事实上，如果当地家庭不随着可支配收入的增加开始投资（借用古典经济学术语，如果当地代理人作为食利者而不是企业家，这种情况就会发生），当地的生产结构可能永远无法独立供应所需的商品和服务来满足旅游需求。

当以下三个条件中至少有一个成立时，地区可能会停留在消费阶段（且不会到达起飞阶段）。

①旅游业的乘数如此之低，以至于当地的收入无法达到家庭开始储蓄的阈值水平，因

此不允许进行新的投资。

②虽然当地的收入可能超过这一门槛，但在地区没有足够的创业技能和专门知识来为游客提供有竞争力的服务；同样，金融市场没有充分发展来支持企业家的项目。

③当旅游业所需的直接或间接生产的相关原料大部分从其他地区进口时，旅游乘数通过提高外地地区的生产、就业和收入水平来显示其效果，而不是增加本地地区的。

最后，从起飞阶段到分离阶段的转变也有问题。事实上，要达到分离阶段一般来说必须符合两个条件：当地居民拥有重要的创业技能，以及资本循环是完整的。也就是说，就制造而言，旅游业必须发挥通常所起的资本原始积累的作用，如果两个条件中的任何一个不符合要求，区域经济将停在以旅游为基础的单一阶段，无法溢出到其他部门并创造发展。逐渐从一个阶段转变到下一个阶段的过程既不是肯定的，也不是自动的，这解释了为什么在现实世界中持续存在完全不同的旅游地区：这些地区之所以看起来不同，是因为它们在进化过程中经历不同阶段，或者它们陷入了不同的演变阶段。

8.4 增长理论中的旅游业

在前一节我们重点讨论了一个旅游区域的发展阶段，而接下来我们讨论分离阶段的地区的经济问题（在这个阶段，旅游业和制造业都是潜在的发展路径）。从这个角度来看，本节提出的模型涉及经济增长，并扩展了宏观经济均衡的概念。

8.4.1 哈罗德—多马模型（Harrod-Domar）

在经济思想史上，提出的第一个增长模式是以在文献中引入它的学者的名字命名的：哈罗德—多马（Harrod-Domar，后面将简称为哈罗德）模型。虽然正在研究的动态问题相当复杂，增长模型以一种非常简化的方式看待长期平衡：哈罗德等基本模型，考虑的是只生产一种商品的经济。例如，根据这个基本原理，我们假设在经济中只有玉米，它既可以作为消费商品（饮食），也可以作为投资商品（种子）。消耗的玉米数量在生产过程中消失，而播种的玉米数量作为投资保留在系统中：它构成了未来用于生产更多玉米的资本。我们用 Y_t 表示 t 时期收获的玉米数量；这个变量也代表了这个简单的单一经济的收入水平。在每个时期，这些收入的一部分被消费，一部分被储蓄：如果从消费的自主成分中抽象出来，这在长期增长模型中很常见。当 $C_0=0$ 时，被人口消耗的部分是 $C_t=C_{Y_t}$，根据定义 $Y_t-C_t=(1-c)Y_t=s_{Y_t}$，s_{Y_t} 是被保存的部分。我们已经知道，c 被称为边际消费倾向，s 是边际储存倾向。在此基础上，哈罗德模型由两个基本方程组成。第一个方程假设在每个时期 t 中，玉米的产量和需求处于平衡状态：

$$Y_t = c_{Y_t} + I_t \tag{8-11}$$

第二个方程则考虑了资本存量的增加和产量的增加（即播种玉米和收获玉米）之间的

关系：

$$I_t = K_{t+1} - K_t = v(Y_{t+1} - Y_t) \tag{8-12}$$

$\Pi = 1/v$，被定义为资本的边际生产力，我们有：

$$1/v = \pi = (Y_{t+1} - Y_t) / (K_{t+1} - K_t)$$

由于投资 I 同时出现在（式 8-11）和（式 8-12）中，我们可以将后者替换为前者，得到：

$$Y_t - c_{Y_t} = v(Y_{t+1} - Y_t) \quad 即$$
$$s_{Y_t} = v(Y_{t+1} - Y_t) \tag{8-13}$$

这个公式定义收入的平衡增长率，使用哈罗德模型术语，它被称为保证增长率：

$$ra = s/v = s\pi \tag{8-14}$$

这个方程构成哈罗德模型的基本结果，肯定了在动态平衡中，收入增长率 γa 必须等于储蓄倾向 s 和资本生产力 π 的乘积。如果满足这一条件，玉米生产和需求之间的初始平衡也将长期保持：家庭将能够消费他们的需求，公司将满足他们的投资决策。该模型的这一特性源于这样一个事实：从长远来看，投资对经济有双重影响：其一，在需求方面，投资表现为总需求的组成部分，见式（8-11）；其二，在供应方面，投资增加了资本存量，见式（8-12）。

8.4.2　卡尔多模型（Kaldor）

卡尔多模型（1957）关注的是总收入在利润 Π 和工资 W 之间的分配，并假设两组储蓄的倾向是不同的：假设利润者（资本家）的储蓄倾向 S_c 被认为大于工薪者（工人）的储蓄倾向 S_w。因此，总储蓄 S 由以下公式确定：

$$S = S_c \Pi + S_w W \quad 并且$$
$$S = \frac{S}{Y} = \frac{sc\pi}{Y} + \frac{swW}{Y} \tag{8-15}$$

使用 Q_c 和 Q_w 分别表示给资本家和工人的收入份额（配额），因此 $Q_c + Q_w = 1$

$$S = S_c Q_c + S_w Q_w = S_c Q_c + S_w(1 - Q_c) = (S_c - S_w)Q_c + S_w \tag{8-16}$$

最终得到：

$$Q_c = \frac{\gamma - \pi S_w}{(S_c - S_w)\pi} \tag{8-17}$$

在卡尔多模型中，假设以资本生产率来衡量的生产技术是恒定的。因此，没有通货膨胀的就业平衡是由资本家和工人之间的特定的功能性收入分配所确定的。

8.4.3 索罗模型（Solow Model）

索罗模型（1956）反而假设生产技术具有可变系数。它还引入了科布—道格拉斯型的生产函数，具有规模不变的回报：

$$Y = AK^{\alpha}L^{1-\partial} \qquad (8-18)$$

其中，K 是资本，L 是劳动力，A 是技术系数。在这个模型中，资本的边际生产率因此是 π：

$$\pi = \frac{\partial Y}{\partial K} = A\alpha K^{\alpha-1} \qquad (8-19)$$

其中，比率 $k = K/L$，衡量了生产过程的资本强度，而技术上的生产系统越先进，每个工人的可用资本就越多。代入公式得到了允许在增长率中保持平衡的资本强度：

$$k = \left(\frac{\gamma}{sA\alpha}\right)^{\frac{1}{\alpha-1}} \qquad (8-20)$$

8.4.4 将旅游业加入增长模式

使用第 8.1 节的相同术语，我们假设经济中的旅游需求为 $(1-g)G$。通过引入一系列简化假设（没有进出口，$X=Z=0$；当地人口不出国旅游，$H=0$；没有自主消费，$C_o=0$），在第 8.1 节中回顾的生产和需求之间的平衡条件变成：

$$Y_t = C_t + I_t + (1-g)G_t \qquad (8-21)$$

我们假定旅游消费占收入的份额保持不变，这相当于增加另一个条件：

$$(1-g)G_t/Y_t = q \qquad (8-22)$$

因此，唯一要解决的问题就是这种混合经济的动态平衡。根据条件，哈罗德模型变为：

$$I_t = v(Y_{t+1} - Y_t)$$
$$Y_t = C_t + I_t + (1-g)G_t \qquad (8-23)$$
$$C_t = c_{Y_t}$$

将式（8-23）的第三个方程代入第二个方程，求解：

$$sY_t - (1-g)G_t = v(Y_{t+1} - Y_t) \qquad (8-24)$$

将等式两边除以 γ，我们发现（工业和旅游）混合经济的合理增长率：

$$\frac{s-q}{v} = (s-q)^{\pi} \qquad (8-25)$$

其中，根据条件式（8-22），假设比率 $q=(1-g)G/Y$ 为常数，且 $s>q$。为了完成分析，还必须考虑充分就业的均衡条件。增长率保持不变，因为有理由假设旅游业对人口和参数没有影响：

$$\gamma_T = (s-q)\ \pi = n + \lambda = \gamma \qquad (8\text{-}26)$$

现在让我们把卡尔多的解决方案应用于这种混合经济。这可以通过考虑一个具有式（8-26）和式（8-27）的方程组来实现。解决办法是：

$$Q_c = \frac{q}{S_c - S_w} + \frac{\gamma - \pi S_w}{(S_c - S_w)\pi} \qquad (8\text{-}27)$$

关于 q 的一阶条件式（8-27）表明了向游客开放地区对收入功能分布的均衡效应。因为在卡尔多模型中：

$$\frac{\partial Q_c}{\partial q} = \frac{1}{S_c - S_w} \qquad (8\text{-}28)$$

旅游在经济中所占比例较高的地区，其利润配额较高，而在国民收入中的工资配额较低。最后，通过将索罗模型的解应用于这种混合经济，我们必须考虑具有式（8-19）和（8-26）的方程组。

$$K = \left[\frac{\gamma}{(s-q)A\alpha}\right]^{\frac{1}{\alpha-1}} \qquad (8\text{-}29)$$

因此，根据应用于混合经济的索罗模型，地区在旅游中的份额改变了生产技术的资本强度。此外，除了卡尔多和索罗模型，在混合经济中有另一个可能的平衡条件：给定的 s 和 z 的值式（8-26），旅游在经济中的份额可以被认为是地区政府的战略政策工具。这意味着，在地区，随着时间的推移，保持充分就业的平衡不仅取决于经济的能力，通过收入的再分配、储蓄的倾向，或者通过技术进步、生产力，还有旅游流动的能力和在经济旅游业的相对规模。从式（8-26）中，我们可以直接得到达到充分就业平衡的值：

$$q^* = s - \frac{\gamma}{\pi} \qquad (8\text{-}30)$$

因此，旅游业的混合经济对于完全专业化的经济具有额外的自由度。如果式（8-30）中的 s 和 π 作为参数出现而不受政府的控制，只有通过旅游业的正确发展，混合经济才能实现充分就业的动态平衡。此外，对于式（8-22），假设 q^* 是恒定的，则要求旅游消费的增长率 $b = (G_t + 1 - G_t)/G_t$ 等于收入的自然增长率：

$$b = \gamma \qquad (8\text{-}31)$$

为了长期保持充分就业水平，旅游支出（假定与过夜住宿成比例）也必须以收入的自然增长率增长。我们必须记住，只有在旅游业不是飞地的情况下，旅游业对保证增长率的抑制作用以及利用旅游业作为实现充分就业的进一步工具才有可能。事实上，如果出现了一个旅游飞地，条件 $g=1$ 足以维持平衡式（8-14），而旅游业不影响保证的收入增长率。这种情况下，唯一可能影响长期平衡的变量是储蓄倾向和技术进步。这一结果与该飞地在短期内对就业和收入也没有任何影响的事实密切相关。如果该模型还考虑到地区资源的使用情况，那么关于旅游地的讨论将变得更加复杂。事实上，这块地可以从其他经济部门的替代用途中减少当地的资源。例如，将一个天然海湾变成一个旅游港口（码头），而不是一个商业港口。这种情况下，这块旅游地可以对替代投资机会产生挤出效应，而不会在短期或长期内对充分就业的条件产生积极影响。这种挤出效应将在后文进一步讨论。

8.5　旅游的挤出效应

将哈罗德模型扩展到混合经济的一个明确假设是，经济中的旅游配额随着时间的推移是恒定的。然而，在资源稀缺的假设下，旅游业的发展可以与其他经济部门的增长相竞争。当一个经济活动限制另一个经济活动时，经济学认为存在挤出效应：这个词是借用宏观经济模型，当一种支出，通常是公共支出，导致另一个部门减少需求，通常是私人投资，在某种程度上，扩张的财政政策的有效性结果非常有限，在极端的情况下为零。

通过将这一概念应用于地区的旅游活动，可以列出三种挤出其他经济活动的例子。

例1：其他旅游业的挤出效应。这可能发生在一个旅游项目的发展是在损害现有旅游企业的利益时。

例2：当地活动的挤出效应。这可能发生在一个旅游项目的开发对当地人口的生活条件和收入的供应产生了负面影响时。这种现象在弱势地区和欠发达国家最明显。

例3：非旅游企业的挤出效应。这可能发生在由于资源的稀缺，一个旅游项目的开发（全部或部分）使用了一种资源，因此不能用于其他生产过程时。挤出可能发生在信贷市场（金融挤出）或使用实际资源（实际挤出），如土地。这三种形式中每一种都有不同的经济影响。例1中包括正常的市场竞争，新的旅游项目成功，损害了那些被证明利润较低或不能满足旅游需求的项目。

例2中的挤出效应是市场分配失败的标志，因为市场在利润和生存之间选择不佳，这些活动在当地人民物质和文化上都是必要的。这种失败显然是市场的一种病理状态，就像所有其他市场失败一样，需要政府的干预来保护当地社区不受游客和社会不可持续的发展过程的影响。

例3中，必须在替代投资之间做出选择。因此，要全面描述旅游对地区发展的影响，必须考虑到损益。通过应用机会成本的概念，当一种资源可以用于替代项目时，这是必要的。

最后一个挤出效应案例显示了经济战略的要素，其目标是评估一个地区是否应该走向工业发展，而不是将土地和其他资源用于旅游业。换句话说，如果资源的替代用途会带来更高的增长率，旅游增加的收入增长率不是区域经济的最佳解决方案。每种类型的旅游支出都有不同的分配影响，虽然总体福利收益显著，但对特定的个人和群体产生不利影响，特别是那些没有服务部门使用的土地的人。如果明确不同类型的旅游业可能的经济和非经济效益，不仅可以在它们的估计收入和就业创造方面，而且可以在它们更广泛的社会和分配后果方面做出选择。

8.6　旅游内生性增长模型

由前文可知，我们使用哈罗德模型的前提是，专门从事制造业商品的经济和制造业和旅游业的混合经济以相同的外生速度均衡增长且旅游业在经济中所占的份额是恒定的。然而，在现实生活中，外生性的增长率是极少存在的。

事实上，长期增长率是经济的一个重要特征，假设它是外生的，是不合适的·特别是如果我们的目标是解释经济的演变。内生增长模型试图通过解释该模型的基本原理，即什么决定经济增长率。在过去的 20 年里，已经发展了三种方法来解决外生性增长率的问题：一是通过引入人力资本的概念，并通过教育和学习允许其内生积累；二是通过在模型中引入研究和发展变量；三是通过放弃外生增长理论的一个或多个假设，如资本规模回报递减。本节我们提到的模型卢卡斯（Lucas，1988）的扩展，它在文献中引入了人力资本的概念。人力资本方法与旅游经济学特别相关，因为近年来对增长和旅游专业化的具体研究卢卡斯模型是一个最优增长模型。随着时间的推移，经济所走的路径是个人决定如何在工作和教育之间最优分配时间的结果。劳动生产率 h_t 增长是当前人力资本 h 的函数，这种关系可以写成：

$$\frac{\mathrm{d}h}{\mathrm{d}t} = \lambda h_t \tag{8-32}$$

其中，h_t 可以解释为 t 时刻的平均劳动生产率。将两边除以 h，可以直接发现生产力的增长率等于 λ。如果我们用上述等式来比较制造业和旅游业的劳动生产率，就可以假设制造业的学习强度强于旅游业。所以，制造业的劳动生产率更高，也就是说：

$$\lambda_M > \lambda_T \tag{8-33}$$

其中，M 表示制造业，T 表示旅游部门。关键问题是：这种生产率的差异是否意味着旅游专业经济的增长率较低？

8.7　特定旅游地区的内生性增长率

Lanza & Pigliaru（1995）分析了两个完全专业化的经济体（一个在制造产品 M，另一个在制造旅游产品 T），并且提出疑问：旅游经济是否不可避免地与制造业经济的增长率相关？

为了回答这个问题，有必要同时考虑两个经济体中的制造业 P_M、旅游 P_T 的产品，以及劳动力 L。定义为时间的函数，$(t) = P_T(t)/P_M(t)$，并且为了避免复杂的经济规模的相关性，他们假设 $L_M = L_T = 1$；换句话说，他们比较了两个大小相同的经济体，标准化为一个。因此，能够确定这两个经济体的平衡增长率，假设制造业经济中的生产 Q_M 由一个具有持续规模回报的生产函数来描述：

$$Q_m = h_M L_M \qquad (8-34)$$

其中，h_M 是该行业的平均劳动生产率。如果我们假设经济 M 有充分就业，并且劳动力已经标准化，则上述公式成为：

$$Q_m = h_M \qquad (8-35)$$

式（8-32）变为：

$$\frac{dh_M}{d_t} = \lambda_M h_M - \lambda_M Q_M \qquad (8-36)$$

其中，双方除以 h_M，得到制造业的生产率增长率：

$$h'_M = \frac{dh_M / d_t}{h_M} = \lambda_M \qquad (8-37)$$

通过把制造商品的价格作为一个数字来考虑。$P_M = 1$，经济总收入 M 等于其制造产品

$$Y_M = Q_M$$

因此，收入的增长率同样等于生产产品的增长率：

$$\gamma_M = (dY_M/d_t)\, Y_M = (dQ_M/d_t)\, Q_m \qquad (8-38)$$

现在让我们转向旅游经济。这种情况下，旅游生产 Q_T 也被假定为由一个具有固定规模回报的生产函数来描述：

$$Q_T = h_T L_T \qquad (8-39)$$

其中，人力资源是该行业的平均劳动生产率。如果我们假设经济为 T，就像在经济 M 中一样，有充分就业，式（8-39）变成：

$$Q_T = h_T \qquad (8-40)$$

式（8-40）变为：

$$\frac{dh_T}{d_t} = \lambda_T h_T - \lambda_T Q_T \qquad (8-41)$$

类似地，我们可以得到：

$$\gamma_T = (dY_T/d_t)\, /dY_T \qquad (8-42)$$

即：以旅游业的劳动生产率的增长率［根据式（8-40），是旅游产品的增长率］和贸易的增长率之和。我们可以得出结论，旅游经济收入按以下内生增长率增长：

$$\gamma_T = \tau' + l_T \qquad (8-43)$$

式中，τ' 表示旅游商品与制造业商品之间相对价格的变化率。为了评估旅游业和制造业经济的相对表现，我们必须将式（8-40）与式（8-38）进行比较。

$$\text{如果} \quad \tau' + l_T > l_M; \quad \text{那么} \quad \lambda_T > \lambda_M \qquad (8-44)$$

因此，最后结论是，如果贸易条件的增加超过补偿两个经济体之间的技术差距（我们

假设制造业技术进步更高），那么旅游经济可以以一个高于制造业的速度增长。

为了明确确定条件式（8-44）是否满足，我们需要一个旅游和制造产品的国际价格理论。Lanza & Pigliaru（1995）利用 CES 效用函数得出结论，贸易条件的变化不仅取决于两个部门之间的技术差距，还取决于衡量消费者在制造业和旅游产品之间的偏好。特别是当这两种商品之间的替代弹性低于 1 时，也就是说当两种商品彼此之间不是接近的替代品时，该模型可以得出这样的结论：专门从事旅游业的经济可以获得更高的收入增长率。这一结果的一个推论有规律地发展：专门从事旅游的国家往往规模较小。Candela & Cellini（1997）证明，经济规模越小，贸易条件就越容易抵消技术差距，因此，国家越小，旅游业专业化的机会成本就越小。随后，Lanza & Pigliaru（2000）通过考虑地区的自然资源禀赋，扩展了他们之前的模式。结合式（8-39），引入资源开发率 U，其中 R 代表开发的资源，R_0 代表总资源：

$$U = R/R_0 \qquad (8-45)$$

再次假设规模为 L 的经济归一化为 1［类似于式（8-40）］，然后明确地假定劳动生产率和资源开发率之间的函数关系，成为：

$$Q_T = Uh_T \qquad (8-46)$$

类似于式（8-32），当资源被引入时，旅游部门的生产增长率为：

$$\frac{dh_T}{d_t}/h_T = \lambda_T U \qquad (8-47)$$

回顾式（8-42），收入的增长率为：

$$\gamma_T - \tau' = \lambda_T = \frac{dh_T}{dt}/h_T + \frac{dU}{dt}/U \qquad (8-48)$$

最终相对于式（8-44），条件为：

$$如果 \quad \tau' + \lambda_T U + u' > \lambda_M；那么 \quad \lambda_T > \lambda_M \qquad (8-49)$$

在这个扩展的模型中，旅游专业国家利用自然资源，及时扩大贸易条件不平衡技术差距，旅游资源的开发速度足以纠正技术差距，促进增长。这一理论也产生了旨在评估专门从事旅游业的国家是否获得了高于平均增长率的实证分析。例如，Brau 等（2007）表明，旅游专业国家群体的增长率大于其他国家群体的增长率，从而支持模型的结论，还利用 1980—2003 年观察到的 143 个国家的样本，他们还加强了 Candela & Cellini（1997）的研究结果，证明其中考虑的其他国家（石油发达国家、欠发达国家、小国）增长更快（平均增长率为 2.5%），因此表明旅游业专业化似乎是小国经济增长的独立和重要决定因素。Sequeira & Macas Nunes（2008）使用不同的计量经济学技术来表明旅游业是一个经济增长的积极决定因素，无论是在广泛的样本中还是在贫穷国家的样本中。然而，与 Brau 等不同的是，他们并没有发现旅游业在小国中比在一般样本中更具相关性。与这两个例子相反，Figini & Vici（2010）使用更新和改进数据发现，旅游专业化和经济增长之间没有任何显著的独立关系，换句话说，专业旅游国家和其他群体国家之间没有任何平均增长率上的显著差异。从这个理论来看，这个结果并不应该令人惊讶。事实上，上述模型显示了前置条件，在模型的前提情况下，基于旅游业的增长过程可以蓬勃发展，尽管该部门内部的技术进步速度低于平均水平。Figini & Vici（2010）的经验证据只是表明，平均而言，一个以旅游业为基础的国家的增长与任何其他类型的国家都没有什么不同，这与机会成本理论相一致。然而，必须强调 Figini & Vici（2010）的第二个重要结果：如果我们比较一下20 世纪 80 年代和 90 年代，专业旅游的国家的平均增长率就会发生巨大变化。专门从事旅游业的小国在 20 世纪 80 年代实现的增长率高于平均增长率，但低于 20 世纪 90 年代的平均增长率。这令人失望的结果可以解释式（8-46）：高增长率在 20 世纪 80 年代可能源于自然资源的开发，从而导致长期可持续发展的恶化，"长期"始于 20 世纪 90 年代。

8.8　案例研究：旅游专业化与经济增长

　　马尔代夫的旅游历史经常被用来与塞舌尔群岛相比较。这两个国家都是小群岛，能够使旅游业成为其经济增长的真正引擎，实现许多发展中国家无法做到的事情。在塞舌尔，游客和当地人口的融合是其成功的关键。在马尔代夫，选择开发一个旅游飞地，从而限制了居民和游客之间的接触。这种发展模式在一定程度上减小了旅游业的经济影响，并使当地企业的专有知识的积累更加困难。马尔代夫群岛由印度洋上的 1190 个岛屿组成，人口约为 20 万；从 1965 年开始，它就成为一个主权国家，在英国的保护下大约存在了 80 年。它的经济一直与海洋相联系，运输和渔业部门在国家的经济结构中起核心作用。马尔代夫仍然是一个相对贫穷的国家，它在 20 世纪 70 年代迈出了旅游业的第一步，发展了第一个海滩度假胜地。在这一阶段，与旅游投资相关的财政成本主要由公共部门承担。从 1978 年开始，欧洲旅游运营商的投资，主要是德国和意大利的投资，变得更加重要。这就是一个系统的发展方式，在这个系统中，技术和财政援助来自外国公司，而地方政府则发挥着协调和控制的作用。政府在发展旅游业所需的基础设施方面的承诺是很重要的。1981 年，马勒国际机场建成，以便接收来自欧洲的特许航班；近年来在一些环礁建造了另外两个小机场，仅用于旅游。选择一些较小的无人居住的岛屿是为了让投资者把它们变成海滩度假胜地和度假村，而在有人居住的岛屿，只有首都马勒配备了酒店和其他招待设施，这是根据居民和游客分开的原则发展旅游业。通过这种方式，旅游业的社会成本大大降低，部分避免了消极行为的蔓延。另外，由于当地居民获得为游客开发的建筑和基础设施的机会有限，因此乘数效应有限。大部分投资、现代通信网络和为旅游设施建造的许多基础设施无法完全进入，甚至无法被其他部门的公司使用。因此，马尔代夫的旅游发展存在较大争议、马尔代夫的旅游业流量强劲增长（国际游客人数从 1990 年的 15.8 万人增加到 2000 年的 46.7 万人。2009 年旅游总额达到 65.6 万美元），人均收入从 1990 年的 998 美元增加到 2000 年的 2293 美元，2010 年达到 4714 美元。但是，以旅游飞地为基础的发展战略让人们认为，如果国家选择更好地将旅游业与其他经济部门相结合，经济可能会有更大发展。

近年来，旅游业的流量并没有以恒定的速度增长，这是由于一些外部的负面冲击。2001 年，由于地缘政治局势不稳定，2004 年 12 月的破坏性地震和海啸，入境人数和超额停留人数显著减少（国际入境人数从 2004 年的 61.7 万人减少到 2005 年的 39.5 万人）。海啸过后，许多国际协会和组织提供了援助，政府在面对危机时反应迅速，有针对性地为某些经济部门的项目提供资金，并为国家的重建做出了巨大贡献。

8.9 当地与旅游区的共同发展

在政治经济学中，大多数企业坐落在同一地区的趋势是众所周知的。第一个重视这个问题的经济学家是阿尔弗雷德·马歇尔（Alfred Marshall）。根据马歇尔（1920）的说法，可以确定三个明显的理由来证明企业倾向于位于同一地区，从而形成集群。

①劳动力市场的统一。围绕工业区发展劳动力市场，对工人，特别是那些具有高技能或特殊技术的工人和公司都有利。马歇尔说：雇主倾向于求助于任何可能找到他们需要的特殊技能工人的地方；而求职的人自然会去许多雇主需要他们这样的技能的地方，因此，他们可能会找到一个好的市场。一个偏远工厂的老板，即使他有大量的普通劳动力，也经常因为缺乏一些特殊的熟练劳动力而影响生产。旅游公司也是如此。在一个统一的劳动力市场，餐馆可以很容易地找到熟练的厨师或者服务员；旅行社可以在商业高峰很容易地找到一个满意的员工等。

②中间商品或原材料供应的统一。马歇尔说：附属贸易在地区附近发展起来，为其提供工具和原料，组织其更高效地流通，并在许多方面促进其经济。

③知识溢出。在工业区，信息传播范围比通常远得多，产生技术和组织的溢出效应。

马歇尔说：如果一个人开始了一个新的想法，它就会被别人采纳，并与他们自己的建议相结合，因此，它成为新想法的来源。

对于旅游公司来说尤其如此，因为那里的新想法和新产品往往具有组织性，因此，旅游公司也有优势。

由于旅游产品是非同质，如果为游客提供一个完整的、有组织的旅游产品，他们会更满意。

地区发展往往与专业化模式和具体途径有关。这些路径可以用地区的概念来描述。一个例子可能会有所帮助。曼彻斯特，是英国西米德兰兹郡一个明确的地区。在 1800 年年底成为英国最工业化的地区，由于南斯塔福德郡的矿石、铸造厂、基金、煤炭和钢铁公司生产造成的环境污染是世界历史上从未有过的，这就是该地区名字的由来。然而，随着时间的推移，该地区政府将其改造为一个文化区，重新开发保护了当地的历史建筑并作为工业考古学的一个范例。通过酒店的发展和多样化的旅游商品和服务的协调，它现在提供一种根据其建筑遗迹组织起来的旅游产品：随着游客的到来，该国家成为一个旅游地区。

这个例子可以确定不同旅游类型的地区的主要特征：工业区、文化区和旅游区。

工业区：工业区的建立起源是一种内生性的、自动的市场现象，只有在出现拥堵问题时才会停止。

文化区：源于当地的文化（和艺术）特性。文化区是当地发展的一种模式，它确定并赋予领土内的文化利益价值。文化区经常推广自己的本土品牌，这成为本土的共同利益；因此，地方政府必须保证其文化遗产的价值，以避免公地的悲剧。

旅游区：起源于一种多样化的旅游产品，因为产品和服务的多样性增强了游客的满意度，和工业区一样，旅游区也是一种地方发展的模式。

随着当地的发展，三个地区趋于演变，三个地区的主要特征趋于融合。当产品是当地特色产品时，工业区也可以具有文化特征（工业文化区），如纺织品、时尚、陶瓷、珠宝、设计。该文化区也可以利用外部经济，例如，如果该文化区具有复杂的特征（电影、节目等），其中，外部性可以发挥重要作用。旅游区有时可以与当地产业共存，或者可以为决定投资文化旅游的地区提供文化特征。

8.10　本章小结

本章简要讲述了旅游支出是总需求的一个自主组成部分，可以用凯恩斯乘数的概念来解释。旅游超级乘数描述了旅游支出对区域经济的额外影响，即居民的收入可以同时用于消费和投资商品。超级乘数大于相应的乘数，使人们更容易考虑旅游业作为一个发展因素。一个描述旅游地区发展的简单模型确定了以下阶段：游客的到来、旅游消费、起飞和分离。根据哈罗德模型，收入的增长率必须等于储蓄倾向和资本生产力的乘积，以维持其动态的经济平衡。哈罗德模型，使用卡尔多和索罗的方法，允许研究旅游流动对收入的功能分配和生产技术的影响。混合经济的特点是完全专业化的经济享有更多的自由度。保持充分就业平衡随着时间的推移取决于资本的生产力。在内生增长模型中，旅游地区所达到的增长率取决于不同部门的技术进步速度和所生产的商品之间的贸易条件。根据工业区的理论，有三个理由证明企业的倾向定位集群：就业市场的统一，中间商品和原材料的供应和知识溢出。

9 国际旅游：真实流动和货币流动

引言

前文中，我们将国际（进出口）和国内旅游进行了分类。虽然在统计方面国际旅游是定义为以旅游为目的，且从一个国家到另一个国家的活动，但本章关于国际旅游，我们将强调相关的经济事实不仅是简单地跨越边境，而是本国和目标国之间汇率变化（和波动）。因此，从经济的角度来看，当游客（以及更普遍的市场经营者）受到货币兑换的影响时，我们面临的是国际旅游业，所有的风险都涉及它随时间的变化。

事实上，与未来汇率变动有关的不确定性给游客和企业的选择带来了另一个考虑因素。游客必须考虑用一种或多种外币交换货币的显性和隐性成本。这些成本更关乎企业利益，企业的选择显示，要么承担不可预测的汇率波动的风险（这可能是有利的，是一个收入来源，但也会造成不利的损失，导致经济损失）或用金融市场工具来防范这种风险。此外，全球化的进程和旅游业的国际发展对旅游市场的结构和经营者的战略产生影响。目前，国际化的旅游市场主要是寡头垄断市场，其经济力量属于跨国集团：航空公司、旅游经营者、医院公司、全球分销系统等。跨国公司对当地公司有强烈的影响。

在本章，我们将研究国际旅游的主要特征，分析市场结构的变化和希望在国际市场上竞争的运营商的策略；强调跨国公司在旅游业中所发挥的作用，并触及全球化的三题，以及全球化是如何改变国际旅游业的市场流动的。

按照国际经济学的标准理论，本章将属于经济方面的主题与属于货币方面的主题分开。最后，将分析不同的汇率系统是如何工作的。不同类型的金融工具是为防止未来的汇率变化而开发的，并通过观察对公司、游客和地区行为的后果。

9.1 国内市场和国际市场

国内和国际旅游市场之间的区别并不容易确定。事实上，经济学中通常将国际市场定义为以产值和商品贸易壁垒为特征的市场，不适合用于旅游研究。游客和服务的高流动性是这种现象的一个基本特征，因此我们不能考虑使用基于地理、行政或政治边界来界定。

如果旅游地区价格的变化会引起汇率的变化，那么旅游地区就属于国际市场，反之亦然。换句话说，如果两国使用同一种货币，或者有一个固定的汇率（这两种货币联系在一起），那么旅游业就属于国内市场，反之就属于国际市场。

因此，英国和德国之间的旅游业属于国际市场，而法国和西班牙之间的旅游业则属于国内市场。这种区别不仅可以超越政治定义（基于国家之间的边界）和地理定义（基于距离），还可以适应不断变化的国际形势，例如，在欧洲联盟的大多数国家引入欧元作为一种共同货币。尽管出于统计和政治目的，欧元区国家之间的旅游被记录为国际旅游，但从经济的角度来看，不应将其作为国际流动。

由于 20 世纪末流动性的增加，旅游业成为一种大众现象，国际旅游成为旅游研究的主要课题之一。这些国际流动可以影响各国的经济增长及其国际收支，从而产生实际和财政方面的后果。然而，在处理国际旅游的宏观经济问题之前，我们需要识别国际市场经营者，以及研究他们的行为和策略。

9.2　主要的国际旅游经营者

在国际旅游市场上，国际旅游经营者通常包括三类：国际运输公司（主要是航空公司）、国际旅游运营商、国际连锁酒店。由于这些公司都可以采用跨国公司的组织结构，下面我们将看到这些大型公司的存在如何对旅游市场产生影响。

9.2.1　航空公司

从航空运输成为国际旅游最受欢迎的交通形式那一刻起，国际旅游的重要性不言而喻，许多航空公司为了满足这种需求改变了战略和投资。这些因素的联合效应与 ICT 的发展和放松管制的航空市场带来了低成本的扩张和通过相当数量的合并进行市场重组，收购（横向／纵向整合战略）或战略联盟，涉及世界上的主要航空公司。此外，一些航空公司也通过收购旅行社来进行垂直整合。推动国际化进程的一个重要因素是该航空公司的注册国家地点。因为公司总部设在国际旅游需求旺盛的国家的航空公司更有可能赶上旅游热潮。从长远来看，这些航空公司加强了自己的地位、市场力量及从国际旅游中获得的利润份额。

低成本航空公司取代的是传统航空公司，它们能够以远低于传统航空公司设定的价格提供服务。低成本航空公司的特点，允许它们设定极低价格的因素有：技术性（例如，使用拥有更多座位的飞机配置），组织（例如，一个员工拥有多项职责，空乘人员可以通过电话或网络销售座位），经济性（例如，更便宜机场的航线，购买大量燃料的批量折扣，与当地公司的额外服务协议，减少员工数量），简化所提供的服务（例如，取消早餐、午餐和托运服务），额外规定（例如，搬运行李或预订座位的额外费用），市场营销（例如，早鸟价，特殊促销工具）。

在 21 世纪初，亚洲有 44 家低成本航空公司，欧洲有 68 家，其中英国 14 家，土耳其 11 家，30 家在美洲（其中美国只有 16 家），4 家在大洋洲，9 家在非洲。低成本模式的成功使传统航空公司重新思考自己的角色，包括实施在某些航线、细分市场或质量上提供的产品差异化战略，以及低成本竞争对手引入的技术或组织创新。此外，低成本的概念已经超越了市场的限制，并迅速蔓延到经济的其他部门，因此，现在经常提到低成本经济或低成本社会的概念。

9.2.2 国际旅游运营商

在国际市场，旅游运营商提供涉及许多国家的全包旅游。对于一个国际旅游运营商来说，下面五点很重要：

①根据游客偏好的改变，以及旅游国家的经济、社会和地理政治条件，不断更新、修改和扩大度假的路线选择。

②关注不同地区的特点，注重经济的差异、法律制度的差异、地方结构和基础设施的质量。

③评估和预测汇率的改变。

④多样化度假组合，以满足旅游需求，降低管理风险。

⑤实施有效的商业化政策，以利用国际市场产生的规模经济。

现在让我们考虑编号为③④⑤的问题的经济方面。我们将通过几个例子来解释。关于汇率的问题，旅游经营者有可能从不同货币购买力的变化中获益。让我们思考一下欧洲旅游运营商的情况，当汇率为每欧元/1.25 美元时，旅行社必须与美国服务供应商签订合同，例如，向酒店每个房间收取 100 美元。假设旅行社收取 100% 的加价。旅游运营商的战略决定是以美元还是欧元定价。在第一种情况下，价格设置为 200 美元；在第二种情况下，价格设置为 160€（=200/1.25）。如果汇率预计不发生变化，这两个价格是等价的，但如果汇率的变化预见有各种可能性：一种可能性是如果美元贬值到 1.30，对旅行社有益，而对服务供应商不利（价格设置为 160€，等于 208 美元，额外利润为每次 \$8）；另一种可能性是如果 1 美元升值到 1.20，形势就不同了（价格设置为 \$200，等于 167€，旅游经营者每次亏损 7€。因此，通过仔细管理价格设定和与供应商的合同，可以在汇率中获得资本收益，从而提高其整体利润。

此外，在国际市场上的工作使旅游经营者能够通过实施其假日投资组合的多元化战略来降低其业务所涉及的风险。这种政策不仅满足了游客对多样性的需求，还降低了与旅行的盈利能力取决于预测与旅行的有效销售之间的匹配相关的风险。因此，使其假日投资组合多样化，符合旅行社的利益。

假设一个德国旅游运营商决定提供斐济群岛和加那利群岛两个海上和阳光假期，并选择将两个地区都放入网站推荐中。每个假期都会发生两种可能的情况：一种情况是销售进展良好（一个发生概率为 50% 的事件）；另一种情况是销售进展不佳（一个发生概率为 50% 的事件）。此外，在这两个地区的销售良好或不佳的概率是独立的事件，如

表 9-1 所示。

对于旅行社来说，最佳策略是什么？它应该在同一地区提供两个单独度假期，还是使投资组合多样化？

表9-1 斐济群岛和加那利群岛销售进展比较

斐济群岛		
加那利群岛	销售良好（概率50%）	销售不佳（概率50%）
销售良好（概率50%）	4+4	4+2
销售不佳（概率50%）	2+4	2+2

为了回答这个问题，我们比较了专业化和多样化情况下的回报。首先来看当旅游运营商是完全专业的，提供两个假期在斐济群岛或两个假期在加那利群岛会发生什么。两种策略的平均回报均为 6=（4+4）0.5+（2+2）0.5，方差为 4=（8-6）²0.5+（4-6）²0.5。如果我们假设旅行社在斐济群岛提供一个假期，在加那利群岛度假，那么有许多活动的组合。容易得出斐济和加那利群岛两者同时销量差的概率为 25%，一个销量好，同时销量好的概率为 25%。分散化的平均回报 6=（4+4）0.25+（4+2）0.25+（2+4）0.25+（2+2）0.25，但它的方差现在是 2=（8-6）²0.25+（6-6）²0.5+（4-6）²0.25。因此，通过多样化策略，旅行社对于相同的平均收益，面临着较低的风险水平（以收益的方差来衡量）。这一结论是金融理论的一个著名结果的应用，对于该理论，风险厌恶者倾向于多样化他们的投资组合。

同样有趣的是，我们假设这两个岛屿的收益是相关的，我们只研究极端的情况，但所有的中间情况都可以追溯到相同的结论。假设在这两个岛屿之间，因为它们位于不同的海洋和纬度地区，它们的旅游流量具有完美的负相关关系。在这种情况下，多元化投资组合的平均收益仍然是 6=（4+2）0.5+（2+4）0.5，其方差明显等于零，与专业投资组合相比，这是一个有趣的结果，我们知道它的方差为 4。如果这些事件之间存在完美的负相关，多样化投资组合可以完全降低旅行运营商的风险。相似地，如果负相关不完美，风险就会降低，但并没有完全消除。

另外，斐济和加那利群岛的旅游，即使在不同的海洋，它们的情况也是正相关的，销售要么两者都进展顺利，要么两者进展都不好。在这种情况下，多元化投资组合的平均收益仍然是 6，但方差为 4，这与斐济群岛的两个假期或加那利群岛的两个假期的专门投资组合完全相同。如果存在完美的正相关，那么多元化投资组合不会在降低风险方面具有任何优势。这种情况下，只需考虑管理一个多样化或专门的投资组合的成本。

9.2.3 国际连锁酒店

国际连锁酒店和其他酒店公司在旅游业的全球化中发挥关键作用。在国际市场中，它们有时作为独立的运营商出现，但更常见的是作为在许多不同国家运营的连锁酒店。连锁酒店的目标是为国际旅客提供标准化服务，从而减少了那些在家预订酒店的人对酒店质量的不确定性。1952 年凯蒙斯·威尔逊创立了第一家假日连锁酒店，为了连接几个不同国家的酒店公司，制定了特许经营协议。假日酒店和贝斯特韦斯特是鼓励其他连锁酒店或酒店集团发展的第一个例子：希尔顿酒店、洲际酒店、万豪、喜来登、喜达屋。后来，欧洲和亚洲等国家的公司进入了国际旅游市场（雅高、索尔米利亚、文华东方是最重要的酒店之一），从而完成了酒店行业的国有化。所有这些连锁店现在分布在 70 ～ 90 个国家。在 3000 ～ 4000 间酒店中，可提供 40 万～ 50 万间客房。

9.3　跨国公司在旅游业中的作用

由于最近在国际市场上出现了大型和复杂的公司，我们现在的任务是试图了解这些公司的关键经济特征，这些公司在经济学文献中被明确地称为跨国公司。跨国公司可以被定义为该组织旨在将其生产活动（或其一部分）设立在不同国家的公司，即使是其在原籍国保持所有权和管理权。

除了跨国公司之外，在经济学中还有其他定义：国际公司，国际公司在不同的国家很活跃，但它将决策过程始终保持在同一个特定的国际部门，由一群保持同一国家观点的管理人员协调；跨国公司，活跃在不同的国家，但管理脱离任何类型的国家联系；超国家公司，是最先进的形式的跨国公司，有合同自由且由不同国家之间的协议发展起来，目的是促进公司灵活和不断更新的组织结构。

解释跨国公司崛起的模型可以追溯到以下模型：市场力量模型，是指公司对国家市场集中程度的反应很强烈。国际组织模型，是指拥有在交易成本和国际合同成本方面的优势。技术创新模型，是指具有创新或成熟技术的产品的公司。这种模型主要是为了解释制造企业的行为，不能不加选择地应用于参与服务部门的旅游跨国公司。然而，使用一个涉及许多其他因素的理论解释，从这个角度来看，Dunning（1977，1988）提出了一个跨国公司的折中理论，试图用更多的因素来解释他们的策略。

该模型是基于对公司参与外国市场方法的认识：其一，通过国际贸易进行（例如，通过外国合作伙伴出口商品）；其二，通过技术转让和技术，以及组织资源（许可、技术援助、特许经营等）；其三，通过外国直接投资（foreign direct investments，FDI），通过在其他国家进行部分生产过程。

Dunning 认为，关于第三个方案，外国直接投资解决方案背后有三个原因：

①所有权优势，源于作为一个外国人在一个国家的经营，包括无形活动（从事市场营销、专门知识、获得信贷的可能性大）和有形活动（跨国公司可以对各国政府施加的政治压力）。

②位置优势，源于该公司在具有某些比较优势的国家的位置，如较低的生产成本、更

好地获得初级资源、充足的运输和通信网络、税收时间、公共政策补贴等。

③内部优势，即购买投入和中间商品的交易成本较低，以及对专有技术等无形资产的直接控制。

Dunning 的折中主义理论（ownership location internalization, OLI）适用于解释旅游市场的情况。旅游跨国公司的海外投资具有明显的位置优势（地区存在自然和文化资源）和所有权优势（旅游政策的范围和方向，特别是关于经济利益和针对外国公司的直接政策激励）。最后，与国际旅游特别相关的是其旅游的流动性，因此企业需要将旅游资源国家与旅游服务需求强劲的国家联系起来（国际化优势）。Dunning 在他 1977 年的文章中，考虑了酒店部门（以其资源为基础的结构），在将外国直接投资与当地发展进程联系起来的跨国公司中的一个关键问题是，跨国公司在促进或抑制东道国发展所发挥的作用的机制是什么。经济文献以不同的方式处理了这个问题，并得出了不同的结论。一方面，小众和激进的观点肯定了跨国公司在技术和组织上处于前沿，能够将重要的实际和财政资源转移到东道国（反之亦然，这取决于自身的盈利能力而不是地区的利益），从而对地方小公司施加竞争压力，对地方政府施加政治压力。这两个方面都对该地区和该国家的发展进程产生了相关的负面影响。根据这一观点，跨国公司利用当地的资源，从而挤出了对当地公司的投资，并限制了它们的经济和政治战略。另一方面，正统的主流观点认为，跨国公司和当地公司之间的技术差距是客观存在的，至少可以由外国直接投资（技术和技术转让、资本流入等）产生的积极影响来缩小差距。如果这超过了竞争压力的负面影响，那么对当地的影响总体上可能是积极的。因此，地方政府促进和提供激励吸引外国直接投资是最佳办法。当前文献无法证实这两种立场中哪一种是正确的，尽管主流经济思想在理论上更有说服力，但重要的是，两个解释模型仍然在理论水平上。还必须指出，跨国公司的影响不限于它们对增长的贡献，而且还与社会可持续性的各个方面有关，如不平等和贫困。为此，文献显示了理论依据（Feenstra & Hanson，1997）和经验证据（Figini & Goerg，2011）将外国直接投资与不平等和贫困增加联系起来。此外，研究发现，对环境保护的投资取决于公司的类型。Calveras（2003）表明，国际连锁酒店投资于保护自然资源的动力不如本地公司。然而，旅游业的特点导致跨国企业对当地旅游业的发展有其他积极的影响。事实上，除了旅游需求集中在一个飞地外，当地商品和服务种类丰富了该旅游产品。由于旅游产品是由许多不同的商品和服务有机组合组成的，如果游客对多样性表示欣赏，那么就可以假设地区提供的旅游商品多样化程度越大，旅游产品就越有价值。因此，游客的支付意愿随着多样性程度的增大而上升。这样，跨国公司和地区之间的共同利益就产生了，两者都是为了完成旅游产品，前者是为了增加利润，后者能够采取以当地公司为基础的发展战略。

然而，我们不可能确定跨国公司的最佳品种程度是否与地区的最佳品种程度相一致。如果不发生这种情况的话，由于土地价格的动态和当地公司面临的障碍，跨国公司的最佳旅游种类高于或（更有可能）低于地区。这种情况下，采取政策干预是可行的。

9.4 旅游全球化

近年来，"全球化"这个词已经深入大家的脑海，一切似乎都是全球化，包括旅游业在内。在不讨论什么是全球化以及它在社会经济层面上是否有积极或消极影响的情况下，似乎有必要提供分析全球化如何影响旅游业所需的关键要素，反之亦然。

全球化的过程可以随着成本和覆盖特定距离所需的时间逐步缩短：信息、人、金钱和商品可以移动得更快，成本也更低。全球化是一个历史性的过程，连续的全球化浪潮，正冲击着我们的社会。当前全球化阶段的兴起可以追溯到 20 世纪 80 年代—90 年代，包括科学、文化、政治和经济因素：一是信息和通信技术革命描述的进化，二是确认市场经济是有效生产和分配资源的系统，随后是自由市场自由意识形态的普及。后一个元素是如此重要，以至于支持目前的全球化的人通常被称为新自由主义者。

在严格的经济层面上，全球化的主要特征有：

①国家日益开放国际商品和服务贸易；

②金融在国际经济中所扮演的角色越来越重要，其全球影响包括投机活动和经济周期的波动性；

③国际市场，包括劳动力市场；

④国际战略越来越重要，例如，将投资分散和将生产活动外包给经济条件更好的国家；

⑤减少公共部门在经济中发挥的作用，通过私有化政策；

⑥越来越多的国家将主权，特别是在货币和财政政策方面，转移给不完全民主的国际（国际货币基金组织）和超国家（欧洲联盟）机构。

全球化的进程显然对旅游等流动现象产生直接影响，从而影响旅游流动的规模和分布，旅游公司和市场的组织结构，以及旅游在当代社会中所扮演的角色，旅游地区的动态和收入的分配。这些变化的关键要素可以展开如下。

①信息和通信革命代表了互联网的发展，导致降低成本的信息和扩大可以访问的范围，使以前遥远和众所周知的地区现在更知名和更近。全球化已经开放并继续向旅游业开放新的地区，经济学应该研究扩大过程中的关键特征。如果全球化带动了旅游业，而不仅仅影响它们的分布，进入新的地区无疑会促进全球旅游业的发展。相反，如果到达人数和过夜人数保持不变，这个过程只会导致市场竞争加剧，在效率方面产生长期的积极影响。然而，在短期内，由旅游业造成的全球财富在不同地区之间的再分配会产生过渡问题和社会不平等，有时甚至是剧烈的。目前的问题是，全球化是促进了全球经济增长，还是只使一些国家的经济增长，但损害了其他国家的利益？经济学文献提供的答案更多的是应用，而不是理论分析，从经验证据中寻找一个似乎不明确的解决方案，因为它产生不同的和不稳健的结果。

②运输成本降低与旅游流量增加相互作用带来的良性循环，使国际旅游相对于国内旅

游的价格下降，青睐中低收入、生活成本较低的新兴国家（如东欧国家和中国）的旅游地区，导致全球旅游流量强劲增长。在这些新兴国家，全球化对不平等产生了非常重要的影响。此外，如果全球化产生了再分配效应，那么一个基本的问题就无法避免：对贫困的影响是什么？全球化增加还是减少了生活在绝对贫困线和相对贫困线以下的人数？

③在美国，旅游地区通常提供类似的度假类型，但它们从来不完全相同，因为不同地区的资源和文化都不完全相同。然而，在已逐步自由化的全球旅游市场中经营的旅游公司已经改变了其组织结构和战略，以保持竞争力，选择标准化和横向和纵向一体化的政策，这是跨国公司发展的秘诀。自全球化以来，在世界各地市场上销售的标准产品，经济和文化（物质和语言）的标准化过程消除了这些差异，并促进了一种单一的生活方式模式，在这个过程中，当地文化和当地产品被认为是发展、现代化和市场效率的限制。然而，在标准化成为常态的时刻，差异化的动机再次出现，寻找旅游产品或地区的"独特性"。因此，旅游产品的差异化是恢复因国际竞争而失去的市场的一种途径。在全球竞争中重新重视本地文化是媒体所说的本地策略。

虽然人们经常肯定，全球化减少了旅游产品的多样化，损害了当地的文化和辨识度，但 Candela & Cellini（2006）得出的结论是，如果全球化足够广泛，从长远来看，旅游产品的多样化程度可能会增加。这个结论背后的直觉很简单：如果存在许多同质的旅游地区，那么竞争就会很激烈，因此利润就会很低，甚至接近零。因此，通过遵循产品差异化的基本原理，对多元化的投资变得更有利可图，即使会承担推广当地品牌资源相关的成本。

作为对旅游全球化的简短分析，我们将浅谈全球化中，文化、经济和环境对当地的影响。

在文化方面，其影响是不确定的。一方面，全球旅游业允许人们接触不同的土壤学家和文化，以欣赏它们的独特性和多样性，因此，它可以成为公民手中理解当代世界复杂性的额外方式。另一方面，许多国际旅游也确实以"外来客人"的角色出现。这种情况下，旅游业的全球化不会成为文化增长和开放思想的工具，而往往是封闭思想和重申刻板印象和偏见的原因。特别是当游客到达一个新地区的时候，可能存在的一个风险是，为了欢迎游客的文化而失去当地的价值观和文化，从而抹去了地区的特色文化。

在经济方面，旅游业可以是发展的一个因素，也可以是一个寄生因素。旅游飞地的极端情况不能对当地经济产生经济回报。不幸的是，在全球化时代，许多国际旅游都是预先组织好的打包服务的旅游：从餐馆到娱乐活动，从标准化的纪念品到超市里的杂货。如果是这样的话，旅游不仅不能成为当地发展的引擎，它甚至成为一个财富和奢侈品的聚集地，从而增加不平等，游客和当地居民的共存容易产生冲突。因此，经济对其他部分缺乏溢出也成为社会不稳定的机制。

在环境方面，全球化允许游客快速地发现仍未受环境污染的旅游地区，以满足发达国家对荒野、探险和自然旅游日益增长的需求。这一进程需要执行可持续发展政策，但发展中国家往往缺乏这种政策，因此有利于短期和中期的投机和利润。

总之，如果旅游业的全球化有利于社会和环境的可持续性，那么它既可以对地区产生积极影响，也可以对地区产生负面影响。如果它利用当地的资源，污染本土文化，就有破坏当地社会的风险。就像其他任何事情一样，随着旅游业的全球化，只有一个固定的立场是不正确的，应当多方面地看待。

9.5　国际旅游的实际各方面

在本节，我们重点分析国际旅游的实际方面。首先研究国际旅游对国际收支和国民收入的贡献，然后关注国际旅游的驱动因素，最后提出一种重要的应用于旅游的经济地理模式（中心—外围模型）。

9.5.1　在国际收支中的商品和游客

与国际旅游最相关的经济事实是来自另一个国家的游客在地区的支出。事实上，这一支出构成了向旅游经济领域注入流动性。对于前往意大利旅行的美国公民来说，可用于他们消费的资金可能来自在美国获得的收入，以美元计算和表示。当他们在意大利消费（将美元兑换成欧元后）时，他们会从意大利经济产生的收入中引入额外的需求，外国人的这种旅游支出代表了通常所谓的国际旅游收入的统计术语和所谓旅游出口的经济术语。这个术语会导致一些混淆，因为出口这个术语我们通常指的是离开这个国家的商品，比如一双鞋子或国内生产的由另一个国家消费者要求的汽车，而在旅游出口中没有什么离开国家，而是游客进入。

然而，这并不是一个矛盾的术语。当游客去意大利时，他们不仅购买当地生产和消费的旅游商品或服务，还购买他们带回本国的其他商品（购物和纪念品）。最后，旅游产品出口的是一种抽象的商品，我们可以称为旅游体验。当一个美国游客去意大利并在那里消费时，他为意大利创造了出口（也是美国进口）；当一个意大利游客去美国消费时，他为意大利创造了进口（也是美国出口）。显然，旅游流动和国际货币流动是朝着同一方向发展的（支付跟随游客），而商品的流动和货币流动是朝着相反方向发展的。由于货币流量是登记在国际收支中的流量，因此很容易理解出口和游客是资产，进口游客是国际收支中的负债。

9.5.2　国际旅游的决定因素

要确定决定国家间旅游流动的范围和方向的因素，就需要重点关注当地资源、生产能力和不同地区的组织方面。在旅游经济学中，人们提出了许多模型来解释国际旅游的因素，每个模型都试图孤立和捕捉一个特定的原因。一种理论显然不排除另一种理论，因此，对旅游业发展的每一个历史过程，最合理的解释可以来自任何一种模型，也可以来自它们的组合。我们需要对这些理论做一个简短的描述。

（1）环境和文化资源的多样性

国家间自然资源和／或文化资源的不对称分布是产生国际旅游流动的关键因素。由于这些资源在一定范围内，是不可复制的和独特的资源，它们使地区具有垄断或准垄断权力的可能性。然而，旅游资源并不是永恒的：一些资源会退化（未受污染的海滩，由于旅游开发，失去这一特征，或者随着大规模旅游地区的发展而导致的文化退化）。其他资源也可以以某种方式被复制（美国迪士尼乐园和法国巴黎迪士尼乐园）。此外，旅游需求的演变可以随着新型旅游业的产生，刺激新资源的开发。根据这一理论，国际旅游源于不同国家，不同生产的可能性。为了说明这个模型，处于热带地域的国家自然盛产咖啡、香蕉和开发海滩度假，而气候较冷的国家则专门开发枫糖浆、鲑鱼和滑雪度假。

（2）偏好的多样性

国际旅游的第二个驱动力是游客的偏好。即使这些国家能够在国内生产所有不同类型的旅游业，如果其公民的偏好不同，国际旅游业也会出现。例如，假设法国利用阳光和海洋进行海滩旅游，而瑞典利用下雪的低地进行越野滑雪，然而瑞典人喜欢在海上游泳，法国人喜欢越野游泳。这种情况下，法国和瑞典将交换游客，两国都将受益。因此，开放国际旅游将提高两国游客的满意度。

（3）比较优势的原则

到目前为止所描述的国际旅游的两个决定因素是常识：游客移动到资源所在的地方。国家之间的旅游流动（以及同一国家地区之间的流动）也可以来源于一个不那么直观的激励。这个众所周知的经济学原理是比较优势理论，当应用于旅游时，肯定了国家参与国际旅游是有利的，即使它在生产任何类型的旅游方面具有绝对优势。国际贸易的驱动力是比较优势，而不是绝对优势。比较优势模型是由大卫·李嘉图（David Ricardo）于1817年提出的，它有力地证明了每个国家应当专门生产和出口能够以相对（不是绝对）成本较低生产的商品，因此，它相对比其他国家更有效率。同样，每个国家进口那些生产成本相对较高的商品，因此，其效率相对较低。这一简单的规则将分工和个体交换原则延伸到国际贸易，是国际贸易理论不可动摇的基础。这显然也可以应用于国际旅游之间的流动。比较优势模型指出：第一，每个国家专注于享有比较优势的活动是有效的解决方案；第二，通过专业化和随后的产品贸易，对贸易两国都更好；第三，全球经济效率提高。比较优势的原则适用于国家和个人。就旅游而言，最有效的解决办法是各国专门从事其效率相对较高的旅游类型。这意味着一些国家（像人一样）专门从事某些旅游活动，即使它们在绝对程度上效率不如其他国家，但每个国家都能从中受益。

（4）交通便利性和服务完整性

尽管国际旅游客一直在寻找环境和／或文化资源，但我们必须记住，国际旅游市场由少数拥有强大实力的全球运营商主导。因此，他们有能力将旅游需求引导到那些地区，最重要的两个原因是：更容易到达，因为它们靠近重要的机场枢纽，也因为它们由重要的运营商提供服务；具有连贯的服务，使他们能够为游客提供需要的休闲服务，为度假者提供游乐园和其他设施，为商务游客提供会议和展览设施等。

（5）市场因素

国际旅游取决于地区的相对于竞争对手的价格以及游客的购买力，而购买力又取决于他们的收入以及祖国与地区之间的汇率。因此，市场因素已经被引入旅游需求的解释。

9.5.3 旅游的中心—外围模型

由保罗·克鲁格曼（Paul Krugman）提出的中心—外围模型（Center-Periphery Model），为国际旅游流的理解提供了许多见解。这个模型以一种非常简化的方式应用于旅游业。提出了一种对旅游公司的本地化和游客在中心—周边地区的流动的内生解释。例如，一个大国被分成两个地区，东海岸和西海岸，东海岸和西海岸是海滩和服务质量相同的地区。该国的总人口 N 在两个海岸之间平分，它们的旅游需求是不变的（我们通过忽略任何类型的旅游价格弹性来大力简化）。为了进一步简化模型，假设每个游客只需要一个旅游产品单位，即假日。因此，东海岸的总需求为 N/2，与西海岸相同。该国的整体旅游需求是 N。

为满足人口需求而必须提供的旅游服务可以有三种方式：东海岸、西海岸、同时选择这两个地方。事实上，来自一个海岸的游客如果想去另一个海岸，将不得不支付运输费用。假设每个人的运输成本都等于 t。此外，我们需要引入一些旅游服务的生产成本：建立旅游设施（例如，酒店海滩服务）公司面临一个固定成本 F，加上一个可变的生产成本提供每个服务。由于旅游需求 N 代表了假期的总数，因此所产生的服务的总成本 C=F+aN。该线性成本函数显示规模经济。由于平均生产成本随着生产的增加而减少：平均成本（AC）=C/N=F/N +a。假设每个海岸的旅游市场结构是垄断竞争，与自由进入的长期均衡导致公司的零利润，因此假日 v 的价格等于平均生产成本：v=F/N +a。

我们现在有了所有的要素来决定旅游服务的位置优势。我们假设所有的旅游公司都位于西海岸，它们为整个旅游需求提供服务，因此所有的旅游需求都指向这个海岸。西部的旅游生产为西北 =N，其价格等于平均生产成本为 v=F/N+a。然而，这个价格只针对西部居民；每个东部居民还必须支付到另一个海岸的运输费用。因此，居住在东部，但在西部度假的游客的价格是：

$$V_{e:w} = v + t = \frac{F}{N} + a + t \qquad （9-1）$$

我们假设所有的旅游公司都位于东海岸，它们为整个旅游需求提供服务，因此所有的旅游需求都指向这个海岸。东部的旅游生产是 N_e=N，其价格仍然等于平均生产成本，但只由东部的居民支付；每个西部居民还必须支付前往另一海岸的运输费用。因此，居住在西部但在东部度假的游客的价格是：

$$V_{w:e} = v + t = \frac{F}{N} + a + t \qquad (9-2)$$

最后，我们考虑只在两岸而不去另一侧海岸提供旅游服务，因此，$N_w = N_e = N/2$。有两个旅游市场可以让游客选择但它阻碍了旅游公司充分利用规模经济。事实上，西方和东方的价格完全取决于平均生产成本，根据简单假设，它们是：

$$V_{w:w} = V_{e:e} = \frac{2F}{N} + a \qquad (9-3)$$

通过比较式（9-1）～式（9-3），我们发现存在许多可能的均衡。现在来思考一下整个旅游业位于西海岸的情况：为了使这种平衡稳定的条件是什么？答案取决于两种不同的力的相互作用：一种是向心的，由于规模经济；另一种是离心的，由于运输成本。因此，东海岸地区的旅游业发展只能促使公司转向另一个市场，为另一海岸的人口服务。对于集中在西方的公司来说，如果它们提供海滩旅游的价格高于他们在西方提供的价格，同时也用此价格服务于来自东方的游客，那么改变地点是无利可图的。如果 $V_{e:e} > V_{e:w}$，将会导致：

$$\frac{F}{N} > t \qquad (9-4)$$

换句话说，如果平均固定成本大于运输成本，这些公司将继续只留在西海岸。如果条件式（9-4）是满足的，那么运输成本就会很低。相对于固定的生产成本，最好利用集中在一个海岸所产生的规模，让游客从东方旅游。

如果 $F/N < t$，运输成本足够高，足以让旅游公司在东海岸开放旅游服务，为东海岸的人口提供海滩旅游；两岸旅游公司的扩散并没有实现全面的规模经济，但可以使游客节省运输成本。同样的理由也适用于公司最初集中在东海岸的情况。综上所述，该模型显示了三个潜在的稳定平衡：所有的旅游公司都位于西海岸、所有的旅游公司都位于东海岸、旅游公司在西海岸和东海岸分布均匀。旅游服务的集中或平等分配的条件取决于运输成本和规模经济的比较。

在优势集中的情况下，$F/N > t$，它需要确定哪种平衡被验证，集中在西方或东方。这样简单的模型并不能提供答案。事实上，解决方案取决于旅游业从哪里开始，这是由历史决定的。然而，当地理集中的解决方案盛行时（这个国家的哪个海岸的历史发展并不重要），一个没有结构化的旅游中心和旅游外围会发展起来。中心（旅游地区）有旅游公司，游客从周边（旅游生成区）旅游度假。

这种简单的中心—外围模型可以扩展到许多方面：假设两个或两个以上地区之间的人口分布不同；假设不同地区的旅游需求不同，利用地区收入的函数；描述驱动游客流动的动态过程和公司在两岸的位置。

显然，如果旅游生产不依赖环境或文化资源，该模型就成立。在一个更现实且更复杂的环境中，旅游设施的集中或扩散不仅与规模经济和运输成本有关，而且与自然和自然商品的位置有关。此外，交通网络和枢纽的结构可以使游客在某些方向比其他方向移动，如上一节所述。

前面描述的多个平衡表明，交通成本的降低（正如过去几年所发生的那样）会导致旅游业的广泛扩散和地区的增加。同样，如果一个地区由于挤出效应或环境不可持续性而无法享受规模的经济，旅游公司会因为坐落于其他地区而收益。

到目前为止，我们已经考虑了这两个地区属于同一个国家来描述中心—外围模型。这两个地区可以直接解释为两个国家（W 和 E），因此游客从一个海岸到另一个海岸的流动是国际旅游。我们可以描述国际旅游的不同配置：一个作为旅游中心的国家：W 国家接收所有的旅游需求，而国家 E 是外围，是所有外向旅游的发源地。在第二种情况下，旅游中心是 E，在第三种情况下，两国都是旅游生产者和消费者；在最后一种情况下，国际旅游流量可以忽略不计，只由其他因素产生。

因此，中心—外围模型表明，国家可以呈现许多平衡配置。我们可以找到成为国际旅游中心，入境成为旅游流动的主要部分国家。一些国家成为旅游外围，出境旅游是旅游流动的主要部分；另外一些国家是旅游体系的一体化，出境旅游与国内旅游共存。总之，本节描述的模型是用来解释经济中位置模型的极端简化。然而，克鲁格曼本人提出将核心—外围模式应用于服务业，如旅游业，因为他观察到当代的集中过程主要涉及服务，而制造业正在朝着相反的方向发展。

9.6 国际旅游中的货币

在上文中，我们指出了汇率作为允许区分国际旅游市场和国内旅游市场的基本变量。现在我们使用一种更科学的方法进行具体讨论。

9.6.1 旅游中的货币和金融市场

首先，从国内贸易到国际贸易，即使用不同货币的国家之间的交换所产生的复杂性活动。如果一个德国公民决定从纽约的一家旅行社购买美国度假旅游产品。美国旅行社希望用本国货币美元支付，而游客的原始货币是欧元。同样，如果一名欧洲游客在日本度假时购买和服，日本商店希望以日元支付。类似地，想要在欧洲购买商品或服务的美国人和日本游客必须使用欧洲货币。因此，国际贸易为交易引入了一个新的重要维度：一个国家货币的价格以另一种货币的单位表示，即所谓的汇率。

因此，国际旅游的关键在于不同货币的相关性。国外货币被称为外币，这些货币是在一个特定的市场，即货币市场上买卖的。由市场定义的价格是名义汇率，它表示一种货币与另一种货币之间的相对价格。有两种方法来表示 t 时期的名义汇率：一种方法是表示单位的外币 c，可以购买一个单位的国家货币；另一种方法是 E 单位的国家货币，可以买一个单位的外币。这两种方法中常用哪一种只是制度因素或历史用途的结果。这种差异纯粹是形式化的，因为一个简单的算术运算连接了这两个表达式：一个是另一个表达式的倒数，$c=1/E$。在本节中，我们采用第二种方式来表示汇率。我们接下来讨论两个更具体的方面：货币市场的运作和实际汇率的定义。

9.6.2　货币市场的运作

从研究人员和运营商的角度来看，货币交易的发生方式和汇率的确定方式是货币市场最重要的方面。一种要求立即交付货币，指的是在交换合同签订后 48 小时内的这个市场被称为现货市场，用于解决外汇需求（即使是大量）的外汇。然而，客户和银行并不总是处于这种紧急状态。因此，存在另一种经营方式，即期货市场。当这种情况发生时，货币在未来的日期（比前面提到的 2 天更长）以今天固定的价格交付和支付，这个价格称为远期汇率。期货交易所一般有标准化的到期日（1 个月、3 个月或 6 个月），但银行在一定范围内可以修改其客户所在的到期日，以换取付款。远期汇率和即期汇率之间的差额被称为远期升水或远期贴水。因此，对于每种货币在 t 期，市场上至少存在两个价格，即期汇率和远期汇率。在货币运营商中，有商业银行和中央银行。外汇市场可以根据两种基本机制来运作：固定汇率制度或浮动汇率制度，以及两种衍生制度，可调整钉住汇率制度和有管理的浮动汇率制度。

在固定汇率制度下，通过中央银行的系统干预，汇率保持不变。例如，央行宣布愿意以给定的汇率 E 买卖某种货币，显然，汇率不能低于该报价。如果市场以较低的价格提供外国货币，交易商会转向央行购买；同样，利率不能高于 E^*。因为如果市场提供更高的价格，交易商最好直接将外币卖给央行。在执行这一政策时，中央银行使用自己的外汇储备来保持利率不变，而外汇储备的变化就会出现在国家的国际收支中。在一个固定的汇率制度下，货币可以持续交换，但汇率不变。相反，当中央银行停止任何货币操作，汇率由市场自由决定时，就存在一种浮动汇率制度。在浮动汇率制度下，汇率不断交换，名义汇率不断变化。它的变化被称为升值或贬值。货币升值会导致汇率下降，而贬值则会导致汇率上升。显然，如果我们采用以国家货币 c 衡量汇率，我们将面临相反的情况：升值是 c 的上升，而贬值是 c 的下降。

除了这两个"极端"制度外，还存在混合制度。如果汇率是固定的，但在一定的宏观经济条件下会发生变化，如货币储备管理方面出现问题，我们就有一个可调整钉住制度来应对。相反，如果利率是浮动的，但央行每天可以通过买卖外汇进行干预。为了避免过度的波动，也存在一个有管理的浮动汇率体系。这些干预措施可以是为了避免投机或纠正宏观经济问题（通货膨胀、失业等）。第二次世界大战后，尽管世界各国有各种各样的汇率制度共存，但货币体系仍由混合制度主导。

9.6.3 实际汇率

决定消费者、游客和公司在国际层面上做出决定的关键因素不是名义汇率，而是外国商品对国家商品的价格，这个相对价格被称为实际汇率。实际汇率没有报价，在货币市场上无法直接显现，而是取决于两国的名义汇率和价格水平的结合。影响国际经营者和游客行为的是实际汇率，而不是名义汇率。对于愿意前往美国旅行的德国游客来说，影响他们旅行计划的不是购买 1 美元所需的欧元数量，而是以给定的欧元在旅游地区购买的商品或服务的数量。然而，为了做出经济上合理的决策，有必要了解实际汇率的建立和衡量方式。我们给出了两种方法：首先，我们假设只有一种商品存在，然后再来衡量这个商品如何在国际之间定价。

一个相同的（完全相同的）旅游服务，可以在两个国家购买。例如在同一国际连锁酒店的住宿。德国和美国之间的实际汇率的计算包括定义住宿的价格，比如在纽约和柏林使用相同的货币。如果 c_t 代表名义汇率，p_t^* 是住宿价格，以美元表示，p_t 以欧元表示，实际汇率 r_t 由以下比率定义：

$$r_t = \frac{p_t^*}{c_t p_t}$$

（9-5）

因此，实际汇率是根据两国商品的不同价格而调整的名义汇率。

如果 $r>1$，那么 $p_t^*>c_t p_t$。因此，在国内购买是有利的市场；如果 $r<1$，从国外购买是有利的。如果交易能够在国际上自由流动，国内和国际的价格将会因套利操作而发生变化，直到它们达到平衡，也就是 $r=1$。在最后一个条件下，我们有 $p_t^*=c_t p_t$，因此，当用相同的货币表示时，价格是相等的，而消费者对在哪里购买商品漠不关心。如果没有对国际贸易的限制，平衡态的条件汇率是由这些货币的购买力决定的，这就是著名的购买力平价定理。

$$c_t = \frac{p_t^*}{p_t}$$

（9-6）

从长远来看，实际汇率将等于 1。因此，一种货币的名义汇率往往使两国国内商品价格的比率相等。这个定理显然适用于可贸易的商品。既可出口又可进口的商品，但对于那些不可能进行国际贸易的服务（发型服务只是最明显的例子中的一个），则不适用的。然而，关于旅游业，我们知道游客是自由流动的，因此旅游流动意味着明显非贸易的旅游服务的购买力均衡。实际汇率只是一个数据，没有任何具体的意义，但其波动很重要。对于相同的名义汇率，外国商品相对价格的增加（美国的价格比德国的价格增加得多）导致实际汇率的增加，使美国商品相对昂贵，反之亦然。事实上，实际汇率衡量商品的相对价格，而名义汇率衡量货币的相对价格。如果相对价格保持不变（例如，如果美国的通货膨胀等于德国的通胀），实际汇率和名义汇率是完全相关的；然而，如果通货膨胀有不同的趋势，那么这两种汇率的走势也会不同。最后，在实践中，当计算多边实际汇率时，使用了更复杂的聚合。这种情况下，必须使用按每个国家的进出口份额加权的平均值来计算所考虑国家的所有商业伙伴的总价格指数。

9.7 旅游运营商和货币市场简述

国际旅游经营者每天都在货币市场中交易，并对地区的汇率制度以及过去和预期的汇率波动颇感兴趣。在货币市场中，旅游公司（旅行机构、旅行社、运输公司和酒店公司）和游客（尽管条件有所不同）都在进行两种基本类型的交易：

①旅游公司之间的交易。例如，从美国酒店购买住宿服务的法国旅游运营商必须以美元支付；类似地，打算从日本航空公司购买一些座位的旅行社必须以日元支付。

②游客和旅游公司之间的交易。例如，一个荷兰游客决定到英国度假，必须从银行购买英镑（银行从其他金融机构购买英镑），并在地区支付英镑的旅游服务。

旅游公司之间的交易往往是大规模的，因为它们是集团之间的交易，然而游客直接旅游进行的交易规模通常比较少，但由于国际旅游的大流量和交易发生的高频率，游客交易加总后规模也变得不容小觑。这两种情况下，了解汇率的价值，可以在计划出国度假时做出合理的决定。让我们假设纽约的酒店提供早餐的房间的价格是 $100；德国游客（或旅行社）只需要找出美元与欧元的汇率，例如 $1.2814 等于 1€，因此，他要求他的德国银行转 78€（=100/1.2814）到酒店的账户（可能在纽约银行）用以支付住宿在纽约。同样地，这也是那些想要去欧洲旅行的美国人的行为。

9.7.1 旅游运营商的货币兑换

我们分析在国际市场上经营的企业决策的战略内容时，可以充分把握汇率的深层经济意义。这些公司通常在货币市场上活动，因为它们需要大量的外汇。银行通过开放货币信用额度来满足这些要求。在开展这些业务时，世界银行和旅游公司都面临着意外变化的风险，尤其是在面临灵活的汇率制度的风险时。为了确保自己避免因汇率意外变化而造成的经济损失，旅游公司和银行都进行对冲活动。

当银行开展中介服务时，他们购买大量的外币，因此对账户上的对冲业务十分看重。不仅满足客户的需求。如果一家欧洲银行每天都有自己的风险敞口，例如，1000 万美元，汇率从 1 变动到 0.99 将亏损 10 万美元。让我们看一下银行如何利用套期保值来防范这种风险的。

例如该银行刚刚从一家大型国际旅游运营商获得了 1000 万美元，但并不想将其作为流动性保留在其投资组合中。银行不可能立刻找到另一个客户，需要购买相同数量的现货。因此，该银行必须在未来的货币市场上出售这 1000 万美元。这样，银行就避免了风险，因为在交货日期对应的未来价格已经确定：无论从规定之日起的汇率发生什么，都不影响约定的汇率。同时，银行可以将这 1000 万美元转入一家美国银行的账户，并获得相应的利率。当银行同时进行即期购买和未来出售时，它进行了掉期交易。

旅游公司也从事对冲业务。我们假设柏林的一家酒店通过自由销售合同出售给美国旅行社，在 6 个月后将以以前约定的固定价格支付。用金融术语来说，酒店拥有美元的多头寸：它拥有货币收入，尽管目前还没有真正的货币。在没有对冲的情况下，如果美元在法兰克福的交易所市场升值，酒店可以获得更多欧元。但如果美元贬值，它将遭受损失。假设酒店不想投机，相反，它的目的是消除与其长期头寸相关的风险，美元可以通过未来的合同出售给银行，以换取佣金，即支付给银行的保险活动的溢价。

为这些交易而支付给银行的佣金可以被解释为为投保持有多头或空头头寸的风险而支付的溢价。因此，当汇率波动时，银行和旅游公司可以利用未来市场对冲它们在货币市场上的头寸相关的风险，持有货币债务的经营者通过未来收购合同保证汇率波动，拥有货币信用的经营者为自己提供未来的销售合同。

9.7.2 游客的货币兑换

旅客和国际游客经常在交易所市场交易，每次交易所涉及的货币数量通常很少，但他们的累积交易量很大。银行报价仍然是游客货币交易的参考价格，采取的形式可以是现金、支票、电子交易或信用卡。由于需要的货币数量通常有限，而且支付现金需要货币，游客对防范汇率波动不感兴趣。他们通常随身携带必要货币，使他们能够购买商品或服务，并在国外面临紧急支出时能够游刃有余。由于现金有丢失或被盗的风险，游客有很多除了现金的其他选择，具体如下。

①旅行支票。它们是以外币命名的支票（通常是美元、欧元、日元），游客在旅行前在银行按当前汇率支付相应的货币购买。当需要现金时，旅行支票可以在地区用当地现金兑换。它们的使用方式是严格的：它们被签发时由客户签字，并在用于付款时再次签字。这两个签名是防止丢失或被盗的保证。

②信用卡。通常在交易发生后的 1 个月，金额会自动计入客户的银行账户，由于付款和银行账户收费之间有一段时间，汇率存在波动，因此收费也会不同，银行通过收取计入市场利率的佣金来弥补波动的风险。只有企业与信用卡公司达成协议，才能在每月消费限额内使用信用卡。

③借记卡。允许在任何自动取款机上提取各种类型的现金，在一定的金额限制内在国外取出现金，并向银行支付国外提款的交易费。

9.8 地区的汇率与地区竞争力

汇率在确定不同类型旅游的价格方面起关键作用，在旅游需求功能方面起解释作用，因此，我们必须研究汇率价值及其波动对国际旅游分布中地区间竞争力的影响。我们首先考虑汇率水平在确定旅游需求中所起的作用。例如，游客在两个国家之内都可以购买相同的假期，相同的质量和服务，那么，在自己的国家还是在 B 国购买服务，汇率水平起重要作用。假设 A 国的旅游产品价格为其货币的 5000 单位，而 B 国的旅游产品价格为其货币的 1000 单位。显然，如果汇率高于 5，则对游客购买国内旅游产品是更有利的，反之，如果汇率低于 5，则 B 国旅游服务产品变得更具竞争力。由于汇率决定了 B 国旅游服务价格，很容易理解其在确定国际旅游流量方面的相关性。汇率的变动将会改变国际旅游的分布，改变地区的竞争力。如果欧元的汇率相对于所有其他外币贬值 10%，那么外国游客的所有价格和服务都将降低同样的百分比，使欧洲对于非欧洲游客更能负担得起价格。出于同样的原因，欧洲游客在非欧洲地区的旅游价格也会上涨。反之亦然。这样，国际旅游流动的规模和方向就会受到不同地区实施的货币政策的影响。国家货币贬值的决定通常会使旅游业流量的增加和流出流量的减少；国家货币升值的决定通常会使旅游业流量的减少和流出流量的增加。

9.9　本章小结

本章简要阐述了对于旅游业经济学来说，国内旅游业和国际旅游业的区别源于汇率所起的作用；跨国公司的发展是为了所有权、国际化和区位优势。跨国活动可以通过外包、商业协议或外国直接投资来实施。当前经济全球化的特点是各国开放国际贸易、所有市场自由化、私有化政策、旨在减少政府在经济中的作用的政策，以及将经济主权移交给国际组织。外国游客在该国的支出通常被称为该国的旅游出口。随旅游产品出口的是一种抽象的商品，是卖给外来游客的旅游体验。外来游客是一个发展中国家经济腾飞的重要资产，因为外来旅游的资金可以资助商品的进口，以及积累发展良性循环所必需的生产要素。在中心—外围模型中，旅游公司的本地化依赖固定生产成本（因此取决于规模经济的程度）和运输成本之间的比较。名义汇率是一种外币以国家货币计算的价格。实际汇率是外国商品的价格，取决于两国的名义汇率和两国商品价格的结合。旅游公司根据不同的汇率制度（灵活、固定或混合制度），可以使用现有的金融工具（期货、期权）来减少或消除与汇率波动相关的风险，最终对预期的变化进行推测。国际旅游流动的规模和方向受不同地区实施的货币政策的影响。国家货币贬值的决定通常会导致旅游业进入流量的增加和流出流量的减少，而国家货币升值的决定通常会导致旅游业进入流量的减少和流出流量的增加。

10   国家的介入和公共旅游组织

引言

分析管理和监督市场上旅游经营者之间的经济机构关系时，往往存在积极和规范的动机。机构是指为任何被社会成员所接受的，并有权规范个人行为和做出后果影响整个社区的决定的组织。事实上，作为经济的一般规则，旅游业尤其如此，许多经济问题可以通过外部的干预，一个集体组织（公司协会）或公共机构（公共机构），设置规则，使人们履行义务来解决。关于积极动机，自由市场均衡中低效的存在主要源于旅游产品中公共产品的存在和外部性的存在。经济理论认为，当有关资源分配的决定留给市场时，就没有达到社会最优。为了构建正确的研究框架，我们简要分析一下导致政策制定者干预经济的三个基本原因：一是均衡原因。干预遵循市场无法实现有效的平衡。二是分配原因。政策制定者根据公平标准干预重新分配资源和收入（通过税收和直接生产商品和服务）。三是稳定原因。政府干预反周期的目的是达到最佳水平的总需求和维持就业，同时试图避免通货膨胀的问题。就旅游业而言，尽管再分配问题（特别是居民和游客之间）和稳定政策（控制就业和季节性收入影响）是相关的。国家对分配的干预是必要的，正如前面所提到的，旅游现象的复杂性导致公司和市场之间存在以下问题：第一，协调问题，由于旅游产品中包含的几种商品和服务之间的强烈互补；第二，市场失灵与游客信息的不完整，外部经济与旅游业在特定地区形成和展开的事实，以及垄断和非竞争性市场结构的流行；第三，公共产品和公共资源在旅游产品中发挥的关键作用。由于它们与旅游生产的相关性，我们从研究公共产品开始，这正是它们的对立面。公共产品对其他游客和居民产生强烈的正（负）外部性。我们将关注与旅游相关的外部现象，然后讨论如何监管旅游业以及如何为经济的公共干预提供资金。我们还关注为什么游客可以成为特定税收的目标的动机。

最后，我们将看到如何通过创建特定的机构来更有效地提高对旅游业的公共干预。在现实世界中，不同的组织具有不同的司法和行政框架。旅游经济学家的任务是分析旅游机构采取的内容、目标和组织结构的效果。

10.1   旅游中的商品

公共商品是一种利益分布在整个社区的商品，而不管个人的购买行为如何。公益事业不同于私人商品（在市场上交换的标准商品）的两个特征：消费的竞争性和利益的排他性。公共利益的特征如下：

①在消费中缺乏竞争性。不只一个人可以同时从商品中获益，而不会减少他们从商品中获得的效应。消费非竞争性，如路灯、大学讲座、广播电视传输。如果许多代理商同时使用导致每个人的效用部分减少，公共利益便会受到拥堵现象的影响。相反，私人商品在消费上具有竞争的特性，如食物，如果一个人吃三明治，其他人就不吃同样的三明治。

②对利益的非排他性。非排他性是与排他性相对应的。排他性是指排斥他人消费的可能性，即：你在使用一件产品时别人就不能使用，或当你完全拥有一件产品时，别人就不能拥有。一般来说，凡是企业和个人家庭能完整地购买其消费权的产品，都具有消费上的排他性，这种产品是私人产品。公共产品的非排他性也称消费上的非排斥性，是指一个人在消费这类产品时，无法排除他人也同时消费这类产品，而且即使你不愿意消费这一产品，你也没有办法排斥。例如，你走在一条路上，你无法排除其他人也走这条路；再如，你不愿意受到路灯的光照，但只要你走在这条有路灯的公路，就必须受到照射。如果商品同时具有消费非竞争性和利益非排他性的特征，则是纯粹的公共产品，但也可能存在中间情况。不纯粹公共商品是指那些允许一定排他性的商品，因此，对于这些商品，可以找到一种机制，只允许向确定的用户群体提供服务，将非参与者排除在该群体之外。排斥机制可以是技术性的（比如在某些校友俱乐部里，只允许毕业生进入），也可以是经济性的（如果你为访问商品或服务支付了订阅费，比如付费电视），称为俱乐部商品。同样，混合商品是指有一定竞争的商品，个人的消费可以部分减少他人的消费，但不能完全消除它（比如在宽带连接中，连接的质量取决于连接到网络的其他用户的数量）。因此，同时拥有竞争性和排他性的是私人商品；反之是公共商品；只存在竞争性，不存在排他性的是混合商品；只存在排他性，不存在竞争性的是俱乐部商品。

10.1.1　旅游中的公共产品

旅游产品中包括许多公共产品。通过互联网获得的信息，地区的大部分文化遗产，城市的天际线，甚至整个城市本身，都属于旅游公共商品。此外，俱乐部商品在旅游业中也很重要，比如，游泳池、博物馆、高尔夫球场，在这些地方，通过使用各种技术或经济限制，可以部分地限制人们进入俱乐部。最后，街道上的交通堵塞，拥挤的海滩等，可见，混合商品也很重要。

一个想要吸引游客的小城市，市议会批准了一位著名艺术家在城市的主要广场建造一座雕像。游客和居民都可以进入公共广场，而不会导致拥堵问题。根据上述经济定义，该雕像是一种纯粹的公共商品。在不丧失一般性的前提下，假设在这个城市里只有 A 和 B 两个家庭，收入分别为 Y_A 和 Y_B。两个家庭都愿意支持雕塑的安装，既为了他们的个人享受，也因为它构成了一个旅游景点，但考虑到 A 和 B 的成员被召集来支付雕像的费用，用于其余的消费将会减少。因此，每个家庭必须在两种不同状态下做出选择：第一，获得雕像的效用，但其可用收入减少；第二，全部收入用于其他目的，但雕塑无法完成。

因此，经济政策的问题是在这两种不同的情况下确定家庭社区的社会福利。市议会应该采取什么措施：购买或不购买这个雕塑？政策制定者是如何做出这个决定的？

在私人商品的标准情况下，由于存在产权所确立的排他性和竞争性，解决方案就留给了市场。生产者和消费者在市场上相遇。通过设定价格的过程来实现供需平衡，并在不同的代理之间分配商品。根据不同的偏好，在个人需求函数中始终会出现不同数量的私人商品。从消费理论中我们知道，如果均衡价格是唯一的，那么商品的分配是社会最优的（帕累托效率），这个解决方案导致个体加权边际效用的相等。

相反，由于公共利益是非排他性和非竞争性的，它在每个消费者的效用函数中具有相同的值。事实上，公民并没有从他们为公众利益做出贡献的意愿中获益。如果他们形成了信念，他们将根据他们表达的支付意愿来支付，那么低估自己来自公共利益的实际效用是合理的。这种自私的行为，考虑到从别人行为中获得好处的机会（因为公共利益是非排他性和非竞争性的，他们会免费使用而不支付价格）被称为"搭便车"，指的是一个人没有支付票价，从而获得免费的旅程，而交通费用是由其他人支付的。如果每个公民都基于这个动机隐藏自己的偏好，那么结果是公共产品的数量将低于社会最优的数量。直到极端情况下，公共产品根本没有产生（比如，雕像不会被市议会购买），从而对个人和整个社会造成经济损害。

这个简单的例子通常解释了由公共产品的特征所导致的市场失灵，而基于自愿和分散决策的市场机制并不能带来有效的结果。为了避免这种情况的发生，可以要求当局通过以下方式进行干预：直接参与公共产品的直接生产；通过税收，以再分配的方式获得资金。

"搭便车"问题可以在俱乐部商品的情况下得到部分解决。事实上，对于这类商品，利益是不可排除的，因此，个人只有通过支付才能获得商品，这自然会促使人们揭示自己的偏好。一般来说，如果公共行政部门不干预，那么地区的旅游产品中的公共产品水平就会较低。这种产品结构效率低下的结果是使旅游质量降低，从而降低游客的满意度，降低地区在国际市场上的吸引力和竞争力。

10.1.2   旅游中的公共损害

公共损害可以被定义为对整个社会造成的损害，而且具有不排他性。它经常造成消费或生产活动的不必要的副产品，如环境污染。旅游业也受到影响：自然环境的污染和古迹文化城市的环境恶化都对旅游业产生了负面影响。

个人目标的最大化导致社会效率低下。这一结论是源于许多非合作补偿性策略互动情况的典型结果：著名的囚徒困境博弈很好地说明了这一情况，我们可以用它来说明公共产品的问题。

例如，酒店 A 和 B 位于一个山湖的岸边。每家酒店为了提供自己的接待服务，都污染了湖泊和森林。如果没有一家酒店负责资助水净化或垃圾收集项目，环境退化就会导致游客远离，进而对公司的盈利能力造成损害。从这个意义上说，湖泊和森林的污染是公众的危害，影响了生产功能。假设这两家酒店可以在两种形式的环境使用中做出选择：一是重视损害（用 R 表示这个行动），通过开发和管理一个环保的"生态酒店"，并承担这个改善环境质量带来的成本；二是放任损害不管（用 D 表示这个行动），不担心环境问题，也不用维持清理成本，如表 10-1 所示。

表10-1　A酒店和B酒店采用不同策略的收益

系数	酒店 B	
酒店 A	策略 R	策略 D
策略 R	50；50	10；70
策略 D	70；10	20；20

这两家酒店的最佳策略是什么？我们在表中指出了两家酒店所采用的策略的收益。在任何单元格中，这两个数字都可以解释为每个酒店的长期利润，根据各自的战略，每个单元房中的第一个数字是 A 酒店的利润，第二个数字是 B 酒店的利润。如果 A 和 B 管理共同的"生态酒店"获得相同的利润 50；如果只有一家酒店重视环境，另一家酒店不重视环境，如果我们假设这种类型的环境退化可以自然再生，但不重视环境的酒店将有不承担环保成本的优势，因此可以获得最高的利润（=70），而所有的成本由另外酒店承担，获得低利润（=10）。最后，在两家酒店都破坏环境的情况下，湖泊和森林的退化使游客远离。这种情况下，这两家酒店的长期利润都相当不可观（=20）。值得注意的是，无论其他酒店怎么进行策略选择，A 酒店和 B 酒店都存在一个占主导地位的策略（进行策略选择的酒店独立于其他酒店的策略）。对于 B 酒店而言，无论酒店选择何种策略，破坏环境执行 R 更有利，如果 A 酒店选择 R，则 70>50，如果 A 酒店选择 D，则 20>10。同样的理由也可以用于 A 酒店。因为每个酒店都希望获得最高的利润。两者最好都采用战略 D，而独立于其竞争对手的决定。由于遵循这种理性但自私行为的双方的战略互动，没有人会决定管理一家生态酒店，两家酒店最终都获得了 20 美元的适度长期利润，而湖泊和森林污染的公众危害出现了。然而，这个博弈也允许一个合作解决方案，同时尊重环境对两家酒店来说都更有利可图。不幸的是，这个解决方案并不是自动实现的，因为这两家酒店将环境成本转移到另一家酒店上都是有利的。只有公众的干预，通过环境保护法和有效的制裁，使其成为一个有约束力的承诺，才能给博弈带来有效的解决方案，使其逃离解决方案的理性陷阱。这种合作均衡有利于两家酒店，更让游客满意，更尊重环境。这两家酒店的例子表明，当有公共场所时，自私的行为会导致社会次优结果，而酒店和环境的最佳解决方案只有通过经济学家所说的有约束力的协议才能达成。此外，在这种回报结构中，投资

于公共产品生产和限制公共产品的过程是自我强化的。通过投资于旅游产品的质量，游客的支付意愿和公司的利润增加，政府能够增加财政收入。我们强调同样的理性但自私和不合作的行为，这解释了为什么旅游产品的组成和结构：公共商品规模不足；公共损害很大；公共干预是必要的，是代理的社会最优合作解决方案。

10.2 旅游产品的外部性

经济理论告诉我们，市场能够通过其信息机制和价格来协调个人决策，而完全竞争均衡的特征是帕累托最优。当完美竞争的假设不满足时，也就是说，当有不对称的信息时，公司有一定的垄断权力，当代理之间的战略互动，当市场条件存在不确定性，市场存在公共产品，存在外部性时，市场就会变得无效率。在上文中，我们研究了一种形式的市场失灵：旅游产品中公共产品（或公共损害）的存在。利益的非排他性和消费中的非竞争特征同时存在，使代理人（企业或游客）的行为对其他代理人的行为产生强烈的外部性影响。因此，本节我们将讨论外部性的概念，产生超越公共产品（公共损害）的定义。

外部性是一种不通过价格机制传递的利益或成本。在存在外部性的情况下，代理人的经济决定会独立于其意愿影响其他各方。外部性可以通过两种不同的方案分类。

第一种与产生外部性的类型有关：一是消费外部性，当一个代理的消费决策产生影响时，其他代理、消费者或公司的效用功能；二是生产外部性，即一个公司的生产决策影响其他公司的产出或某些消费者的效用。第二种是根据其产生的影响特征来区分外部性：一是正外部性，对其他代理的效用或输出产生积极影响；二是负的外部性，对其他代理的产出或者效用产生消极影响。

将这两种分类相结合，例如，汽车的噪声是消费的负外部性；相反，一个精心照料的花园是一个积极的消费正外部性，因为它提高了邻居的幸福感。在生产方面，制造公司污染湖水，它会对住在附近营地的游客产生负外部性。由顶级建筑师为公司总部设计的现代建筑，它吸引游客在附近的餐厅吃午餐，是积极生产外观的例子。

描述外部性的关键因素是商品（烟雾、噪声、污染、邻居的花园等）。影响消费行为应具有正的经济价值，但由于其特点或缺乏产权，这些商品价格交换的市场不存在。因此，当存在外部性时，价格机制对资源的有效分配发送非相关信号，导致竞争与最优性之间的联系消失。这种现象可以被归类为另一种市场失灵，因为代理商从市场价格中获得的信息不足，而且不允许他们有效地分配商品或生产因素。然而，市场在某些情况下可能会失灵，这一事实并不意味着它应该被完全放弃。

在本节，我们主要讨论对旅游业感兴趣的外部性。试图确定解决这些影响所需的政策干预措施。在旅游业方面，最可能的情况是非旅游公司对旅游公司的生产产生负影响，如钢铁厂，排放大量有害的二氧化硫烟雾。另一个典型的情况是由游客对当地人口的消费活动所产生的外部性。

10.3 负外部性对旅游生产的负面影响

为了说明由生产的负外部性导致的市场失灵的第一个案例，我们选取了一家使用湖水的制造公司的生产活动。如果水是自由使用的，并且没有任何关于保护它的立法。为了降低生产成本，使利润最大化，假设在湖岸，有一些酒店和露营地使用同样的水作为生产度假和休闲服务的主要生产要素。我们有理由认为，游客过夜的数量（这代表旅游服务生产的产出）与湖泊的污染程度呈正相关，与倾倒废物的数量呈正相关。

更正式地说，制造公司的生产成本，我们用 $C(Q)$ 表示。成本随着数量的增加而增加，$C'>0$。然而，生产活动对该地区的旅游酒店造成了损害。在减少过夜停留方面，用 N 表示，根据方程，$N=F(Q)$，当 $N<0$ 时，这可以解释为制造生产的总体成本 $S(Q)$。因此，生产产品的总成本也考虑到外部成本，我们称为社会总成本 $C_s(Q)$，是由私人成本和外部成本的和得出的：

$$C_s(Q)=C(Q)+S(Q) \tag{10-1}$$

如果制造公司在一个完全竞争激烈的市场中运作，它通过将私人成本等于产品价格来最大化其利润，显然没有考虑到其活动造成的湖泊污染的外部成本。因此，对于制造企业，生产由以下条件决定：

$$C'(Q)=p \tag{10-2}$$

这与式（10-1）中的数量 $Q+$ 相对应。政策制定者感兴趣的是由制造公司和酒店公司组成的整个社区的效用最大化方程。制造产品的最佳生产必须通过考虑私人的生产成本和旅游活动的外部成本来确定，从而将边际社会成本等同于价格：

$$C_s'(Q)=C'(Q)+S'(Q)=p \tag{10-3}$$

与式（10-1）中的 $Q*$ 对应所满足的条件。式（10-3）与式（10-2）明显不同，因此社会最优产量 $Q*$ 与公司决定的 Q 产量不一致。

因为制造公司在其管理决策中没有将污染对酒店留宿产生的外部成本内生化，工业生产数量将保持在最优水平之上，进而造成了污染。在存在外部性的情况下，如果地区愿意考虑制造业生产和旅游业的需求，它希望出台一个最优解决方案。私人成本和社会成本之间的这种差异标志着资源分配不佳：一种旅游资源（湖）变得过于工业化，水被污染，生产超过了其社会生产最佳水平。为了避免这种次优解决方案，公众监督是必要的，不仅是酒店或旅游利益相关者的要求，也是整个社区的要求。事实上，解决方案代表了社会最优，而不仅仅是旅游公司的最佳，他们希望湖水完全干净。换句话说，社会总体的最佳解决方案不是将工业生产设定为零的解决方案，而是达到整个社会生产最优的解决方案，在实践中，政策制定者可以采用两种方法：行政干预或私人方法。

10.3.1 行政干预措施

政策制定者可以通过直接或间接的控制活动在市场中发挥积极作用，从而强制实施解决方案。在直接控制中，政策制定者使用法律的权力，实施一种可以通过许可证、许可证或生产配额来影响生产活动的法规。尽管它们存在差异，但其效果是相似的，可以通过在制造生产中设定一个上限来表示。在上述例子中，适当的上限应该是 $Q*$。通过这种方式，地区将实现工业制成品和酒店留宿的理想组合（$Q*$；$N*$）以及湖泊的社会效率污染水平。

直接控制的形式是通过制定生产标准。这种情况下，目标管理人员只会设定标准，不告诉公司如何达到标准，留给公司一些操作空间来寻求最大利润。然而，这些标准很难执行；它们需要进行有效的监测活动，并在违反标准时采取一定的惩罚措施。如果有违法行为，罚款应该足够高，以使遵守法律成为最佳选择。但是，如果像现实世界经常发生的那样，控制难以实施，罚款力度微弱，那么公司就可以通过违反法律来获得更高的预期利润。

最后，决定是否实施干预策略的是成本效益分析。经济理论认为，直接控制过于繁重，因为它会影响所有公司的生产效率。

10.3.2 私有制方法

科斯定理（1960）提出了一种完全不同的修正外部性的方法，在完全竞争的市场和没有交易成本的情况下，只要明确界定产权，外部性的后果就可以通过市场自身的机制来纠正。在上述例子中，首先要考虑的是，政策制定者是否应该将该湖的产权转让给酒店。他们会通过向制造公司出售污染许可来交换这一权利；每一项许可都将允许购买公司在湖泊相对污染的情况下，额外生产一个单位的制造产品。酒店在进行成本效益分析之后，将继续销售许可，直到收入以差额弥补由于污染增加而造成的经济损失，这意味着顾客留宿的减少。根据科斯的说法，明确的产权定义是实现市场机制恢复效率和解决外部性问题的充分条件。

在实践中，科斯定理有一些缺陷。首先，如果外部属性分布在大量的代理上，那么分配产权几乎是不可能的。其次，分配给一个特定的产权被污染（或产生污染）将导致垄断权力，因此出售权限的价格将不同于完全有竞争力的价格，而一个不完美的竞争价格是不会有效的。总之，我们分析了两种公共干预的可能性，以保护旅游业免受负面生产外部性的影响。在私有方法（科斯定理）下，干预是在宪法层面实施的，重新设计产权地图，允许缺失的市场运作，从而重建效率条件。在行政干预下，决策者通过适当的征税方法或对数量的直接控制，来调整生产成本，使企业的私人选择与社会目标相一致。在操作上首选哪种选择取决于市场的特定条件和与不同类型干预相关的成本：在某些情况下，可以首选直接行政干预（例如，禁止吸烟）；在其他情况下，可首选间接行政干预（例如，对排放的碳税），如果交易成本较低，科斯的解决方案更有效（例如，各国可以出售或购买在大气中排放碳的许可）。

10.4　旅游中的税收

私营部门在有公共产品和企业存在的情况下所做的选择可能导致：短视的旅游资源管理，不可持续程度的开发；公共产品供应相对于社会最优的不足；生产相对于社会最优过剩的公共产品。因此，当存在外部性时，市场无法实现社会有效的解决方案，并提倡一种监管性的公共干预。

如果没有有效的公共管理，地区有损害其自然和文化资源的可持续性的风险；游客到达地区时，会发现公共产品太少；旅游公司会面临工业污染，损害他们吸引游客的能力和盈利能力。当市场出现失灵情况时，决策者必须干预。因此，我们将概述它可以采取的行动，重点关注税收，这是操作上最有效的工具之一。

10.4.1　公共干预

首先，政策制定者（可以是中央政府、区域当局或公共部门组织）必须确定和规划地区的可持续利用情况，并监测旅游业对环境和人口的影响。

其次，政策制定者必须确定哪些公共产品对旅游有益。对于公众群体，必须通过适用法律、法规和制裁来诱导他们与旅游经营者进行合作。对于公共产品，干预措施比较复杂，因为干预措施需要直接或间接地产生，并通过确定私营部门之间税收的公平分配来找到最佳的经济方案。事实上，我们已经看到，家庭和企业通过暗地向政策制定者发送虚假信息（囚徒困境），来减少他们对公共利益的支付份额，因此，在"虚假但暴露"的情况下，公共产品的生产水平低于"真实和期望"的情况。

此外，政府必须纠正其他经济部门通过使用行政干预（直接或间接）或私人方法对旅游业造成的负外部性。它还必须通过补贴鼓励友好旅游，通过税收减少不友好旅游。区分旅游业对该地区产生的不同影响的能力，对于决策者选择最佳干预措施至关重要。在没有公共干预的情况下，市场从理论上和实际上都不能保证私人部门的解决方案在短期和长期内是有效的。由于旅游产品、公共和私营商品和服务的互补性，公共和私营部门之间的合作需要是旅游部门和旅游地区组织的另一种复杂性。通过我们所确定的地区管理，旅行者居民和公司要求私人和公共部门的联合行动，使旅游产品的构成、环境的保护、利益的冲突协调合作。然而，为了尽量减少公共干预成本，私营部门和政策制定者之间不仅要合作和协调，还需要发展一种真正的共同合作的道德，使企业致力于"说出真相"，从而避免无用的社会成本。公共部门致力于有效地生产法律、法规和公共产品，以响应旅游产品之间的联结，从而避免浪费和服务。只有通过这种强有力的合作，旅游地区才能提供一种与环境相适应的旅游产品，也就是质量更好，价格更有竞争力。

10.4.2　对游客征税

正如之前所肯定的那样，公共当局会向公司、当地居民和游客征税。税收用于生产公共产品，纠正外部性，批准法律和法规，组织控制和管理地区的公共行政部门，监督和保护环境，资助旅游地区的旅游发展项目。

因为一个地区的人口是由游客（他们可以被定义为"临时公民"）和当地居民（永久居民）组成的。地区管理人员必须承担远高于仅对居民人口承担的成本（例如，垃圾收集、街道清洁、警察服务、急救机构等）。由于旅游支出所产生的收入乘数的影响，旅游业间接地贡献了当地的税收收入。因此，我们得出结论，不需要对游客征收特别税。最重要的是，如果游客在地区有一个度假屋，他们可能会被要求直接缴纳地方税，如房产税。旅游支出有助于地方公共预算，理论上允许决策者为因游客在场而产生的额外服务支出提供资金。然而，这一机制的运作则取决于该国的财政体系。事实上，一个国家的公共财政结构可以根据两个不同的标准来组织：一个是联邦制度，征税权分配给地方当局；另一个是一个集中的系统，由政府直接征收，然后根据自己的分配标准转移给地方当局。很明显，财政体系越是偏向第二种，由旅游乘数产生的额外收入增加的税收越不属于地方公共预算。因此，出现许多支持对游客直接征税的观点。这项税征收的目的是增加地区的额外收入。游客税的分类如下：

①每个游客缴纳的固定（一次性）税，可定义为对到达者征收的税。这类税通常向在机场或港口的旅客收取。

②与逗留时间成比例的税收（消费税或关税），可以定义为过夜住宿的税收。这类税有时在酒店和其他酒店公司征收。

③与支付的价格成比例的金额（从价税或销售税），以游客支付的价格的百分比计算（这是旅游服务支付的增值税的典型情况）。

在某些情况下，当游客的金额根据支付能力的标准发生变化时，对游客的税收可以是累进制的，例如，当更高的费用或税率与更高级别的酒店相匹配时，就会发生这种情况。

但是，通过引入税收，改变旅游产品的相对价格，会对游客的消费决定产生影响，并可以改变地区的竞争力。例如，旅游需求的弹性越强，与其他竞争地区的旅游产品的替代程度越高，税收收入就越低。从这个角度来看，对游客征税的问题不应该仅从当地收入的角度来看待，而应该在促进地区竞争力的更广泛的背景下加以界定。同样，税收也可以用来区分不同类型的旅游。关于是否应该对游客征税的讨论一直都存在。Weston（1986）基于以下理由考虑这种税收是有积极影响的：第一，在公平方面是合理的。因为他们向游客收取提供给他们的公共服务的一部分费用。第二，更负担得起。不影响当地人口。第三，管理成本低，容易收取，特别是机场费用和海关税。第四，可以是一个潜在的税收收入的主要来源，特别是对旅游专业化的国家，如巴哈马或百慕大和马尔代夫。税收对于游客和旅游公司是不受欢迎的，因为已经通过支付价格的税收为地区的经济提高利润和收入。从这个角度来看，如果政府对公司征税，让税收由他们通过提高住宿价格间接传递给游客，税收的负面心理影响将被减小。最后，关于耐用品的税收，比如度假屋。在一些对度假屋的旅游很重要的国家或地区，政策制定者对游客拥有的房地产和居民拥有的房地产征税有所不同。

10.4.3 两种关税

上文我们提到，地区可以对旅客征抵达税，或者征收消费税。因此，对游客征收的税可以由两部分组成：为前往地区支付的固定金额的关税，以及一个取决于有效购买的服务数量的可变部分。我们以公园为例，为了享受公园内的优美景色，游客必须购买门票，可以理解为抵达税，并且在公园内部收取游乐设施的门票，可以理解为停留时间的税收。用 F 表示关税的固定部分，以及在地区每晚支付的税为 N，过夜的次数为 t，游客支付的关税总额为：$T=F+tN$。因此，在地区停留一天的单位成本 UC 随着停留时间的增加而减少：$UC=F/N+t$。游客花 10 天在地区进行一次旅行和在地区进行两次 5 天的旅游是不同的：由于关税由两部分组成，在旅游产品价格相同情况下，第二个选择会更昂贵。因此，通过微调这一关税的两部分，地区可以至少部分地控制游客的平均停留时间，从而选择偏爱某些类型的游客，而不是其他类型。游客产生的外部性可以分为两类：一类是主要与游客的移动有关，以到达来衡量，如交通堵塞、交通终端（火车站、港口、机场）等；另一类是主要与游客的存在有关的东西，如用水、收集垃圾的费用等。如果外部性是第一种，那么可以施加一个相对较高的固定部分 F，以阻止"游击式"旅游，或者在极端情况下，阻止当天游客的旅游。如果外部性是第二种，地区可以增加 N，以缩短停留时间长度。

10.5　旅游组织

本节我们将对与旅游业相关的不同类型的组织进行分类和描述。一个简单的分类是分为公共组织和私人组织。此外，机构可以根据其地区权限分类，即国际组织，国家组织，地方和区域组织。

10.5.1 国家组织

国家组织的一般职责包括：中长期规划旅游政策；在国际层面提升国家形象；制定旅游条例；帮助协调旅游运营商在旅游产品的供应；通过提供基础设施和服务健全旅游产

品；保护旅游业使用的自然和文化资源，让游客在度假时有良好体验；协调当地居民与旅行者和参观者之间的诉求。

所有这些地区管理都分为三个等级：地方、区域和国家。然而，一个国家机构的组织结构取决于其经济和法律特征。

首先，旅游组织受到国家政府实施的经济政策类型的影响。如果国家政府是集中化的，这显然对旅游组织的结构有影响。如果我们面对一个联邦国家，国家组织更有可能是在不同领土的不同区域机构之间合作的结果。其次，旅游组织往往反映了旅游业在国民经济中的重要性。事实上，如果旅游活动是一个地区的主要经济行业，公共旅游系统自然会更加发达。最后，公共旅游系统往往反映了国家的发展状况：发达国家和发展中国家一般不能保证相同的组织和控制标准。

虽然这些差异向我们展示了不同地区的组织结构有多么不同，但有一个共同特点：无论实现何种类型的组织结构，必须保证不同行政级别之间的职能和目标有协调作用。

（1）国家层级

显然，国家政府在国家旅游体系中发挥着关键作用。政府必须确定旅游政策的目标并进行规划。旅游政策必须定义未来旅游业的目标增长率，旅游业融入国民经济的程度，其目标是什么，旅游业如何阐明其国家和地区能力，如何实现公共和私人运营商之间的合作等。为了实现这些目标，政府必须确定可以实现这些目标的工具，并最终将这些目标是否已经实现及如何实现的控制权委托给其行政部门。旅游机构通常部分或全部独立于政府，其任务是促进国家旅游发展。对于这类机构，各国采取了不同的方法。

（2）区域层级

区域旅游组织处于国家和地方水平之间。通常，区域组织有三个任务：一是发展区域旅游经济，二是促进该区域的旅游形象，三是将旅游产品从旅游中心推广到区域周边。当人们谈到区域层面时，问题在于正确的定义区域。事实上，行政区域的边界与旅游地区的边界不一致。这就造成了冲突和行政效率低下，各级机构之间的行政权力下放和协调应遵循辅助性原则，即在做出公共决定时以公民为中心。

（3）地方层级

地方层级的公共组织有责任促进在其管辖范围内那些地区发展及促进外来旅游业。地方机构具有信息优势，因此比国家组织更适合处理特殊问题。此外，这些机构有义务向游客提供援助。当地旅游组织必须协调当地经营者之间的旅游利益。

10.5.2 国际组织

国际旅游业的发展与国际组织的发展齐头并进。这些机构的诞生是为了满足不同国家的公民、公司、协会和政府之间的合作和协调的需要。国际组织有悠久的历史，值得注意的是，最早出现在世界舞台上的组织属于运输和通信部门。例如，19 世纪下半叶，环球邮政联盟诞生；第一次世界大战后，国际航运商会和国际铁路联盟成立；第二次世界大战之后，国际民用航空组织诞生。第一批参与旅游业的国际机构在两次世界大战期间兴起，在第二次世界大战后基本发展起来。例如，官方旅游组织的内部联盟成立于 20 世纪 20 年代；经合组织的旅游委员会、欧洲旅游委员会、加勒比旅游协会和太平洋地区旅游协会在 20 世纪 50 年代陆续发展起来。国际间最重要的旅游组织，联合国世界旅游组织，成立于 1975 年。

（1）联合国世界旅游组织简介

世界旅游组织成立于 1925 年，全称为国际官方旅游交通协会大会，旨在协调旅游政策，促进旅游业发展。1975 年，世界旅游组织成立，同年该组织在马德里设立了总部。2003 年完全承担地位作为联合国特别机构，改名为联合国世界旅游组织（UNWTO）。目前，该组织拥有 160 余个成员国和地区，以及 370 多个相关成员，还包括私营部门、高等教育机构、旅游部门利益相关者和地区管理组织。

UNWTO 是旅游业的主要国际机构。其法令第 3 条规定，该机构促进旅游业是为了促进经济发展、人民之间的理解、和平、繁荣、普遍尊重、观察人权和自由，独立于种族、性别、语言或宗教。UNWTO 也是一个关于旅游及相关问题的全球论坛，如经济发展、普及专业知识、促进负责任和可持续的旅游政策。UNWTO 在最后一个方面发挥了核心作用，积极促进发展中国家的可持续旅游。自 1988 年以来，UNWTO 采用了可持续发展的概念，将其定义应用于旅游业，并积极参加在里约热内卢（1992）和约翰内斯堡（2002）举行的联合国会议。此外，UNWTO 还推广了《世界旅游道德准则》，目的是确保成员国、旅游地区和公司除了利润最大化，不会对地区产生负面影响，另外，避免旅游业的经济效益在社会和环境层面上是负面的，或者避免它们的分配不平等。联合国世界旅游组织（UNWTO）作为旅游的国际统计办公室，它参与收集、协调和发布有关旅游流动的数据，主要是国际旅游，确定该部门的方法框架，向国家统计局，特别是发展中国家的统计局提供技术援助，发布年度报告和季刊，其中讨论了旅游的当前和未来趋势。该分析是在全球、区域和国家层面上进行的，UNWTO 是参与国旅游的利益相关者或研究人员的丰富信息来源。为了对国际旅游组织进行分类，必须提到该组织的性质。从这个角度来看，我们有政府机构和非政府机构。

（2）政府机构

政府组织由各国签署的国际协议创建，其成员是参与政府的代表。该协议必须明确说明这些国际机构的职能、目标和能力。在某些情况下，国际机构有权要求成员国遵守法律，在国家和机构之间分享主权，欧洲联盟是现实世界中最重要的例子之一。在涉及国际机构的所有案件中，每一项决定都必须得到国家政府的批准，才具有法律权力。

政府组织可以分为一般组织、特殊组织和区域组织。

①一般组织是指参与国家之间所有关系的组织。旅游业显然也包括在内。这些机构中最重要的是联合国组织（UN）。

②特殊组织在合作目的方面受到限制，它们是由有具体目标的协定所设立的，如经济合作与发展组织（Organization for Economic Cooperation and Development）。

③作为一种限制，各区域机构仅限于其职权范围。这些机构通常处理参与国之间的所有经济和社会关系。旅游业再次是相关的问题之一。例如东南亚国家联盟（Association of South-East Asian Nations）。

（3）非政府机构

非政府机构是由个人、公司或协会创建的，其成员由各方的代表组成，这些机构是机构之间的自愿协议，这些机构通常不享有特殊的法律特权，并受其所在国的法律约束。这些组织根据其能力主要分为四种：一般、特殊、区域和部门。

①将旅游视为其主要研究对象，如国际旅游科学专家协会（International Association of Scientific Experts in Tourism）。

②设定一种特定的旅游形式，如国际社会旅游局，后更名为国际社会旅游组织（International Organization of Social Tourism）。

③在区域内的机构，负责处理参与区域的旅游业务，如欧洲旅游委员会（European Travel Commission）。

④主要参与公司和行业运营的组织，如国际航空运输协会（International Air Transport Association）。

10.5.3 非营利组织和志愿组织

非营利组织是位于公共组织和私营组织（私营组织主要是由利润最大化的目标驱动的，也被称为营利公司）之间的机构，在它们不能盈利的条件下提供公共商品和服务。非营利公司通常被称为自愿协会或道德团体。它们统称为"第三部门"，目的是阐明它们在私营和公共部门方面的替代作用。就像由利润驱动的公司一样，非营利公司是通过私人性质的倡议组织和控制的，但与这些不同的是，它们不盈利，它们受到不将金钱利益转移给所有者的限制。另外，与公共行政部门所发生的情况相反，它们的活动并不是由政治进程驱动的。它们的资金也不来自税收。在许多法律制度中，它们享有财政福利，这一事实承认了它们的社会作用。

非营利性公司的理论揭示了这样一个事实，即它们在那些信息不对称的服务业中尤为重要。事实上，它们有助于解决市场失灵的问题。由于缺乏利用自身信息优势（即不能分享利润）的激励措施，它们享有更高的声誉，深受公民的信任。此外，非营利组织可以构成政府所提供的服务的额外供应的有效来源。旅游本质上是一种良好的体验，其特征是重要的信息不对称，因此，非营利公司可以在公共和私人组织之间的整合中发挥关键作用。

在旅游业方面，也有许多由旅游利益相关者组成的自愿组织，以个人或企业层面参与。这些组织可以是地方的、区域性的或国家性的。人们自愿加入的主要组织类型是专业协会和工会。专业协会是指组织从事特定活动的个人的机构，这需要特定的技能。通过长期的学习和培训发展起来的。这些协会的目的是保证其成员所提供的服务的标准和价值，即使是通过规范入学的考试。因此，它们制定最低质量标准（通常基于教育水平和类型以及以前的工作经验），并控制和监督新成员达到的要求，并由已经成为成员的人维持。这些专业组织的经济原理是向市场提供可靠的信号。然而，通过这种方式，专业协会至少含蓄地提高了其成员的"垄断权力"的程度，从而加强了对该职业的进入壁垒。工会也是把人们聚集在一起的协会，它们的目的是保护工作条件，保障工人的权利，工会签署的许多协议对旅游业有影响，而不只是那些针对旅游公司（旅行社、酒店公司、交通公司、博物馆等）的员工。然而，对于这些公司，工会的作用很重要，因为它可以通过集体谈判、最低工资、工人权利和旅游公司的运营要求，来决定生产成本。最后，它在旅游业中的作用也是工会在保护工人方面的基本作用。公司自愿参与的组织通常被称为商业协会，但实际上它们会用协会、财团的名称来表示。此外，在某些情况下，这些协会也有权出台条例以规范该部门内的恶性竞争。

10.6　本章小结

本章简要讲述了公共产品的特点是消费上的不竞争性，利益上的不排他性性。对于公共产品，利益遍布整个社区，独立于有效支付的价格。当某些群体的效用受到其他群体的消费或生产的消极或积极影响时，就存在外部性。这种情况下，市场产生的数量超过（负外部性）或低于（正外部性）社会最优生产数量。为了将外部性内在化，决策者可以以不同的方式进行干预，比如通过直接控制（法律限制或禁止）、间接控制（外部性相等的补贴）或私有方法。对游客征税的主要原因是支付与为满足游客的需求而必须提供的更多服务相关的额外费用。可以是一次性税（入境税）、消费税或从价税（增值税）。旅游组织可以分为国际组织、国家组织、地方组织等。

第四篇
旅游的经济贡献与影响

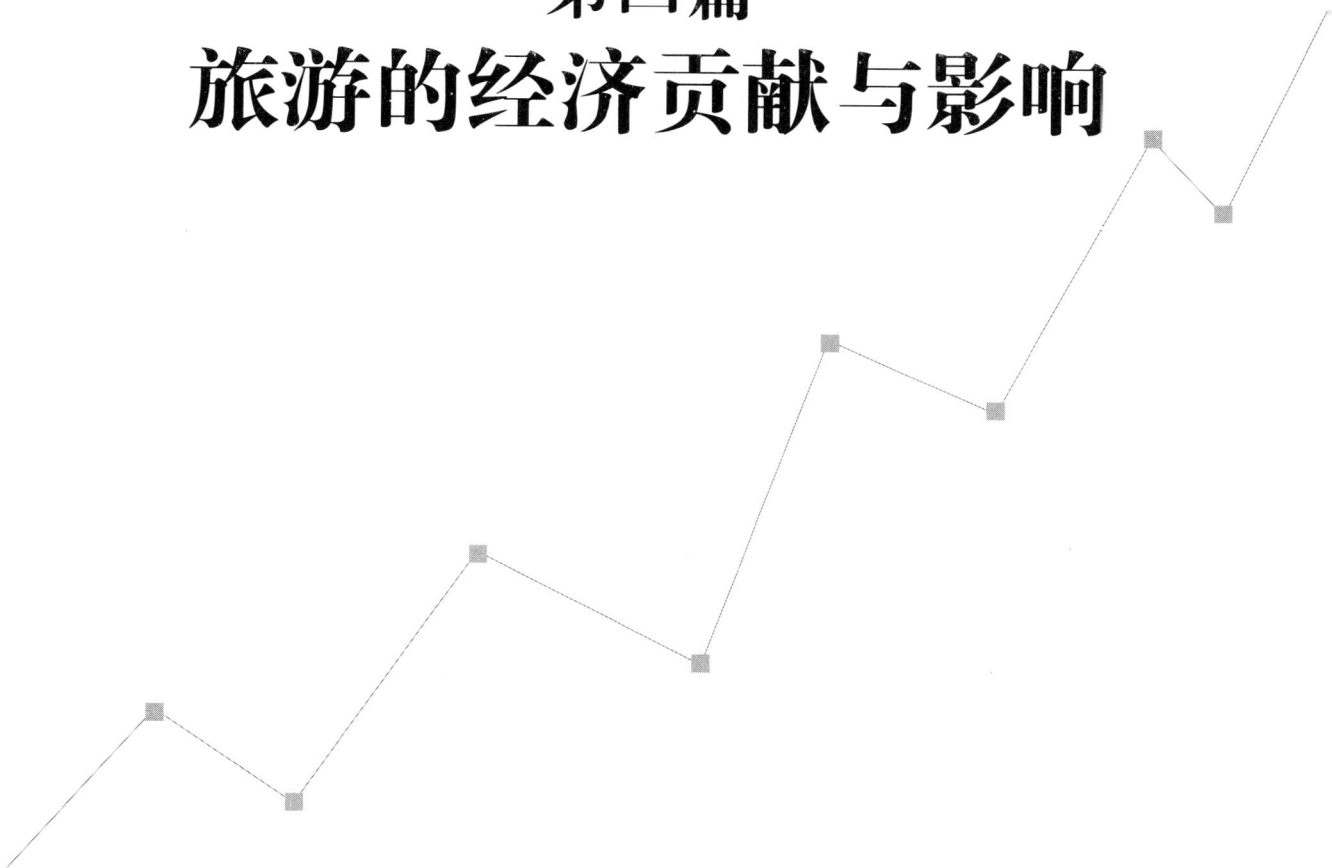

11 旅游的经济贡献

引言

经济学家用于估算任何行业及其随时间经济表现重要性的关键指标包括其对国内生产总值（GDP）及相关变量的贡献。在本书的后续章节，在讨论旅游在国家和全球范围内的重要性和增长时，将多次提到这些重要变量。动态的世界经济为全球范围内国内和国际旅游的持续增长创造了经济基础，与旅游相关的支出对地区有各种经济效应。一些关键效应包括：旅游相关企业销售收入的增加，本地生产和产出的刺激，创造新的就业机会，产生外汇收入，带来新的投资机会，增加政府收入，促进地区发展。

11.1　旅游对销售收入的贡献

游客购买与旅行相关的交通、住宿、保险、食品和饮料、娱乐、购物商品以及与旅行相关的其他各种商品和服务。经济贡献的关键指标为：国内生产总值（Gross Domestic Product，GDP）是指一个国家在一年内生产的所有商品和服务的市场总价值，扣除生产过程中所使用的商品和服务的成本，但在扣除固定资本消耗补贴之前的净值。

GDP 的定义有三种概念上相同的方式：

①支出法：GDP 作为净最终需求。GDP 是一个国家在一年内生产的所有最终商品和服务的总支出。

②生产法：GDP 作为附加值的总和。GDP 等于一个国家所有产业在一年内在生产过程中每个阶段（中间阶段）增加的价值之和，再加上产品税减去产品补贴。

③收入法：GDP 作为初级收入的总和。GDP 是一个国家在一年内生产所产生的收入，包括员工薪酬、生产和进口税减去补贴，以及总经营盈余（或利润）。

测量和量化 GDP 的最常见方法是支出法：GDP= 个人消费支出（C）+ 国内私人总投资（I）+ 政府消费（G）+［出口（X）− 进口（M）］。

其他重要的经济指标包括：

①毛值增加（Gross Value Added，GVA）是指生产的商品和服务的价值与在生产中使用的原材料和其他投入成本之间的差额。GVA+ 产品税 − 产品补贴 =GDP。

②国民总产值（Gross National Product，GNP），也称为国民总收入（Gross National Income，GNI），包括国民生产的所有商品和服务的价值，无论是否在国内生产。因此，

GNP=GDP+ 来自国外的净财产收入（包括工资、股息、利息和利润）。净国内产品（Net Domestic Product，NDP）和净国民产品（Net National Product，NNP）通过从 GDP 和 GNP 中分别减去设备和机械的折旧来计算。就业是在地区从事有报酬工作或工作的总人数。世界各地的统计机构在其国民账户的附注中提供了对这一概念的不同和更详细的定义。

游客支出下降对直接向游客销售商品和服务的供应商产生影响。其中一些公司属于被认为是"旅游产业"的一部分，而另一些则属于该产业之外。地区中的直接游客支出被纳入旅游卫星账户（TSA）的"旅游支出"类别。直接支出可以按总量或按不同的游客市场细分，可以是每次旅行或每天计算。将直接支出数据以矩阵形式显示是有益的，该矩阵由四个象限组成，水平和垂直轴分别表示平均停留时间和平均每日花费（美元）。对于任何地区，可以将旅游市场（按来源、访问目的、旅行动机等）分配到每个象限，如图 11-1 所示。

左上象限包括每日花费高、停留时间短的游客。

右上象限包括最高产值细分，由每日花费高、停留时间长的游客组成，其每日花费和停留时间均高于整个地区的平均水平。

左下象限包含较不具吸引力的市场，即停留时间短、花费低的市场。

右下象限包括停留时间长、花费低的市场。

这种类型的分析通常驱动地区管理组织的营销战略，正如从它们的网站中看到的。理想的游客被认为是一个大手笔的消费者。这些数据来自涵盖不同市场细分的游客支出调查。该矩阵不仅可以用作指导旅游促销的输入，还可以用于指导地区的管理策略。

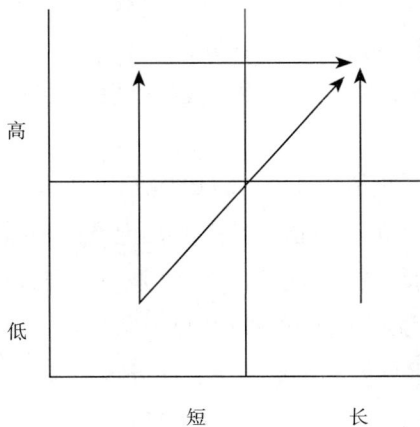

图11-1　按平均支出和停留时间的旅游支出数据

推动旅游规划和新产品开发以及监测市场趋势，优选市场是那些平均花费超过其他市场的市场。可以主张，属于右上象限的游客细分在有针对性的营销活动中应该比其他象限中的游客更具优先级。

表示运营商和地区管理组织在追求高产值的目标时希望旅游市场细分在矩阵内的移动方向。使用支出数据来推动运营商或地区营销战略存在一些限制：

毛支出数据并不能提供有关游客购买的商品和服务信息，因此无法指示从游客购买中获得销售收入的旅游部门的部门。游客支出并不能衡量企业的盈利能力，因为它未提供有关向每个游客细分提供服务的总成本的信息。由于支出收益措施侧重总收入而不是净收入（减去销售商品和服务的成本），这是运营商公司和地区层面的营销策略的误导基础。支出水平本身并不能指示供应商从游客购买商品和服务中净获取的销售收入。游客购买的商品和服务的进口内容（泄漏）必须由国内运营商支付。支出收益估计忽略了支出对旅游业的经济贡献。TSA 可以用于将简单的支出度量扩展到估计变量，如游客对旅游国内生产总值（TGDP）、旅游毛值增加（TGVA）、旅游毛经营剩余和旅游就业的贡献。仅考虑支出注入本身忽略了游客支出的经济影响。经济影响与注入的毛支出不成比例。毛支出度量不指示支出将如何影响其他行业或更广泛的经济。对 GDP、GVA 和就业的影响大小取决于多个因素，如支出金额、购买的商品和服务类型、地区的产业结构以及用于估计的经济模型类型。毛支出本身并不能提供关于支出的相对分布及其对更广泛地区的影响的信息。一些游客类型（例如，生态游客或背包客）更有可能在农村和地区旅行，从而在区域经济中产生更高水平的经济活动。支出注入并不能告诉我们与不同游客市场细分相关的社会或环境成本和收益。在一个地区花费相似金额的游客可能在社会和环境方面留下不同寻常的"足迹"。新兴地区往往强调增加注入式游客支出战略的重要性。事实上，最不发达国家的旅游支出份额小于它们的旅游流份额，这对这些国家增加入境旅游支出提出了挑战。然而，旅游收益的支出测量的局限性表明，这一概念在政策上的重要性非常有限，特别是作为指导地区营销和产品规划的指导。

11.2 增加入境旅游支出对国内旅游供应的影响

增加入境旅游给地区带来了多方面经济效益。

新的国际游客需求引发了旅游服务供给曲线的右移，导致旅游服务的价格上升。这一变化致使地区的总旅游支出增加，其中，既包括国内游客的消费，也包括国际游客的支出。由于价格上涨，主办国的旅游服务供应商获得了额外的销售收入。具体而言，入境旅游的好处主要体现在销售额的变化上。这包括国内游客支出和国际游客支出之间的差异。随着国内游客减少国内旅游需求，其销售额相应减少；而国际游客由于对旅游服务的需求增加，其销售额则上升。这种销售额的变化是整体旅游支出变动的一部分。

在总销售额的变化中，主办国的旅游服务供应商经历了生产者剩余的提升。这意味着供应商通过更高的价格实现了更多的销售收入，从而增强了他们的经济绩效。与比同时，国内游客经历了消费者剩余的减少，因为他们需要支付更高的价格以获取相同的旅游服务。尽管国内游客的消费者剩余减少，但由于生产者剩余的增加超过了这一损失，整体上存在潜在的帕累托改进，这表明主办国家从增加入境旅游中获益。这种经济变化凸显了入境旅游对地区的积极影响。

旅游增加了地区对商品和服务的需求。旅游支出可以促使当地的初级生产（矿产、农业、渔业、林业产品等）、第二产业（制造业产品）和第三产业（服务业）的发展，因为游客对这些物品的现有需求提高。这种支出会对地区内的商品和服务的生产产生直接、间接和诱发的影响。

11.2.1 直接效应

游客支出的直接效应影响体现在"旅游产业"内外直接向游客销售商品和服务的供应商。这种支出以销售收入、向游客销售的商品和服务的企业收入、与旅游相关的就业的家庭薪水和工资，以及通过与旅游相关的税收和费用向政府产生的收入的形式对经济活动产生直接影响。地区的旅游直接经济贡献有三个度量标准，即旅游产出、旅游国内生产总值（$TGDP$）和旅游毛值增加（$TGVA$）。直接效应引起了间接和诱发效应。这些次生效应通过"次生"或"涟漪"效应捕捉，因为初始的游客资金通过企业和家庭在整个经济中的花费和再花费而刺激了收入和就业。

11.2.2 间接效应

间接效应是由旅游产业的收入在其他产业购买产品和服务输入的多轮次再花费中导致的生产变化。例如，酒店和餐馆从供应商购买地毯、床单、泳池化学品和计算机，这些供应商又从其他公司购买燃料、文具、电力、家具等。这种间接支出创造了一个"链效应"，为其他企业、家庭和政府带来了进一步收入。这些再花费的收入将被用于购买必要的输入，并为其他企业、家庭和政府提供收入，这些企业、家庭和政府将再次购买输入，从而持续这一过程。旅游的间接贡献归因于为产生旅游产出提供输入的产业的 GVA、GDP 和就业。每个行业几乎都在某种程度上受到初始游客支出间接效应的影响。

11.2.3 诱发效应

诱发效应是指直接和间接支出的受益者（企业所有者、经理及其雇员）花费其增加的收入。因此，家庭和企业获得的一部分收入将在"下游"用于购买在大多数情况下与旅游产品供应无关的商品和服务。例如，工资和薪水收入者以及企业所有者将支付房租、购买食品杂货、剧院门票等。这反过来引发了一系列中间企业的购买以及进一步消费，从而增加了 GDP 和就业。

直接、间接和诱发效应的总和被称为"旅游乘数效应"。当地生产增加的程度主要取决于旅游与经济其他部门之间的商业联系的强度。

11.2.4　进口效应

并非所有游客购买的商品和服务都是在本地生产的。当国内短缺而进口物品时，这些额外的进口进一步减少了乘数效应。特别是对于国际旅游，游客购买的物品中可能有相当一部分是进口的。

可以识别出以下类型的旅游进口：

①游客消费的进口商品包括游客购买的在地区进口的各种产品。例如，在巴厘岛的游客可能购买在韩国制造的 T 恤和在中国制造的光盘。在免税店，游客可能购买瑞士制造的手表或日本制造的相机。

②游客使用的资本品的进口包括酒店房间里的电视机、用于观光的摩托车或摩托车、外国拥有的飞机、度假胜地游泳池的过滤设备、航运码头的电梯或地区的环保废物处理系统。

③由于本地居民消费模式的变化而导致的进口。由于旅游，可能出现示范效应，本地居民采用游客的旅游行为、态度和具有更高进口含量的消费模式。

④国外的要素支付包括对外国拥有的土地、劳动力和资本的支付。例如，向在地区运营的外国公司的利润汇回、向外国债权人偿还债务、外国工人在地区外汇寄回的收入、由缺席地主拥有的度假屋的租金支付、向离岸旅行社支付的佣金费用。

⑤地区推广支出在广告费用用于在地区之外的广播、电视和新闻纸广告时表示泄露。

对于许多发展中国家而言，今天的平均进口相关泄露在小经济体中为 40% ～ 50% 的总旅游收入，而在大多数先进和多元化的经济体中为 10% ～ 20%。最近，在对七个小岛地区进行的一项研究中，Pratt（2015）发现在这些岛屿国家，每花费 1 美元的游客消费，平均只有 0.69 美元留在本地经济中。对于美属萨摩亚，这个数字甚至只有 0.44 美元。

这一现象产生的原因与小岛国家的特点有关：体积小、资源匮乏、偏远且环境脆弱。当游客购买"一揽子"邮轮或度假胜地度假套餐时，高进口含量限制了本地企业向旅游业销售或从中获利的机会，导致对本地经济的较小的溢出效应。在大多数"一揽子"度假套餐中，约 70% 的游客支出流向航空公司、酒店和其他国际公司，而不是本地企业。传统的旅游支出泄露问题已经演变成涵盖离岸的问题，这是一个集体术语，用于捕捉与全球资本主义相关的资源的移动、迁移和隐藏（Dwyer，2015）。非地方化的虚拟环境使信息、资金、资源等可以全球流动，使地方司法机构难以征税，并适用劳动法、环境和消费者保护法以及其他法律。日益自由化的贸易体系加速了离岸过程，使本地区难以将游客花费的资金保留在本地。一个"进口"的产品或输入不一定来自国际。为了符合"进口"的资格，满足购买的物品在研究区域之外生产即可。因此，对旅游对蔚蓝海岸经济影响的分析将把普罗旺斯产的葡萄酒视为"进口"，而从法国旅游的角度来看，这将被视为在国内生产。相对于较小的地区，通常存在更大的进口泄露。由于他们有限的工业基础，游客需要提供标准的设备、食品、饮料和其他产品。

11.3　旅游业创造新的就业机会

旅游业创造了新的工作和就业机会。旅游不仅在行业本身创造就业，而且通过其复杂的价值链在其他行业也创造了就业机会。

旅游就业可以分为三种不同类型：

①直接就业是由于游客消费而在旅游设施中产生的就业。直接旅游就业包括所有工人从事直接旅游产出生产的工作。

②间接就业包括所有从事间接旅游产出生产的工作，通过向旅游相关企业生产所需的货物和服务提供输入（例如，生产泳池化学品、制造地毯、农业和为航空公司提供燃料的工人）。

③诱发就业是由诱发旅游支出产生的额外就业。

如果经济中由于对货物和服务的总需求不足而导致失业，旅游对就业的影响可能会更大。如果额外的旅游需求增加了对劳动力的总需求，那么就会出现就业的净增长。由于在其许多部门中是相对劳动密集型的产业，向旅游的转变往往会增加劳动需求并减少失业，但相对于初始就业影响而言，这种影响可能较小。

失业对劳动力需求不太敏感。失业水平是劳工工会和劳动力偏好的结果，反映了更高工资和更高就业之间的权衡。由于旅游扩张带来的额外劳动需求会提高实际工资，而不会大幅增加就业。总体而言，在劳动力市场失败（例如，实际工资过高）导致失业的情况下，不太可能因为增加旅游或其他支出而对总体劳动力需求产生重大影响。在熟练劳动力短缺的情况下，加之工资僵化，会大幅减小旅游增长对就业的影响。

我们不应只关注旅游业本身的总就业创造，而忽视对经济其他领域就业水平的影响。在确定旅游的就业创造能力时，需要考虑到挤出效应，以及考虑对整个经济的影响。因此，随着旅游业的扩张，其他行业的从业者可能面临失业（例如，旅游使用以前用于农业的土地，使农民离开土地）。旅游增长的总就业和净就业效应之间存在较大差异。

旅游业就业有如下特点与问题。

①全球旅游业主要由中小型企业（SME）主导，其中工作往往具有相对季节性，企业经常经历高员工流动率。

②旅游业是一个劳动密集型行业，倾向于雇用更多的女性和年轻人。女性在该行业占劳动力的 60%～70%，而该行业的一半员工年龄在 25 岁以下。

③旅游业支持非正式部门中的许多工作（例如，街头摊贩、当地导游、人力车司机、陪同人员）。尽管这影响了政府的税收，但有证据表明，非正式部门内的经济活动泄露较低，因此对地方经济影响更大。

④旅游业就业质量令人担忧。旅游业的工作可能是无技能的，薪水较低，工作时间不规律且流失率大。这类工作具有很高的临时、季节性和兼职合同比例，职业前景黯淡，工作条件差，缺乏社会保障和保护，易受歧视和剥削。

⑤季节性对就业的稳定性产生不利影响。季节性工作者面临的问题包括：工作和收入不安全，通常没有从一个季节到下一个季节的就业保证；难以获得培训、与就业相关的医疗福利和经验认可，以及不满意的住房和工作条件。

⑥各种因素影响就业增长，例如在旅游业中新技术的增加，在线预订系统，以及高比例的兼职和临时工作。

以上列举了全球旅游业就业的一些典型特点，旅游业的复杂性和多样性也意味着具体情况可能因地区和企业而异。

新的经济视角需要为更全面地理解旅游业中更广泛的劳动和就业问题做出贡献，如雇主与雇员关系、人力资源问题以及在现代社会中工作的转变等。

11.4　旅游业创造外汇收入

在经济学术语中，国际旅游是一种贸易服务，地区赚取的利润被视为出口，游客花费的金钱被视为原产地市场的进口。入境游客的支出在原产地市场的经常账户中汇总。

旅行项目下的支付（Balace of Payment，BOP），代表向非居民出口的服务。BOP 是一个国家与世界其他地区在规定时期（每季度或一年）内进行的所有货币和经济交易的声明或记录。它由经常账户、资本账户和金融账户组成。由于每笔交易都要结算，因此借方总额必须等于贷方总额。旅游发展可以帮助扩大经济的出口基础，从非居民那里产生外汇。入境旅游是许多国家重要的出口收入来源。这对世界上 47 个最不发达国家来说尤为重要，它们是近一半最不发达国家出口收入的前三个来源之一。发展中国家的服务贸易总收入的 43% 以上来自旅游出口，其中最不发达国家的占 70% 以上。通过增加外汇收益，为地区及其综合公司提供了杠杆优势。

11.4.1　国际旅游的宏观经济视角

①创造就业机会：旅游出口的增长可以创造就业机会。

②增强购买力：国家外汇收入越多，其在国际市场上的购买力就越大。出口是外汇的来源，是资金进口外国资本商品的手段，影响投资水平和经济增长。

③经济增长与收入分配：一个国家的经济增长率与其出口增长、收入和财富分配密切相关。

④加强国际联系：出口创造了国家之间更紧密的联系，促进商业关系，拓宽地区的技能基础、教育经验和文化多样性。

⑤稳定总出口收入：旅游收入可以稳定总出口收入。出口的不稳定性会对经济发展产生不利影响，而旅游的潜力在于稳定出口收入，尤其在商品价格敏感、主要产品市场萎缩、地区出口范围有限的国家。

11.4.2　国际旅游的微观经济视角

旅游企业从出口商品和服务中获得如下优势：

①增加盈利能力：鉴于外国市场的多样性，每个国家的消费习惯和需求各不相同，出口提供了增加销售某些产品或服务的机会，这些产品或服务在国内目前没有足够的需求。增加旅游收入的潜力在一定程度上取决于提供的旅游产品的"独特性"。

②分散风险：出口允许运营商在不同的市场之间分散风险，因此，如果一个市场出现下滑，对总体销售和利润的影响将较小。在国内需求因季节波动而低迷时，地区和个别企业可以转向国际旅游市场。对各种不同的外国市场进行出口销售还有助于减少公司可能因本地（和外国）商业周期波动而面临的风险。

③规模经济：增加的出口生产和销售使旅游运营商能够访问"全球消费者"，以实现规模经济并将成本分摊到更大的营收额上。更低的单位成本使旅游产品在本地市场及国际市场上更具竞争力，并且有助于公司的整体盈利能力和竞争优势。这通常在公司拥有可以在大多数其他地区销售而无须重大修改的"通用"产品或服务时效果更好。这一特点支持了全球"大众旅游"的崛起。

④促进创新：通过出口，国内企业与全球最优秀的公司竞争，因此，被迫创新并使用最现代的技术和最佳的商业实践以提高生产率。成功的旅游出口商还因其提高的效率和对产品质量的关注而在国内市场取得成功。出口商对知识和技术的获取会"溢出"到整个经济，这有助于提升所有企业的竞争力，提高国内微观经济效率，并增强地区的竞争力。

11.4.3　关于毛收入与净外汇效应

增加旅游的外汇收入对汇率施加上行压力（即本币兑外币的价格）。

①在浮动汇率制度下，这将导致其他行业的进口增加，出口减少，再次减少地区的净外汇收入。

②由于对外国游客购买的商品和服务的需求增加导致的成本压力，通过提高价格，降低了一个国家国内旅游业相对于其他地区的竞争力。

③这会导致居民出境旅游的增加，特别是如果价格上涨伴随汇率升值。

④与此同时，由于国家的外汇支出增加，这在一定程度上会抵消入境旅游所带来的额外外汇收入。

其他可能的外汇效应还包括：

①增加对入境旅游的需求，通过减少经济对传统大宗商品出口的依赖，有利于改善东道国的贸易条件（即出口相对于进口的价格）。

②减少对大宗商品出口的依赖还会降低贸易条件的波动性。这些效应对于改善欠发达国家的经济福祉特别有利。

11.5　旅游业创造新的投资机会

旅游业为已经存在的和新兴的企业带来投资，使它们能够扩大生产和销售规模。投资是指私营企业和政府在预期未来获得回报的情况下对资本和金融资产进行的支出。在一个地区内进行的投资类型影响整个地区的竞争力，包括所提供的地区体验。不断扩大的旅游业通过国内企业、外国直接投资者和政府来刺激投资。对旅游设施的投资涉及数量上的变化，如在地区扩大旅游相关产品和景点的范围。投资也涉及质量上的变化，包括提供区域内旅游产品和服务的性质和种类、环境质量及地区内外的交通便利性的改善。强有力、持续的旅游投资对于旅游业的成功至关重要，它确保了企业的生产能力和经济整体满足旅游需求的能力。

①国内私人投资。旅游业的增长通常与住宿、餐馆、酒吧、咖啡馆、零售商、旅游办公室、外汇设施、娱乐等有关。

②外国直接投资（FDI）。FDI涉及对旅游资产的某种程度的外国所有权或控制。FDI为国内经济引入了资本、技术、技能、人员、专业知识和对本地供应的需求。它还可以创造新产品，并在供应链的更深层次上促进地区的增长和发展。然而，FDI也会给东道国带来一些潜在成本。这包括：潜在挤出国内投资的可能性，游客支出增加的泄漏，减少本地居民的就业机会，失去旅游业的股权和控制权，以及不适当的形式和规模的发展。

③基础设施投资。不断增长的旅游业可以通过改善基础设施，包括道路、机场、港口、电力、污水处理、蓄水、通信基础设施、废物处理系统和娱乐资产，推动游客、当地居民和更广泛的经济。公用事业公司需要扩大规模，以满足游客的需要，并保持相对不间断的服务水平。对基础设施的投资可以提高私人生产和分销旅游服务效率，并使其供应成为可能。

11.6　旅游业增加政府收入

旅游发展是一种增加政府税基的经济多样化的形式。税收适用于旅游特色和相关活动中与生产和消费有关的各种商品和服务。除与旅游有关的经济活动产生的税收收入外，还必须计入与旅游有关的政府支出。政府提供支持旅游业的资金会导致基本社区服务的公共开支的减少。

与旅游有关的经济活动产生的额外税收收入会对政府税收收入总额做出重要贡献。这包括：

①直接税——机场离境税、机场噪音税、酒店床位税。

②间接税——商品和服务税、燃油税、关税、酒精税等。

③旅游公司对利润进行纳税。

④旅游行业员工缴纳所得税。

⑤游客在一个地区停留期间需要支付各种不同类型的税。

一个地区的税基可以是发展融资的一个重要来源，特别是对较小的经济体。

政府支持与旅游有关的经济活动的支出包括：

①旅游设施（博物馆、国家公园等）。

②旅游部管理办公室、统计和人员提供费用。

③支持旅游培训和教育。

④与旅游相关的公共基础设施提供（道路、机场、航运码头、污水处理、电力、电信等）的成本。

⑤吸引旅游发展。

⑥国内、国际旅游营销支出。

⑦联合国世界旅游组织的会员费等。

需要注意的是，旅游对政府预算的影响不只是从收入项目中减去成本项目得出的净数。旅游卫星账户（TSA）可用于估算对直接和间接旅游消费的净税收（税收减去补贴）。然而，由于TSA代表一种静态方法，对整个经济范围内行业净税收效应的更准确估计必须采用允许考虑因素约束和行业间效应以及政府宏观经济政策设置效应的模型。

11.7 旅游业促进区域发展

旅游发展可以促进区域发展，为地区的落后、落后和偏远地区创造收入和就业机会。偏远地区的居民可以生产手工艺品、艺术品、织物、纪念品等，然后销售给游客。旅游可以使当地经济多样化，为小社区提供额外的生计机会，有助于缓解贫困问题。它可以通过发展本地供应链和丰富就业机会来帮助纠正区域经济不平衡。这在全球许多地区都是特别重要的，因为旅游发展可以帮助减少农村到城市的迁移。

一个缺点是，对一个行业的经济依赖性会增强该地区的经济脆弱性。过度依赖旅游，尤其是大众旅游，对依赖旅游的社区带来重大风险。一个在整个工业领域都很多元化的经济将不易受到波动，并面临较低的下行风险。以下两种依赖与旅游有关。

一种依赖与旅游作为出口市场有关。旅游流量对经济、政治和自然现象非常敏感。全球金融危机已经证明了来自世界市场的需求的突然不利变化导致的旅游依赖性的风险。特别是新兴旅游地区容易受到发达国家购买其产品的市场发生的干扰及阻碍旅游流入的自然灾害的影响。

另一种依赖发生在旅游市场本身。地区过于依赖来自特定起源市场的旅游流入或特定类型的旅游产品，这些市场因为种种原因而下降。鉴于旅游支出的自由裁量性质，该行业对各种危机非常敏感。影响这些市场的不利变化会导致对旅游地区和过度专业化的当地社区造成的大量成本。此外，糟糕的效应意味着当地人没有得到旅游业的全部经济效益。对于整个地区和当地社区来说，一个谨慎的战略是使其经济基础及其旅游产品的范围和吸引力多样化。在许多发展中国家，当地的经济活动和资源较少用于当地居民和社区的利益和发展，而越来越多地用于其他人（游客）的出口和享受。当国内市场被忽视时，旅游业就会出现这种情况。为避免对国际旅游市场的过度依赖及引发相关问题，地区可以考虑挖掘国内旅游的潜力。特别是在地理位置优越的地区，国内旅游可以有效吸收入境旅游业低迷和季节性造成的供应过剩。此外，扩大国内旅游业有助于重新分配国民收入，从而缩小经济发展水平上的区域间差距，促进社会平等。通常，国内旅游业的进入门槛要低得多，与当地经济的联系也更广泛，从而极大地促进了当地的合作。从本质上来说，一个充满活力的国内旅游业为具有竞争力的国际旅游业提供了基础。

11.8 非经济影响

虽然上述讨论的重点集中在旅游业的经济影响，但必须认识到其他影响也与旅游业增长有关。在一个更大的世界经济中，更多的人意味着更多的游客，更多的游客增加了旅游业对经济、社会文化和环境环境的压力。尽管商业运营商和地区经理继续寻求扩大旅游业的方式，但人们越来越担心的是，该行业目前对依赖产量增长来弥补产量下降的供应商和主办社区产生的回报正在小幅下降。旅游业会产生一些潜在的有益的社会影响，如促进游客和居民之间的相互理解，鼓励对当地文化传统和身份的自豪，以及增加当地人的娱乐设施和休闲机会。另外，不利的社会文化影响包括：繁忙的社区和生活方式，游客和居民之间对可用的服务、设施和娱乐机会的竞争，不利的示范影响，丧失当地身份和价值观，以及通过文化商品化失去传统工艺和技能。虽然这些问题是真实的和重要的，但经济观点本身对它们的解决方案却没有什么质疑。我们需要采取跨学科的方法来制定政策。正是关于旅游业的环境影响，经济学家可以通过分析和政策的制定做出更大贡献。旅游业的扩张与资源短缺，景观退化，海岸侵蚀和自然场地质量退化，引入非本地物种、毒素和污染物，野生动物栖息地的破坏，生态系统的破坏，生物多样性的减少，碳足迹的增加，对旅游业造成了巨大影响。认识到旅游业发展对经济、社会文化和环境影响的相互依赖性，可持续发展的概念已成为旅游文献中一个被广泛分析的概念，吸引了各利益相关者的关注，包括地区管理人员、行业经营者、政府机构、咨询师和研究人员。

11.9　本章小结

本章主要讲述动态的世界经济为全球国内和国际旅游的持续增长创造了经济基础。无论是国内旅游还是国际旅游都对每个地区做出了经济贡献。旅游支出对地区有各种经济影响。旅游支出带来的关键影响包括旅游相关企业销售收入的增加、刺激本地生产和产出、创造新的就业机会、产生外汇收入、提供新的投资机会、增加政府收入以及协助区域发展。游客支出的直接效应体现在直接向游客销售商品和服务的供应商。其中一些企业在所谓的"旅游业"内，而其他企业则在该行业之外。直接支出可以按总体或不同的游客市场细分来估算，可以按每次旅行或每天计算。

利用支出数据制定运营商或地区营销战略存在一些限制。这包括总支出注入忽略市场的盈利能力，对旅游国内生产总值和旅游就业以及其他经济变量的贡献，支出的经济影响，支出在地区内的扩散程度以及各种社会和环境效应。旅游增加了地区对商品和服务的需求，可以促进初级、次级和第三产业。这种支出会对地区内的商品和服务生产产生直接、间接和诱发的影响。游客购买的商品和服务只有一部分是在本地生产的。特别是对于国际旅游，他们购买的很多商品可能是进口的。旅游进口的类型包括游客消费的进口商品、资本品的进口、由于当地居民消费模式变化而产生的进口、对国外支付的因素以及地区推广支出。旅游就业可分为直接、间接和诱发。在短缺熟练劳动力的背景下，工资刚性会大幅减小旅游业就业的影响。鉴于行业的挤出效应，需要考虑整体经济效应，以确定旅游业对就业的创造能力。

入境旅游对许多国家而言是重要的出口收入来源，对许多发展中国家而言是主要的外汇收入来源。入境旅游产生的外汇规模取决于游客数量、日均支出、平均停留时间和汇率。考虑支出的流入和流出，对于一个地区而言，最重要的是净外汇效应。不论是国际旅游还是国内旅游，不断扩大的旅游业都刺激了国内企业、外国直接投资者和政府的投资。强大而持续的旅游投资对于旅游业的成功至关重要。地区内部投资的类型是决定其整体竞争力的主要因素，包括提供的地区体验。旅游业的发展巩固了政府的税收基础。一个地区的税收基础是发展融资的重要来源，特别是对于较小的经济体而言。除与旅游相关的经济活动所得税收外，还必须考虑与旅游相关的政府支出。支持旅游的政府资金也可能导致减少对基本社区服务的公共支出。

旅游业的发展可以促进地区发展，为地区的落后、滞后和偏远地区创造收入和就业机会。对旅游过度依赖，尤其是大众旅游，对于依赖旅游的社区来说存在重大风险。

尽管上述讨论侧重于旅游的经济影响，但必须承认与旅游增长相关的其他影响。在一个更大的世界经济范围，人数增加意味着更多的游客，而更多的游客会增加对旅游发生的经济、社会文化和环境背景的压力。

12 旅游业的一种测量方式：卫星账户

引言

近年来，随着旅游业作为一种经济和社会现象日益凸显，其对不同地区的经济贡献就变得尤为迫切。衡量旅游支出的经济贡献的问题在于，旅游业"在任何经济统计或国民核算体系中都不作为一个独特的部门存在。"旅游业是一个跨越许多经济部门的行业，游客消费的商品和服务来自多个行业，如零售贸易、住宿和食品服务、交通、艺术以及个人和娱乐服务。虽然所有为满足旅游需求而生产和消费的产品和服务都包括在国民账户中，但它们并不明显，因为旅游业在国际统计标准中没有被确定为传统行业或产品（ABS，2007）。人们的大部分支出被分配给与旅游有关的部门，如住宿、交通、租车、免税购买、餐馆、旅游和景点。本章讨论了旅游卫星账户（TSA）在估算旅游对地区经济贡献的角色，以及它们在政策制定中的作用。TSA 提供了一种在国际上公认的和标准化的方法，用于评估旅游支出的规模和影响，以及其与不同行业之间的联系，从而识别旅游在经济中的作用并与其他行业进行比较。

12.1 改善统计数据的需要

有几个历史性问题凸显了对旅游分析和政策的改进统计基础的急切需求。

①旅游业的利益相关者长期以来一直担心政府低估了旅游对其经济带来的好处，尤其是与制造业和农业等其他行业相比，这些行业的产出更容易观察和量化，并且由于历史原因，这些行业在政府统计收集中更为清晰地反映出来。

②在大多数官方统计体系中，要充分记录旅游相关经济活动的全部规模和范围几乎是不可能的。任何试图仅关注国民账户体系，强调关键的旅游相关行业的旅游经济贡献的尝试，很可能会严重低估游客的总支出，从而忽视其经济重要性。

③不一致的定义限制了许多国家和地区统计数据的可比性。全面而可靠的统计数据对政策制定者做出资源分配决策至关重要。只有依据充分可信的统计数据，才能将旅游业的表现与其他行业活动进行比较，并在公共和私人部门进行知情的旅游政策分析。

近年来，UNWTO 和其他国际机构鼓励各国根据以下准则进行旅游统计：

①数据应该具有统计特征，并定期制作，结合基准估算的编制与更灵活的指标使用，以增强结果的实用性。

②估算必须基于可靠的统计来源，其中包括游客和消费商品和服务的生产者，使用独立的程序。

③数据应在同一国家内具有较长时间的可比性，在不同国家之间具有可比性，并与其他类型的经济活动具有可比性。

④数据应在内部保持一致，并在国际一级认可的宏观经济框架内呈现。

12.2　什么是旅游卫星账户

卫星账户是核心国民账户的延伸。它们允许估算在传统国民会计框架中没有单独标识的活动的规模和作用。它们重新安排国民账户中的现有信息，以便更仔细地分析某个经济或社会重要领域。从含蓄的角度来看，旅游包含在核心国民账户中，因为游客购买的产品和供应商生产的产品都是国民账户中测量经济活动的一部分。然而，虽然满足旅游需求的所有产品都嵌入在核心账户中，但由于"旅游"在国际统计标准中没有被识别为行业或产品，因此它们并不容易被注意到。旅游卫星账户（TSA）基于报告在一个国家国民账户体系中的所有行业的账户。TSA 代表联合国统计委员会认可的组织旅游统计数据的标准框架如下。

①TSA 基于供给和使用表的信息，国际和国内旅行调查的数据，以及来自生产率表的就业数据。

②TSA 提供了有关地区国内和国际旅游支出的数据。居民在国外旅行的支出（出境旅游）也包括在内，以便可以计算旅游贸易差额。旅游供应、旅游商品的总产出以及旅游国内生产总值（GDP）和就业，都被纳入账户。估算是以年为单位以当前美元表示的。

③TSA 提供了一种通过在核心国民账户的一个独立但相关的卫星账户中使用主要账户的结构来单独识别和分析旅游经济方面的手段。

④TSA 是在整个经济的背景下设定的，使用一致的并得到国际认可的国民会计原则、概念和定义，以便确定旅游对主要国民会计总额的贡献，并与其他行业进行比较。

12.3　TSA和旅游业的发展

旅游支出数据通常来自大规模的游客调查，是 TSA 的一个重要组成部分。在 TSA 中，"旅游产业"是通过对来自旅游特征和行业供应的各种商品的需求进行消费者方面识别的。

通过旅游特征和旅游相关产品和行业的概念，TSA 确定了旅游的组成产品和行业。这是衡量该行业经济贡献的基本步骤。与旅游相关的产品是以下两种形式的总和：

旅游特征产品是旅游消费的重要组成部分——其销售的重要比例是给游客的（例如，住宿和航空运输）。它们是在没有游客的情况下将不再存在的产品，或者在没有游客的情况下其消费水平将显著降低的产品。例如，在新西兰和澳大利亚的 TSA 中，如果游客购买其产品的至少 25%，则将产品分类为旅游特征产品，但其他地区可能应用不同的百分比。根据国际 TSA 标准，基于它们在全球范围内与旅游联系的重要性，建议实施旅游特征产业的核心列表，以便进行国际比较。

旅游相关产品是与旅游有关但对游客和/或生产者不如特征产品重要的其他产品（例如，汽车燃料零售和赌场）。它们是由游客以对游客和/或提供者来说重要的数量消费的产品，但未包括在旅游特征产品列表中。旅游相关产品的列表将是各国特定的。

与旅游相关的行业也有两种形式：

旅游特征行业——经济中典型的与旅游相关的行业或活动，如果没有旅游将不再存在或将受到显著影响。

旅游相关行业——与旅游特征行业不同的行业，其中可以直接识别与旅游相关的产品，并以对游客和/或生产者来说重要的数量进行消费。所有其余的产品和行业都被分类为"所有其他商品和服务"或"所有其他行业"。表 12-1 呈现了 12 个旅游特征消费产品和活动（行业）的分类学。在国际比较方面，1～10 类别包括中央产品分类（CPC）子类和国际标准产业分类（ISIC）活动的核心部分（UNWTO，2008）。其他两个类别是与国家相关的。类别 11 涵盖了特定于国家的旅游特征商品和产品以及相应的零售贸易活动。类别 12 分别涵盖了特定于国家的旅游特征服务和特定于国家的旅游特征活动。

表12-1　旅游特色消费产品和旅游特色活动（旅游业）

产品	活动
1. 为游客提供住宿服务	1. 游客住宿
2. 餐饮服务	2. 餐饮服务活动
3. 铁路客运服务	3. 铁路客运
4. 道路客运服务	4. 道路客运
5. 水上客运服务	5. 水上客运运输
6. 航空客运服务	6. 航空客运
7. 交通设备租赁服务	7. 交通设备租赁
8. 旅行社和其他预订服务	8. 旅行社及其他预订服务活动
9. 文化服务	9. 文化活动
10. 体育及娱乐服务	10. 体育和娱乐活动
11. 国家特有的旅游特色商品	11. 各国特有的旅游特色商品的零售业
12. 国家特色旅游特色服务	12. 国家特色旅游特色活动

各国在是否应将某些项目纳入特定旅游卫星账户及如何进行测量方面存在分歧。同样，旅游特征产业清单在不同国家之间也存在差异。

只有在达成对特定特征产品和产业的协商一致清单的基础上，才能实现国际可比性。

该清单可以定期更新，并且由个别组织（例如，OECD、Eurostat 和其他组织）建立更广泛或更详细的清单，以便在其成员国之间实现适当的可比性，前提是要保持这些清单与基本分类之间的对应关系。

12.4 旅游卫星账户的构建

旅游卫星账户的编制采用游客支出数据、产业数据以及国民经济核算体系（SNA）供应和使用表中的供应和使用关系的组合。SNA 是国际统计标准，用于编制国家统计。

例如，印度、新西兰和加拿大 TSA 的旅游特色产业：

①印度运输安全管理局旅游特色行业提供综合的住宿服务，包括餐饮、多种客运服务（铁路、公路、公共汽车、其他机动车辆、非机动公路运输、水上、航空）、运输设备租赁、旅行社服务以及其他丰富的娱乐活动。

②新西兰运输安全管理局旅游特色行业涵盖住宿、咖啡馆和餐馆、道路、铁路和水上客运、航空运输、其他交通、仓储和运输服务、机械和设备租赁，以及文化和娱乐服务。

③加拿大运输安全管理局旅游特色行业包括旅客运输服务、餐饮服务、铁路运输、公共汽车运输、出租车、水上运输、航空运输、汽车租赁、旅行社以及各类娱乐活动。

在编制运输安全管理局数据时，最重要的假设是在计算与旅游有关的货币和就业总额时使用旅游产品比率和旅游业比率。默认的假设是，一个行业对旅游业和非旅游产出的投入需求是相同的。这一假设被来将每种商品或行业的销售产出的"份额"转嫁给旅游业。运输安全管理局利用这些估算（旅游产品比率）将一定比例的支出分配给不同的旅游相关行业。因此，在一些地区，旅游业可能占航空运输销售产出的 80%，住宿占 75%，地面交通占 30%，餐饮服务占 25%，零售贸易占 17% 等其他行业部门。当综合考虑这些因素，并将旅游产品比例应用于行业级别的数据以生成旅游行业的估算时，结果就是一套账户，记录了所有向游客销售产品和服务的行业的产出、附加值、就业等情况，休闲旅游协会、旅游 GDP 和旅游就业情况。旅游卫星账户（TSA）在经济数据和关于旅游的非货币信息之间提供了联系，例如，旅行次数（或访问次数）、停留时间、旅行目的、交通方式等，这些信息是指定经济变量特征所需的。它们还提供了旅游行业的详细生产账户，包括就业数据，并与其他生产性经济活动建立了联系。

在计算旅游 GVA 时，需要执行以下步骤：

①确定在经济环境中，哪些产品是由游客购买的。为每种旅游产品估算旅游消费；从每种产品的购买者价格的旅游消费中减去产品税收、补贴、利润和进口，得到基本价格下的旅游消费，这代表了旅游的国内产出。

②确定每种产品的国内产出中被游客消费的比例，通过将基本价格下的旅游消费除以每种产品的基本价格下的总供给来计算旅游产品比例；确定向游客提供每种旅游产品的行业；将旅游产品比例应用于各行业的各产品产出，估算各行业的旅游产出；估算生产每个

行业的旅游产品产出所需的中间消费。

③以每个行业的基本价格计算旅游 GVA，即旅游产出减去产生旅游产出所需的中间消费，以及经济中所有产业的总和。

④通过按基本价格将旅游产品净税（使用游客支出占总支出的比例计算）计入旅游 GVA 来估算旅游 GDP。

⑤分配就业到旅游需求，就业计算使用按行业计算每个行业 GDP 份额的比例相同。

12.5　TSA执行的重要功能

TSA 提升了对旅游对地区经济贡献的估算的可信度。使用国际认可的概念和定义，以一致而权威的方式呈现与旅游相关的关键经济变量。

TSA 提供了描述旅游规模和经济贡献的宏观经济聚合物，如旅游总增加值（TGVA）和旅游国内生产总值（TGDP），与总体经济和其他生产性经济活动及感兴趣的功能领域的类似聚合物一致。通过这种方式，TSA 提高了相关利益方对旅游经济重要性及其在一系列行业中的角色的认识。

通过确定满足游客需求而在整个经济中产生的总增加值的来源，TSA 有助于研究旅游与其他行业之间的相互关系，并确定行业对旅游的依赖程度。

TSA 允许将地区的旅游业与其他国内行业进行比较，以了解其在规模、经济表现、就业和对国家经济贡献方面的重要性。

TSA 支持国际比较。通过产生与其他国际公认的宏观经济聚合物和编制可比估算，TSA 还促进了将一个地区的旅游业规模、范围和表现与其他地区进行比较。

通过在国家会计框架中突出旅游业，TSA 允许将旅游业更好地纳入经济分析的主流。

TSA 可用于开发有价值的经济绩效指标，包括旅游业整体及其组成部分的生产率和价格测量。

TSA 可以与未来的基准工具和微观旅游指标的发展相结合，使私营部门运营商能够将其业绩与行业标准进行比较，以了解其在生产率、增长和收益方面的表现。

TSA 可以提高数据的有效性，用于指导旅游政策制定，并在更广泛的政策议程背景下改进对这些政策的评估措施。

TSA 在测量旅游的"碳足迹"方面至关重要。

12.6　TSA的更新机制

完整的 TSA 构建需要相对昂贵的成本，并要求利益相关者在一段时间内高度参与以保持准确性。虽然无法每年收集所需的详细供给方数据来及时制作全面的 TSA，但可以使用基准 TSA 中的关系和每年可用的需求方数据更新关键的聚合或主要输出。一些国家根据更近期的数据进行 TSA 的部分更新，通常包括关于游客消费或业务营业额的信息，例如通过入住率等来估算。

即使在高度发展的 TSA 中，任何给定的单元都可能会过时数年。因此，TSA 是无法完全反映"当前"背景的，必须开发补充其余指标，以洞察旅游对特定时间内经济的重要性。

12.6.1 旅游产值的度量

关注"产值"是全球各地区业务战略和公共政策中的一个重要方面，以维持和增强旅游的回报。旅游产值可以估算为与不同游客市场细分相关的支出。支出，无论是总旅行支出还是每游客夜的支出，都是旅游产值的标准度量。TSA 的创新用途是超越支出产值度量，估算不同来源、人口统计学市场或特殊兴趣市场的游客每美元支出对旅游业的贡献。TSA 可用于开发新的更有用的旅游产值度量，考虑到与特定游客市场细分（例如，按来源、人口统计市场或旅行动机划分）相关的额外支出对旅游业在贡献到毛营业盈余、增加值、就业等方面的影响。根据一些市场细分的游客的消费模式，即使它们的总支出相同，不同市场细分的经济贡献也会有所不同。鉴于它们不同的支出额和购买模式，来自不同市场细分的游客对旅游业利润、旅游增加值和旅游就业的贡献是不同的。不同的利益相关者强调不同的目标市场。虽然个体经营者更愿意专注于能够提供更高销售收入或更高利润的市场，但国家或地区旅游办公室希望针对能够对 *TGDP* 或旅游就业数字做出更大贡献的市场进行目标定位。

产值度量可以与其他 TSA 输出一起估算，为地区利益相关者提供有关不同旅游市场细分相对经济贡献的有用信息。然而，仅从这些度量中得出更广泛的政策结论是不恰当的。基于 TSA 的产值度量未包含游客支出的整体效应，忽略了由于价格、汇率和工资变化在因素约束下引起的注入支出的产业间效应。对这些效应的适当认识要求超越基于 TSA 的产值度量，进行与每个市场细分相关的旅游支出的经济建模。

12.6.2 旅游生产率估算

可以为具有旅游特征和相关产业进行个别或总体测量，通过不同地区和国家的各行业进行基准比较，包括随时间进行的生产率增长比较。

三个重要的生产率度量如下：

$$劳动生产率 = QVAL/QLAB$$
$$资本生产率 = QVAL/QCAP$$
$$多因素生产率 = QVAL/QLABCAP$$

其中：

QVAL 是附加值的数量指数。该行业的该指数计算为 *GVA* 的当前年恒定值除以 *GVA* 的基准年恒定值。

QLAB 是劳动投入的数量指数，作为一年内实际工作小时的指数进行测量。

QCAP 是资本投入的数量指数。

QLABCAP 是劳动和资本投入的数量指数。

TSA 可用于为度量提供如下信息：

劳动生产率被定义为产出指数（*GDP* 或 *GVA*）与劳动投入指数（实际工作小时指数）的比率。可使用 TSA 的行业就业估算转换为 *FTE*（全职当量）就业，然后使用劳动力调查、普查数据和行业报告的数据转换为实际工作小时。

资本生产率被定义为产出指数与资本投入指数的比率。TSA 对旅游产业 *GVA* 的测量表明了旅游产业中固定资本形成（*GFCF*）的情况，假定旅游在行业 *GVA* 中的份额同样适用于资本投资。通过在 TSA 的构建中使用的行业附加值比率，可以间接推导出资本服务的估算。

多因素生产率是单位资本和劳动的综合投入的产出。用于 *MFP* 估算的综合投入指数是通过使用旅游附加值的资本和劳动的各自收入份额以及旅游总产出的资本、劳动和中间投入的各自成本份额来构建的。这些投入指数被合成一个综合投入指数。利用这些度量和国家 TSA，为澳大利亚 1998—2009 年的各行业部门开发了旅游生产率的估算结果（TRA，2010）。研究结果显示，在该时期，与其他行业相比，旅游的绩效存在一些问题。在各种度量上的低生产率增长表明需要政策倡议来改善生产率增长。这包括资源的谨慎和更好地分配，引入更好和新的技术/创新，以实现高效的操作方式，改变业务运营环境，扩大旅游公司的运营规模，并消除社会、经济和工作场所效率的物理障碍。

在估算地区生产率时，使用 TSA 存在一些挑战，特别是当没有市场价格存在来估算产值时。其中包括：

测量资本存量、服务质量、顾客满意度和人力资本投入方面存在困难；估算受数据可用性和来自其他途径的结果可比性的影响。地区管理者应致力于通过采用改进和更长时间序列的相关数据集不断改善基于 TSA 的生产率估算。

12.6.3 旅游的碳足迹估算

人们越来越关注旅游对环境的影响，尤其是对碳排放的影响。为了准确估算并制定政策应对这一问题，需要一个一致的碳度量框架。TSA 总结了旅游特色和相关产业的生产活动。正是这些活动产生了碳排放。如果了解了行业生产与温室气体排放之间的关系，那么就可以计算 TSA 衡量的旅游产出所关联的排放。一些研究人员已将 TSA 估算与经济活动的碳排放数据（经济—环境投入产出表）相结合，以测量旅游活动的直接和间接碳排放。TSA 可以通过某种环境账户系统（如环境经济核算体系 SEEA）与不同行业的碳排放数据相结合。SEEA 是 SNA 的另一个卫星账户，将经济和环境信息汇集在一个共同的框架中，以衡量环境对经济的贡献和经济对环境的影响。基于 TSA/SEEA 的综合方法对政府及其交通 / 旅游部门、旅游行业协会是有用的，因为它们可以基于一致的数据集制定碳减排战略，并制定可持续的地区规划实践。随着旅游业寻求实现其千年发展目标的努力，特别是在环境可持续性方面，预计将会越来越多地利用 TSA 来估算总体和各行业的旅游碳排放。提高统计数据的可靠性、可访问性和透明度对于引导经济发展至关重要。TSA 在政策制定方面有多种用途。虽然一些国家正在推进 TSA 的实施，但只有少数国家在正式和完整的形式上定期运用这一工具。TSA 数据仍然大部分被低估使用。

12.7　TSA的经济贡献与经济影响

TSA 为估算旅游需求变化的经济贡献提供了重要的信息基础，但本身并非经济影响评估的建模工具。我们必须区分"经济贡献"和"经济影响"。经济贡献衡量了行业在经济体中的规模和整体重要性。例如，旅游产出、TGDP、TGVA 和旅游就业。TSA 在某一特定时期内代表了经济体内直接旅游需求重要性的快照或描述。经济影响指的是由构成旅游系统的特定事件或活动引起的经济贡献变化。这不应与贡献本身相混淆。经济影响意味着经济贡献的整体变化必须考虑到由于"冲击"对旅游系统产生的广泛互动效应。此外，TSA 未考虑可能对旅游增长构成障碍的潜在因素约束，也未考虑价格和工资变化对其他（非旅游）行业可能产生的影响。为了估算游客数量变化的更广泛经济影响（直接 + 间接效应），我们需要一种经济模型来推动分析。为了更详细地了解旅游的间接和诱导效应，需要进行进一步分析，即经济影响分析，需要使用特定的经济建模技术。在这种分析中，TSA 为分析旅游的整体经济影响提供了一个起点，为其他更全面的方法提供支持。

12.8　本章小结

TSA 凸显了旅游对国民经济各个部门的贡献。它提供了一种国际公认和标准化的方法，用于评估旅游支出的规模和影响及其与不同部门的联系，使旅游在经济中的作用能够被确定并与其他部门进行比较。

在估算旅游对经济的贡献时，TSA 有助于识别旅游产业、衡量关键经济变量、测量旅游与其他产业的相互关系、支持产业间比较、支持国际比较、增强对旅游经济贡献估算的可信度、为旅游研究和政策分析提供工具。政府在旅游规划、基础设施建设和市场营销方面的广泛参与推动区域 TSA 的发展。在区域层面上，使用"卫星账户"这一术语可能会引起误导，因为它不符合国民账户，并且在构建区域 TSA 时存在一些挑战。然而，在 TSA 框架内估算旅游对国家经济子区域的贡献仍然有好处。TSA 应该从两个角度来考虑：作为一种统计工具和作为指导各国进一步发展其旅游统计体系的框架。那些已经实施 TSA 的国家能够更清晰地了解旅游在其经济中的地位，因此能够更准确地评估旅游带来的好处。鉴于其相对昂贵和需要利益相关者高度参与，每年都无法制作完整和最新的TSA。TSA 的关键聚合物可以使用基准 TSA 和需求端数据的关系每年更新一次。TSA 可用于指导政策，因为它具有以下作用：允许关注旅游产出；衡量旅游对经济的直接贡献；区分经济贡献和经济影响；可用于制定绩效指标，如旅游生产率。TSA 的另一种用途是衡量旅游的"碳足迹"。如果知道产业生产与温室气体排放之间的关系，那么就能计算与旅游有关的排放量。

13　旅游的经济影响

引言

现今有大量评估旅游经济影响的文献。经济影响分析是估算由于现有或拟议的项目、行动、事件或政策而引起的地区经济变量的变化。游客的支出在整个经济中对许多与旅游业无直接联系的不同行业利益相关者产生重大的附加效应。经济影响分析通过企业、家庭和政府中与旅游活动相关的支出流向，以识别事后和事前在销售、产出、政府税收、家庭收入、增加值和就业等经济变量方面引起的变化。

13.1　经济影响分析的目的

对于旅游业，经济影响分析（economic impact analysis，EIA）最常见的应用与以下方面有关：

①旅游需求变化的影响。支持旅游需求的重要定量和定性因素会改变旅游人数、支出和相关经济活动的水平。EIA 可以估算实际或预测的旅游需求变化导致的影响的规模和性质。

②政策和法规的影响。政策设置可以直接或间接影响旅游活动，并且评估其对关键经济变量的影响（积极或消极）。例如，包括税收或签证要求的变化、地区营销活动的变化、举办大型活动或提供新的与旅游相关的基础设施。在对政策选择的影响存在不确定性情况下，可以创建场景来估算在不同假设下经济影响的可能范围。

③超出旅游业直接控制范围的变化。旅游业依赖许多因素，这些因素在来源市场和地区市场之间往往超出旅游业利益相关者的直接控制范围。这包括自然事件（如海啸、飓风或大流行病）或人为事件（如犯罪增加）。EIA 为旅游业和更广泛的经济事件对旅游的影响提供了有用信息。这可以提醒旅游利益相关者，以便未来采取措施来减小其潜在影响。

④公共和私人投资提案。EIA 帮助决策者更好地了解各种投资提案对旅游业及经济其他行业的影响。这些投资由公共部门（例如，机场建设或会议设施）或私营部门（例如，度假酒店开发或旅游购物中心）资助。

⑤资源分配、政策和旅游发展战略的管理。EIA 的一个主要目标是为决策者提供有关资源在旅游部门内及旅游与其他产业部门之间适当分配的信息。EIA 可以比较替代资源分配、政策、管理或旅游发展战略的经济影响。EIA 可以在地方、区域或国家范围内进行，

所收集的信息可用于旅游规划和政策制定，以增强旅游对地区的经济贡献。

⑥行业游说。EIA 可用于游说政府做出有利于旅游业发展的决策。旅游利益相关者通常雇用顾问，试图说服决策者在他们的地区为旅游业分配更多资源或制定旅游业有重大经济影响的政策。

这样，旅游业的经济影响就成为国家、州、区域和社区规划以及选择更广泛的经济发展的一个重要考虑因素。

研究人员在不同的背景下使用各种经济影响技术。任何技术的准确性都取决于其在结构假设和建模的目标环境的属性中反映经济现实的能力。

13.2 旅游乘数效应

游客支出引发了直接、间接和诱发效应，从而导致地区的经济活动增加。初始游客资金通过企业和家庭在经济中的再次支出，刺激整个经济中的收入和就业，这些连锁效称为乘数效应。其规模将决定旅游冲击（积极或消极）对地区经济的影响。

例如，一个游客在餐馆里吃了一顿饭。这顿饭的部分成本将用于购买其他行业的输入，如农业、食品加工、电力、菜单印刷、场地租金、购买桌布等，还包括餐馆员工的工资、税收和业主的利润。其中一些购买将来自本地供应商，而其他的则将从地区外部导入。当地供应商将从其他供应商购买原材料等（间接影响）。公司的所有者及其员工将花费他们增加的可支配（税后）收入和利润（诱导效应）。每一种支出都通过供应二业和进一步诱导消费来启动连续几轮的购买过程。最初直接支出的资金一直在经济中循环，直到最终泄漏。直接效应、间接效应和诱发效应之和是总效应——产出、销售、增值、国内生产总值（GDP）、家庭收入和就业的总体增加。在乘数过程的每个阶段都会发生泄漏。与旅游支出变化的直接和次要效应相关的主要泄漏形式有储蓄、税收和进口。

储蓄：并非所有当地居民获得的直接家庭收入（工资和薪金）都会被花费。相反，其中一部分可能被储蓄，如果这样，它对本地经济刺激就不再有贡献。一些企业收入会被保留一段时间，以积累资金供以后投资。

税收：无论是直接的还是间接的，都会导致资金在短期内被从经济中移出。税收降低了纳税人（个人和公司）的支出能力，因此阻止征收的税收能够为进一步的经济刺激做出贡献。

进口：与游客支出相关的最终商品和服务的任何进口内容都代表了从本土经济中的泄漏。

每种泄漏形式都导致资金暂时流出本土经济，至少在储蓄和税收的情况下是这样。它们的存在意味着留给创造后续波及效应的美元更少。这些泄漏的确切大小和性质将取决于行业结构和消费者支出模式的性质，以及税收制度的性质。

"乘数"是与给定的支出变化相乘用以估算该变化对经济产出、收入、增值或就业的影响的数字。乘数衡量了向经济注入支出的经济影响，包括连锁反应。在旅游环境中，它们是衡量旅游业与经济其他部分之间相互依赖程度的一种指标。

代数上，乘数可以表示为总效应（对产出、家庭收入、增值或就业的影响）与原始支出效应的比率，如下所示：

$$乘数=总效应/直接支出$$

我们可以区分简单乘数和总乘数。假设注入 1 美元支出：

简单乘数（类型 1）：由最初 1 美元对最终需求的改变引起的直接和间接产出效应之和。

总乘数（类型 2）：由最初 1 美元对最终需求的刺激引起的直接、间接和消费诱导的产出效应之和。

这些乘数可以用以下比率形式表示：

$$简单乘数=（直接效应+间接效应）/直接效应$$
$$总乘数=（直接效应+间接效应+消费诱导效应）/直接效应$$

应谨慎使用总乘数（类型 2 乘数），因为它们假设经济活动没有资源约束。当没有富余产能（因此生产要素几乎充分就业）时，将出现通货膨胀压力，这是由于过多需求刺激导致工资和价格上涨，而不是产出增加。因此，诱导效应将最小化。在受限、理想化条件下，总乘数提供了可能产生的影响的上限估计。

乘数经常用于估算旅游需求变化的经济影响。总乘数包括在直接和间接旅游支出者将其增加的收入花费在额外商品和服务上时产生的诱导效应。乘数原理也可以反过来使用，估算由于旅游支出减少而引起的产出、收入、就业等的减少。有时，一些国家、地区或事件的一系列乘数值会被发布出来。然而，这样的行为毫无意义。旅游乘数的大小取决于所采用的具体模型以及地区的特定情况，包括本地经济结构及其各部门在贸易模式和现有要素约束方面的相互关联程度。此外，由于旅游乘数可以用多种不同的方式计算，我们在比较不同的乘数估计时必须小心谨慎。对于地区的任何给定的支出冲击（正面或负面），经济变量的影响将根据经济的若干特征而变化。

可以使用经济模型来估算旅游支出对经济的影响，这些模型能够识别和量化本地经济不同部门之间的联系及与其他地区的联系。"乘数"效应的大小将取决于所采用模型的类型，尤其是其是否能够考虑到现实世界经济的不同特征。

特定旅游需求冲击对经济产生影响的决定因素如下：

①冲击的规模（正面或负面）。

②直接、间接和诱导支出的行业。

③不同行业部门之间商业联系的强度。

④要素约束的程度（土地、劳动力、资本的供应）。

⑤消费品和生产输入的进口含量。

⑥所假设的生产和消费关系。

⑦输入和输出价格的变化。

⑧汇率的变化。

⑨劳动力市场的运作。

⑩政府宏观经济政策立场。

13.2.1　基于投入产出模型的乘数

基于投入产出模型的乘数在旅游政策分析中得到广泛应用。投入产出（Input-Output，$I-O$）表为分析行业之间联系提供了关键信息。$I-O$ 表是一组账户，将最终需求的各个组成部分与各个工业部门、工业部门之间的相互作用以及工业部门与初级输入之间的关系相关联。$I-O$ 表展示了构成经济的各个行业，并指示这些行业如何通过购买和销售关系相互关联。简言之，它们显示了每个行业从哪些其他行业购买，以及向哪些其他行业销售。

$I-O$ 表在提供一系列经济模型中使用的基础核心数据库方面非常重要。$I-O$ 表的一个重要应用是计算行业产出的输入百分比，并使用这些百分比估算该行业任何给定产出的输入需求。这些百分比被称为"直接需求系数"。通过操纵直接需求系数，可以推导出称为投入产出（$I-O$）乘数的测量值。这些乘数提供了一种简单的方法，用于估算产业产出变化对进口、收入、就业或单个行业或整体产出的波及效应。

用于推导乘数的程序相对复杂，在此不进行详细描述。底层数学，即莱昂蒂夫反演，需要复杂的数学知识（UN，1999）。五种最常见的投入产出（$I-O$）乘数类型分别是销售、产出、收入、增加值和就业。

销售（交易）乘数衡量了由额外的最终需求引起的业务周转总额的总增加。产出乘数衡量了额外的最终需求单位对经济中各个行业产出的影响，其中产出等于销售加上库存价值的增加。

收入乘数显示了由最终需求单位产生的家庭直接和总收入之间的关系。它涉及向生产额外产出的工人支付的额外雇员薪酬。

价值增加乘数显示了由额外的最终需求单位引起的产出变化所产生的要素成本增加值（即家庭赚取的工资、薪水和补贴及企业的总经营剩余）。

就业乘数描述了由额外的最终需求单位产生的直接和间接就业相对于直接就业的比率。该乘数通常以每增加 100 万美元支出带来的 N 个全职等值员工（$FTEs$）的数量表示。

$I-O$ 模型对假设非常严格，这影响了经济影响分析（EIA）和推导出的乘数测量的准确性。基于 $I-O$ 的 EIA 通过简单地忽略当前现实来避免对经济运作方式进行假设。

13.2.2 社会会计矩阵（*SAM*）乘数

社会会计矩阵（*SAM*）是在特定时间内代表一个国家（地区）的经济和社会结构的系统，通过定义其经济主体并记录它们的交易。*SAM* 是 *I-O* 表的扩展版本，不仅包括行业和机构之间的资金转移，还包含市场和非市场金融流动，如机构间转账。*SAM* 提供了补充的经济指标，不仅涉及国民经济核算体系（*SNA*）的宏观经济总量，还涉及经济的社会经济结构和分配方面。由于 *SAM* 代表国家核算系统，它包括反映在国民账户中的制度结构，这些账户为经济影响模型提供数据。关于旅游需求和旅游产业供给的最可靠数据来源是国家或地区的旅游卫星账户（*TSA*）。

在 IMPLAN 模型中，该模型在整个美国范围内广泛用于旅游区域影响分析，总乘数被称为"TypeSAM 乘数"，其中感应效应基于社会会计矩阵中的信息（IMPLAN，2000）。虽然 *SAM* 模型在细节上比 *I-O* 模型更全面，*SAM* 乘数一般情况下也具有与 *I-O* 乘数相同的限制。

I-O 模型构建的限制性假设：

①无供给侧约束。有足够未使用的资源（土地、劳动力、资本设备）可满足任何额外需求。假定可以在不从其他活动中夺取资源的情况下，在一个活动领域内生产额外的产出以满足游客的需求。

②价格、成本和工资是固定的。*I-O* 模型不包含价格机制，无法捕捉因素成本变化的影响。对用于满足额外旅游需求的生产要素（土地、劳动力、资本）需求的任何变化都不会导致输入成本或产品价格的变化。

③每个行业都有一个固定的输入结构，由固定的技术系数描述。这个"比例"假设有效地排除了对输入（包括进口）在应对旅游需求增加时进行替代的可能性。实际上，在较长的时间内，受经济、环境、技术和社会政治因素的影响，旅游业的投入在数量和质量上发生变化。

④每个行业在生产中表现出恒定的规模报酬。因此，任何行业中的额外生产都需要以与现有生产相同的比例投入——旅游活动／生产水平加倍，所需的所有投入也会加倍。这排除了通过资本加深或其他手段实现旅游供给效率的生产力变化。

⑤家庭消费中有固定的预算份额。这意味着旅游支出的受益者收入的增加将被用于与先前消费相同的物品，并且以相同的比例消费。实际上，由于经济增长导致的收入变化会导致家庭消费结构的变化以及企业投资模式的调整。

⑥忽略汇率变化。*I-O* 建模不考虑通过贸易部门的效应，例如，外国旅游需求推高汇率，从而降低传统出口和进口竞争企业的竞争力，对这些部门的收入和就业产生不利影响。

⑦收入分配。标准的 *I-O* 表提供有关生产要素（资本和劳动）收入的信息，但不提

供有关这些要素的所有者信息。这些所有者包括家庭、公司、政府（可以提供资本和征收间接税收）和外国实体。因此，$I-O$ 表忽略了有关收入分配的重要联系。

⑧政府预算立场。$I-O$ 建模不考虑对公共部门借款需求（PSBR）施加的不同约束的影响，该需求影响税收水平和政府支出，从而影响旅游支出变化的最终经济效果。

13.3　限制旅游乘数效应的因素

为了强调在现实世界经济运作方面做出合理假设，对于基于旅游冲击的经济影响评估（EIA）的重要性，我们详细地讨论其中四个假设。

①要素约束。

②挤出效应。

③汇率变化。

④政府财政政策立场。

13.3.1　要素约束

要素约束又分为要素供给约束、劳动力约束、土地约束和资本约束。

（1）要素供给约束

标准（基于 $I-O$ 的）EIA 中使用的乘数假设经济中存在过剩产能（未使用的资源），这些未使用的资源可以在没有机会成本的情况下被利用，以增加所需的额外商品和服务的生产。然而，经济出现旅游支出增加的情况，特别是发展中国家，将面临劳动力、土地和资本的约束。每种类型的约束都会降低给定地区的旅游乘数的价值。当经济处于或接近充分就业状态，并且一些关键部门几乎没有剩余产能时，增加的旅游需求会在稀缺资源的价格上施加成本压力。这种情况下，旅游支出将导致价格上涨，而不是产出、收入和就业的增加。

（2）劳动力约束

无论是熟练、半熟练还是非熟练劳动力，扩大的旅游业都会增加对劳动力的需求。在不同旅游行业中特定类型劳动力的短缺会导致对其他行业的吸引劳动力的实际工资水平上升。劳动力成本压力在存在技能组成的情况下最明显。熟练劳动力通常无法迅速满足旅游需求的增长。鉴于地区通常在与旅游相关的职业中面临技能短缺，增长的旅游需求的扩张影响将减小。由于技能的形成需要一定时间，一些职业的工资在短期内会因旅游业对劳动力的过度需求而上升，企业竞争稀缺劳动力投入要素。最终，就业增加的程度取决于额外支出被吸收到更高工资的程度。

（3）土地约束

土地用于基础设施，如道路和机场。用于旅游目的的有限土地将具有较高的价格。鉴于土地价格随其稀缺性而升高，因定位需求而导致土地价格上涨，使旅游业吸引土地远离其他用途。稀缺或位于有吸引力的环境资源（如海滩或自然保护区）附近的土地在旅游业发展中需求增长，提高了用于其他商业、住宅或保护目的的土地价值。因此，城市中的旅游热潮将导致适用于酒店的土地价格上涨（如香港和澳门）。

旅游与其他经济活动之间的空间竞争使土地价格超出当地的承受能力，引发社会动荡。通过分区，政府会划拨土地用于旅游区或专用旅游设施。如果由于分区法律，旅游需求的增长导致更多的理想地点被旅游业以低于市场价格的价格吸收，那么其他用途（如渔业、采矿、林业等）可用的供应将减少，从而使这些行业的成本压力增大，因为它们必须更加密集地使用现有资源。

（4）资本约束

旅游业的扩张将导致对现有资本设施的更大利用，如建筑物、会议中心、渡轮和飞机，至少在短期内是这样。在中长期内，额外的投资将导致实物资本存量的扩大。一些新的投资，如咖啡馆或纪念品摊位，可以相对容易地扩大资本存量。其他投资，如飞机、机场、游轮和码头，需要较长的前期时间。对于许多旅游基础设施来说，短期内需要更加密集地使用现有的资本存量，使拥堵和交通延误推高运营成本，进而提高游客的价格。与旅游业扩张相关的公共债务水平较高和/或更高的税收用于支付基础设施和服务的增加，减小了旅游业扩张的经济影响。缺乏适当的私人和公共基础设施支持旅游业发展是发展中国家旅游业增长的主要制约因素。有限的设施意味着旅游支出将导致价格上涨和拥挤，而不是产出、收入和就业的增加。

13.3.2　挤出效应

基于 $I-O$ 模型的 EIA 对于任何正面需求冲击都产生积极影响，无论背景如何，都没有意识到在某些情况下，旅游业增长可能会减少，与其他经济部门相比，旅游业可不是互补而是相互排斥，影响国内活动并降低其产出和就业水平。基于投入产出的乘数估算是基于偏离均衡分析的。它们忽略了与初始效应方向相反的重要的一般均衡或反馈效应。旅游繁荣会导致其他行业的"去工业化"。这种现象被称为"荷兰病效应"。由于旅游增长会对其他行业规模产生不利影响，我们无法孤立地考虑旅游对经济的影响，需要考虑产业间效应。

正如前文所述，经济中可能存在容量约束，导致随着旅游支出的增加，价格和成本上升。工资和其他投入价格的上涨将限制扩张的程度，甚至导致一些非旅游部门的经济活动收缩。除非在旅游相关产业中存在显著的过剩产能，否则，经济范围内旅游扩张的主要效果是改变经济的产业结构，而不是产生大规模的总体经济活动增长。

在争夺有限资源的竞争中，成本的上升往往会降低经济中其他行业的竞争力，特别是出口导向和进口竞争行业。当成本压力降低一个国家相对于其他地区的旅游业竞争力时，导致的结果可能是出境旅游的增加，这意味着地区中生产和就业机会的进一步损失及国内旅游的减少。

13.3.3 汇率变化

在大多数主要经济体和许多发展中国家普遍采用的浮动汇率体制下，国际旅游的扩张将加强一个国家的实际汇率，导致其他出口减少和／或对进口需求增加，从而降低对国内竞争性商品的需求。投入产出模型中忽略了汇率变化，因此估计的乘数未考虑这些变化的影响。在许多小型开放经济体中，由于额外的入境旅游引起的汇率升值，最受影响的部门将是传统的出口部门，如农业和矿业，它们在国际市场上的竞争力降低。汇率升值还会导致出境旅游的增加，这意味着国内旅游的经济活动和就业机会减少。

13.3.4 政府财政政策立场

政府财政政策的立场可以帮助确定旅游增长对经济的影响大小。旅游增长对地区经济的影响将取决于当前政府财政政策的性质。在投入产出乘数的估算中，政府预算部门被视为中性。也就是说，建模不考虑对公共赤字／盈余的不同约束所产生的影响，这些约束影响税收水平和政府支出水平，从而影响任何对旅游支出的变化的经济影响。如果政府需要增加基础设施支出以满足旅游需求的增大，这将对支出产生积极影响，但必须通过减少其他项目的支出、提高税收或通过额外借款来融资。这些补偿性调整中的任何一个都将抵消政府支出初始扩张的影响。总的来说，当入境旅游支出增加且市场具有竞争性时，其他行业会受到影响。与旅游互补的行业将会扩张，但总体上，由于其他行业资源被旅游吸引，其他地方的经济活动往往会下降。假设其他行业不会收缩，换言之，假设旅游扩张不会对汇率、实际工资或土地和资本价格施加上升压力，鉴于这些基本假设的刚性，投入产出乘数只应用于估算对经济"相对较小"的需求冲击，最好是在失业率较高且要素约束较小的经济体中。任何时候都必须非常谨慎地对待投入产出乘数的估算。

13.4 利用可计算一般均衡模型进行EIA

近年来，EIA 在方法上经历了深刻的变革。可计算一般均衡（CGE）模型在对经济结构、经济行为和资源约束进行假设时提供了相当大的灵活性，因此，在全球范围内被广泛用于估计产生的净宏观经济和行业效应，并用于旅游政策分析。CGE 模型现在是经济体大多数部门的政策分析的标准工具，广泛应用于世界银行、世界贸易组织、国际货币基金组织、经济合作与发展组织及欧洲委员会等国际组织，以及各国政府机构、研究中心和咨询公司。

完整的 CGE 模型包括描述模型变量的方程和与模型方程一致的数据库（通常非常详细）。要使得 CGE 模型具有可操作性，需要构建相关的社会账户矩阵（SAM）并获取有关消费者需求、生产技术以及进口和国内产品替代性的重要行为参数的估计。CGE 模型包括对消费者、生产者和投资者行为的更一般的规定，而这些规定在投入产出模型中是不允许的，从而允许将特定模型校准到特定经济中特定事件的实际条件。行为关系说明了经济代理人（消费者、供应商、投资者等）按照自己的最大利益行事，可能导致价格和收入水平的变化。并非所有部门都是基于优化行为的模式：政府和外国部门往往采取更灵活的系统处理。CGE 模型可分为比较静态和动态两大类。

比较静态模型比较两个不同时间点的经济，而不对任何明确的时间或时间路径进行建模。动态 CGE 模型明确跟踪每个变量随时间的变化，通常以年度为间隔，以便可以检查经济的调整路径。目前为了进行旅游业 EIA 而开发的 CGE 模型越来越多地包括来自 TSA 的旅游数据，为模型开发所需的大部分旅游专用数据提供了统计基础。与投入产出模型在旅游 EIA 目的上的一些特点可以进行对比：CGE 模型捕捉从冲击或实施特定政策改革中产生的更广泛的经济影响。

CGE 模型将整个经济视为一个整体，允许一个部门对另一个部门产生反馈效应。CGE 模型包括有关消费者、生产者、政府和投资者行为的更一般的规定，而其他类型的模型则不同。它们允许纳入在 I-O 计算中缺失的要素约束，允许灵活的价格和工资以及汇率的变化。CGE 模型认识到由于某一事件导致企业改变其输入组成，土地、劳动力和资本的相对价格可能会发生变化。模型中包含替代可能性，因此，经济中的消费者和生产者的行为对相对价格和数量变量的变化都很敏感。CGE 模型可以对不同的现实情况进行各种可能的场景建模（例如，最大赤字约束 / 无最大赤字约束，就业 / 失业，技能短缺 / 没有技能短缺，按职业灵活 / 不灵活的实际或货币工资，汇率变动 / 没有汇率变动等）。I-O 计算可以在 CGE 模型中被规定为一种特殊情况。重要的是，CGE 模型可以纳入福利度量——衡量经济活动增加所需的成本与使这种额外活动成为可能的收益的价值。福利度量表明由于旅游需求冲击而导致的经济状况的好坏，为 CGE 模拟赋予了政策重要性。

13.5　CGE模型在旅游领域的应用

CGE 模型在旅游经济学分析和政策制定中得到广泛应用。一些解决问题的例子包括：

①入境旅游变化对经济的影响。

②旅游危机对经济的影响。

③旅游对收入分配和贫困减少的影响。

④经济政策评估。

⑤特殊事件的经济影响。

13.5.1 入境旅游变化的经济影响

在新加坡，*CGE* 模拟显示，入境旅游对新加坡经济做出了重要贡献，与非旅游行业竞争资源，这导致新加坡元显著升值，对其他出口产生负面影响（Meng，2014）。

在西班牙，旅游意味着对经济的提振，尽管"荷兰病"（或在繁荣时期挤出竞争出口部门的现象）在行业水平上发生作用，导致资源向非可交易部门转移，可能危及生产率收益并导致实际汇率持续升值，对长期经济增长产生不利影响（Inchausti-Sintes，2015）。

在肯尼亚，入境旅游导致资源从传统部门流向旅游业及其供应链，创造就业机会并提供更高的工资。然而，其他可出口部门将发现其竞争力受到侵蚀，货币升值将使进口变得更便宜，导致肯尼亚贸易差额恶化。农业部门衰退，非旅游出口商经历衰弱到负增长过程（Njoya & Seetaram，2018）。

CGE 模型表明，除非旅游相关行业存在显著的过剩产能，否则，入境旅游在整个经济范围内的扩张的主要效果是改变经济的产业构成，而不是产生总体经济活动，包括收入和就业的大幅增长。

13.5.2 旅游危机的经济影响

巴厘岛爆炸事件。对印度尼西亚进行的一个多区域 *CGE* 模型用于估计 2002 年巴厘岛爆炸事件后旅游下降的短期效应。在巴厘岛，旅游相关和非可交易部门包含受影响最严重的行业，而出口导向型行业（如纺织品、服装和鞋类）和进口竞争行业（如机械和电子）由于印尼盾币贬值而扩张（Pambudi et al.，2009）。

全球金融危机。*CGE* 模拟表明，在宏观层面上，全球金融危机对新加坡经济产生了巨大的负面影响。在行业层面上，负面的旅游冲击严重影响了与旅游弱相关的部门，但对与旅游弱相关的部门的影响较小。在劳动市场上，低技能工人受到不利影响，但一些职业群体受益，而其他人受到的影响较小（Meng et al.，2010）。

泰国洪水。泰国的旅游减税政策旨在缓解 2011 年洪水对泰国旅游业和经济产生的负面影响。直接的旅游产业从该产业特定的税收政策中获益最多，被认为是对洪水做出的合适的短期政策。对入境旅游的减税改善了贸易条件，并在较小程度上刺激了泰国的国内生产总值（Ponjan & Thirawat，2016）。应对旅游危机可以采取许多形式。*CGE* 模拟揭示了许多有趣和多样的政策启示，这些政策启示涉及影响旅游需求或供应的外部事件，结果可以帮助地区管理机构制定未来危机的政策选择。

13.5.3　旅游与扶贫

巴西。非旅游出口部门收入结构在确定入境旅游增加的净贫困影响（通过价格、收入和政府收入的变化）中发挥重要作用（Blake et al.，2008）。

泰国。泰国的入境旅游扩张提高了各个层面的收入，但主要的收益份额归非贫困人口所有，鉴于家庭群体的要素所有权的分布（Wattanakuljarus & Coxhead，2008）。该研究结果凸显了需要额外的政策工具来纠正由于旅游增长导致的泰国收入分配不平等。

七个太平洋小岛屿。对七个太平洋小岛的研究表明，旅游导致的经济繁荣并不是一定的，很大程度上取决于当地经济体系的结构。决定净经济利益的因素包括：游客购买的商品和服务的当地份额；旅游部门及其供应链之间的联系；这些部门的劳动力和资本密集度；旅游业经营的当地或外国所有权（Pratt，2015）。

印度尼西亚。印尼国内和外国旅游的增加导致农村和城市地区贫困人口的减少和收入不平等的增加。在农村和城市地区解决贫困和收入不平等是否需要采用不同的政策，这并没有"一刀切"的政策。是否需要为旅游和非旅游城市／农村地区制定不同的政策是未来研究的一个方向（Mahadevan et al.，2017）。

肯尼亚。研究发现，肯尼亚的农村和城市地区的贫困缺口和贫困严重性受到了显著影响，其中城市地区的影响更大。旅游业的扩张使最贫困的家庭能够更接近贫困线（Njoya & Seetaram，2018）。

未来将进一步研究如何将旅游政策与其他宏观经济、环境或辅助政策结合起来，以确保旅游增长惠及贫困人口。

13.5.4　评估旅游政策

（1）创造就业

CGE 模型显示，旅游增长对就业的影响取决于任何现有失业的原因，劳动市场的效率（以实际工资的灵活性为标准）、实际汇率的变化以及受到旅游支出和政府财政政策影响的经济中不同部门的劳动密集性。当失业的原因是结构性或地区性的时候，对失业几乎没有影响，因为实际汇率的变化将改变现有行业的组成方式，以抵消旅游业对总就业的增益（Dwyer & Forsyth，1998）。

（2）税收政策

使用 CGE 模型研究了不同类型的税收的影响。

旅客特殊税费。一项研究对从澳大利亚出发的所有人征收税收的影响显示，尽管旅游业带来损失，但对整个经济的影响是正面的。澳大利亚受益于外国游客支付澳大利亚税款而非其居民（Forsyth 等，2014b）。

增值税和销售税。在印度尼西亚农村，使用增值税的税收作为现金转移政策是有效的。然而，用于基础设施发展的税收在减少贫困和收入分配方面受到限制。CGE 建模确定了在现金转移和用于教育和卫生支出之间使用税收的适当政策组合的需要，以解决潜在的资源误配和其他行业产出收缩问题（Mahadevan et al., 2017）。

（3）环境政策

中国碳税政策对与旅游相关的碳排放和经济产生重大影响，由于旅游对国家经济的贡献减少，对旅游业造成了重大影响（Zhang & Zhang，2018）。

（4）产业政策

由矿业出口繁荣提供的家庭消费增长支持对休闲旅游的需求普遍增长。然而，由于澳大利亚元升值，这些收益减少，进口旅游增加。在矿业州，与矿业相关的商务旅行的竞争最激烈的旅游业部分以及与出境旅行最直接竞争的国内旅游业部分中，"挤出效应"最明显（Forsyth et al., 2014a）。

13.5.5　特殊事件的经济影响

CGE 建模被广泛用于评估特殊事件，特别是大型或"超级"事件的经济影响。鉴于特殊事件在旅游规划和发展中的重要性，以及准确评估它们对地区的经济影响和净收益的需求，这些问题值得高度关注。

13.6　本章小结

本章简要阐述了经济影响分析（EIA）估算由于某个现有或拟议的项目、行动或政策而发生的对经济的变化。它追踪与旅游活动相关的支出流，以确定引起的经济变量，如销售额、产出、政府税收、家庭收入、增加值和就业的变化。

对旅游 EIA 最常见的应用集中在评估旅游需求变化的经济影响、直接或间接影响旅游活动的政策和法规的效果、受行业直接控制之外的事件对旅游需求的影响、公共和私人投资提案、资源分配及旅游发展策略的政策和管理、游说的各个方面。游客在地区的支出代表对该地区的"新资金"的注入。这种新的支出引起了直接和次级（间接和诱导）的影响，导致该地区经济活动的增加。新的游客支出的直接效应体现在直接向游客销售商品和服务的供应商。直接效应引起了二次效应，既包括间接效应，又包括诱导效应。

间接效应是指当直接供应商从地区的其他公司购买输入时，这些公司又从其他公司购买输入，以此类推。诱导效应是指直接和间接支出的受益者在其增加的收入上"下游"花费在大多数情况下与旅游产品供应无关的商品和服务上。它们只在经济存在过剩产能时才显得重要。乘数反映了新的旅游支出与经济变量（如产出、收入和就业）变化之间的关系。乘数衡量了对经济注入支出的经济影响，包括任何涉及的连锁效应。投入产出模型

（I–O）表提供了一个经济体在选择的时期内发生交易的快照，显示了一个特定行业从其他行业购买和销售给哪些行业。I–O 乘数是从基于 I–O 表的直接需求系数矩阵中导出的。度量每个生产阶段净经济活动变化的附加值乘数是评估对最终需求的冲击对经济贡献的首选度量。

I–O 乘数已被广泛使用。I–O 乘数基于一些限制性假设，如固定要素比例，输出均质性，线性、均质的消费函数，以及对供应的任何限制的忽略。它们通常忽视输入价格变化的影响，包括实际工资的变化、汇率变化和政府财政政策立场的变化。社会账户矩阵（SAM）是通过定义经济行为者并记录其交易，以在特定时间内表示一个国家（地区）的经济和社会结构的系统。尽管其在包含机构间转移方面比 I–O 模型更全面，但作为冲击分析工具，包括类型 SAM 的旅游乘数，也具有 I–O 乘数的许多限制。可计算一般均衡（CGE）模型现在在旅游经济学分析和政策制定中得到广泛应用。CGE 模型可应用于任何需求和供给冲击的组合，在一系列不同的宏观经济环境和政策情境下。CGE 分析的一个优势是其假设可以变化，并且可以对其进行敏感性测试。在 CGE 模型中更广泛地使用福利度量以提高政策相关性是可行的。

14 特殊事件的经济评估

引言

近年来，特殊事件的数量和类型大幅增加。有许多类型的特殊事件，但在目前的背景下，它们可以被定义为"有限时间内一次或多次举办的主要事件，主要是为了提高旅游地区的知名度、吸引力和盈利能力"（Getz, 2008）。最大的特殊事件通常被称为"大型事件"。广泛认可的是，特殊事件具有一系列影响，包括经济、社会和环境方面。在许多地区，它们构成了该地区旅游、营销和更广泛发展战略的基本组成部分。一般而言，特殊事件具有以下积极效果：

①通过吸引游客来增加当地的新支出机会。它们可以刺激业务活动，在短期内创造收入和就业机会，并在长期内促使游客数量增加、业务发展以及相关投资增加。

②为参加活动的当地居民创造无形利益。

③为地区产生更广泛的经济和/或社会文化利益，包括提升城市或地区形象、促进商务网络和市民自豪感，提供继续教育和培训，促进技术转移等。

④培养或增强社区价值观，促进社会资本、社会联系和"归属感"。

一些特殊事件还存在如下负面效应：

①活动可能产生不利的环境影响，如各种形式的污染和环境退化，以及不良的社会影响，如拥堵、人群聚集、居民从某些区域迁移、对当地业务的干扰和社区的抵制。例如，威尼斯引用了不利的旅游环境影响作为退出主办2000年博览会的原因。

②无论是国内活动还是国际活动，通常都与大量的碳足迹相关，特别是涉及活动地区的往返旅行。

14.1 政府支持特殊事件的逻辑

对于特定事件的成功或贡献不应仅通过其对组织者的直接财务贡献来衡量。由于存在良好的经济和非经济原因，政府有时会基于更广泛的公共利益支持特殊事件。社区居民和游客以税收的形式向地方、州和国家政府提供资金。政府利用这些资金的一部分来补贴旅游项目、促销、设施和吸引游客在地区消费的特殊事件。从社区外注入的新资金为居民创造了额外的销售收入、就业机会和家庭收入，同时为政府提供了税收收入。居民获得的收入是社区承担与举办特殊事件相关的成本的主要理由。一个事件会对组织者产生财务损失，但对社区产生净利益。由于特殊事件通常不产生财务利润，如果没有政府资助，它们往往会以低于最优或理想水平提供。"市场力量"的结果可以被描述为一个平衡点 E，其中需求和供给曲线指的是特殊事件的数量。假设只有当地居民参加活动（实际上，许多活动评估忽略了当地需求）。当地居民参加此类活动的消费者需求是门票价格的反函数，用需求曲线 D 表示。（对消费者的"价格"包括票价、旅行费、在活动中购买食品和商品等）。需求曲线显示了消费者愿意为每一个不同数量的活动支付的价格，反映了消费者期望从出席活动中获得的私人利益。鉴于供给曲线 S，根据消费者需求，从财务上可行的事件数量是均衡数量 Q_c。社区除了活动的直接消费者外还有利益，这产生了边际社会利益曲线（MSB）。社会上最理想的活动水平是 $Q*$。这是最大化社会福利的事件数量。在没有政府干预的情况下，在地区开发的事件数量（Q_c）将小于最优水平（$Q*$）。政府经常被要求为特殊事件提供财政支持，包括分配主要支出以升级所需的设施。因此，他们需要可靠地估计事件的影响和净收益。只有当对主办社区的利益大于成本时，公共支出才是合理的。然而，由于将为活动参与者提供服务的个别公司（运输公司、酒店、餐馆、旅行社等）无法获取资助特殊事件的所有收益，它们不愿或无法个人资助该事件。如果受益于该事件的公司试图"搭便车"，那么该事件将不会发生，并且所有的利益相关者都将失去主办该事件的任何好处。

如果通过补贴，最大化了活动的可行数量为 Q 而不是 Q_c，那么福利将最大化。活动的政府补贴可以将供给曲线由 S 变为 S'。理想情况下，政府应该提供补贴水平，使 S' 在与 Q 相同数量的事件上切割需求曲线 D。这是在点 F。补贴后，事件的平均价格下降到 $P*$。为什么政府对特殊事件提供支持是适当的？对于任何给定的事件，任何政府面临的主要问题是确定是否有必要提供何种程度的支持。越来越多的事件评估技术被政策评估者（如政府财政部门）用于告知决策者是否适当地分配资源支持某些事件，如果是的话，程度如何。理想情况下，政府应该仅在活动创造净利益的情况下提供资助，特别是如果该事件不会发生。实际上，只有某些类型的事件会得到补贴，政府不应该超过数量 $Q*$ 补贴事件。

14.2　特殊事件的经济评估

对于特殊事件的经济评估主要采取三种方法。

①标准经济影响分析（EIA）。

②可计算一般均衡建模（CGE）。

③成本效益分析（CBA）。

经济事件评估一直由"标准经济影响分析"EIA 主导。近年来，这一技术受到了严厉批评，而其他两种技术则作为补充发展起来。CGE 和 CBA 技术各自承诺提供更可靠的事件经济价值估算。标准 EIA 和 CGE 的特殊事件涉及估计事件产生的额外支出，然后使用经济模型估算这些支出如何转化为主办地的增加收入和就业。

特殊事件评估包括如下步骤：

①确定事件的主办地边界。

②估算与事件相关的"新"支出。

③估算新支出的经济影响。

14.2.1　设置事件主办地边界

在评估特殊事件的经济影响之前，有必要定义主办地的地理边界。这个边界将决定估计的支出是主办地新的还是来自内部的支出。可以确定三个主要层次的事件辖区：地方政府主要关心其本地区内创造的经济活动和就业。州（地区、省）政府主要关心对该地区的影响，也可能关心对本地区的影响（如果这是一个萧条地区或者保持选民满意很重要）。国家政府关心事件对整个国家经济的影响，但也可能因区域政策原因对州和地方的影响感兴趣。

例如，在评估摩纳哥一级方程式大奖赛的经济影响时，可能有兴趣评估其对摩纳哥公国和法国一部分的蔚蓝海岸地区的影响。更复杂的是，比如足球世界杯涉及多个国家。一旦设定了事件的地理边界，这就为区分"本地居民"和"访客"提供了基础。显然，主办地区域越小，参与者中访客的数量就越多。这些界限也决定了活动组织者的收入和支出是来自该地区还是外部的赞助商。在摩纳哥大奖赛示例中，来自蔚蓝海岸城市戛纳的参与者将被归类为摩纳哥的访客。然而，当评估事件对蔚蓝海岸的影响时，同一个人将被归类为当地人。如果事件组织者从蔚蓝海岸上安条克斯的供应商购买了一些设备，评估重点是摩纳哥，这笔支出将被归类为泄漏，但如果评估涵盖蔚蓝海岸，这笔支出将被视为来自该地区。如果焦点是国家范围，那么只有对法国的支出和泄漏才是相关的。要做出关于事件的明智决策，政府需要评估事件对主办地区的好处在多大程度上以其他地区为代价。事件辖区的清晰定义在考虑事件的更广泛影响时也很重要。例如，与事件出席有关的国际交通增加的碳排放导致的全球污染通常在事件评估中被忽略，因为它超出了事件的"辖区"。这是一个严重的疏漏，因为它导致对较大事件相关的环境成本的低估。

14.2.2　估算"新"支出

对事件 *EIA* 和 *CGE* 分析的一个基本要素是对由事件产生的"新"支出或"新"资金的估算。这些支出涵盖了由访客、参与者、竞争者／参赛者、团队经理／支持人员、官员、媒体、贵宾、事件组织者、公司激励团队、观众及与事件有关的人的陪同朋友／家人所做的事件引发的支出。它指的是如果没有该事件将不会在主办地区发生的支出。只有总体与事件相关的支出中代表对一个地区注入"新资金"的那一部分是估计经济影响的相关部分。

通过对相关花费者进行调查，可以估计支出注入。支出的数量和模式根据事件的类型而有所不同。参与特殊事件的访客具有与访问地区的其他访客不同的购买模式。因此，估算事件参与者的"新"支出的基础是参与者抽样和人群估计技术的问题，这些技术变得越来越复杂。

在估算与事件相关的"新"支出时，我们需要进行以下调整。

①本地居民的支出（转移支出）。

②直接进口。

③"临时工"的支出。

④"时间切换者"的支出。

⑤支出转移。

下面一一举例说明。

（1）本地居民的支出（转移支出）

在标准的 EIA 方法中，当地居民在事件中的支出不能被视为地区的"新"资金。当地居民参与事件只是重新分配经济活动。居民的支出被视为"转移支出"，在事件的经济影响评估中被忽略。假设参加特殊事件的当地居民在没有该事件的情况下将在主办地区的其他商品和服务上花费相同的金额。影响的分布会有所不同，但总体规模基本相同。

从指定地区的本地资金或国内资金赞助的事件，除非有理由相信该特定事件的赞助会导致额外注入资金，否则将被视为转移支出。同样，只有组织委员会的支出在主办地点代表额外或新资金时，才会被计入事件影响评估的相关内容。

这引出了有关事件评估的第一个大辩论。为什么忽视本地居民的支出和增强福祉？在成本效益分析中，这是要测量的第一件事。我们接下来讨论这个问题。

（2）直接进口

直接进口的数量将取决于商品和服务在对特殊事件需求增长的情况下从一个地区流向另一个地区的自由程度。一些服务可以轻松地从地区边界之外提供（例如，呼叫中心服务），而其他服务则不行（熟练的空中交通管制员）。许多情况下，访客在酒店房间、租车和餐馆的一部分花费将流向全国连锁店。这些企业赚取的利润并不增加当地经济公民的福祉，而是流向该地区之外的利益相关者。同样，门票销售的收入会支付给联赛或事件协会的管理机构，而不是当地组织者。总体而言，EIA 中所使用的经济模型将允许考虑商品和服务产出以及生产投入的进口含量，但在许多情况下，EIA 中使用的模型并没有精确地适应事件辖区。这种情况下，应在进行特殊事件的 EIA 之前从新支出中减去直接进口，因为对它们的支出代表了从主办地区直接流出资金，而不是对收入循环流的增加。随着事件规模的扩大，对企业款待和娱乐服务的需求也会增长。这些服务往往来自较大的城市而不是地区，因此会扩大区域性事件的支出泄漏规模。其他地区的商品和服务的直接进口代表了主办经济体的支出泄漏。一般而言，经济体的子区域具有比整个区域更高的进口倾向，因为它们在为游客生产商品和服务方面往往不那么自给自足。

（3）"临时工"的支出

一些人可能会参加一个事件，但在事件期间、事件地点有其他原因。这些访客被称为"临时工"。那些居住在主办地区之外但在任何情况下都要前来该地区的事件参与者的支出不能算作新支出。由于这些访客无论如何都会访问该地区，假定没有举办事件，他们的支出将用于该地区的其他商品和服务。其中一个例外是，在特殊事件的影响下，"临时工"在地区停留的时间和／或花费更多。这样的访客被称为"延伸者"。延伸者的额外支出对于该地区是"新"资金，因此，在 EIA 的目的下被列为新支出。

（4）"时间切换者"的支出

在估算注入地区的支出水平时，还需要考虑游客或赞助商的"时间切换"。有时，事件参与者不管有没有事件，都会访问事件所在的区域，并只是调整访问的时间以与事件的举办时间相一致。因此，一位生活在巴黎的商人可能会在一年内的某个时间前来尼斯，以便参加一场帆船比赛。他在尼斯的访问支出不能归因于帆船比赛，因为在整年内他都会访问尼斯。帆船比赛影响了访问尼斯的时间，但并没有导致这次访问。当由于特殊事件而产生额外支出时，这就属于"新"资金。同样的原则也适用于政府和赞助商的支出。当归因于事件的支出在任何情况下都会发生（例如，修建一个沿海小径），但时间安排使其与事件发生时间相吻合时支出不能归因于该事件，不应将其列入"新"支出。

（5）支出转移

在估算与事件相关的净注入支出时，还需要考虑支出泄漏，即与事件相关的支出取代其他支出时发生的情况。

支出泄漏是指事件相关支出取代了本地区原本会发生的支出的情况。在这一背景下，有三个要考虑的组成部分：

①遏制效应。由于事件的影响，一些潜在游客完全被阻止访问地区。原因可能包括对拥挤、安全问题、交通拥堵及地区价格上涨的看法。如果潜在游客不仅改变他们旅行的时间，而且选择访问另一个地区或根本不旅行，那么他们本来在主办地区会发生的支出就会因为事件而丧失，可以看作是新资金从主办区域泄漏出去。

②逃离效应。在事件期间，当地居民可能会离开主办区域，因为他们担心噪声、交通拥堵及对他们居住地和娱乐区域的访问。如果这导致当地居民额外离开该地区（"逃离"），则这些居民放弃的支出必须被视为由于事件对地区的影响而造成的损失。在某种程度上抵消逃离效应的是所谓的"留守者"，即在事件期间选择留在地区并在家里消费而不是在一年中的其他时间离开该地区度假的居民。

③居民减少支出。由于事件的影响，当地居民在地区的支出会减少（"懒人沙发"效应）。在事件期间，居民可能对购买商品和服务的支出减少。例如，由于餐厅和夜总会被认为存在"拥挤"、交通和安全问题，他们不太愿意外出用餐。尽管一些企业会因居民减少支出而失去销售，但除非这些居民增加储蓄——这是不太可能的——否则居民将在事件

结束后将节省的钱用于其他类型的购买。

考虑到以方便和可靠的方式测量支出转移类型的支出泄漏的重大困难，它们通常被排除在新支出的计算之外。这并不意味着居民支出的转移不重要。上述考虑因素在估算与大型事件相关的新支出中占很大比例。如果不能适当地将这些现象纳入对大型事件相关新资金的估计中，将对主办区域经济产生巨大影响。

14.2.3 事件的经济影响

由于事件而发生的总新支出被用作经济模型的输入，以确定对地区的经济影响。访客和组织者/赞助商的注入支出刺激了经济活动，创造了额外的营业额、就业、附加值、家庭收入和政府税收收入。新资金的注入对当地经济产生直接、间接和引致效应。支出与产出、收入、附加值和就业之间的关系（直接、间接或引致）可以用乘数来描述。乘数的大小将在很大程度上取决于用于估算事件影响的模型类型。

14.3 税收和补贴

14.3.1 税收

地区或国家政府可能的与事件相关的收入来源包括：对游客支出征收的税款或费用、对企业的税收、所得税、对国有公共交通的车票销售以及公共景点的入场费。

当事件刺激经济活动时，它会导致税收的增加。在联邦体系中，其中一些将归属于主办地区政府，而另一些将归属于国家政府。当税收收入被政府用于资助设施建设时，这会降低居民的净可支配收入，从而降低他们在地区内的商品和服务的消费。由于政府在建设方面的支出通常是通过征税融资的，建设项目的净效果可能是负面的。尽管与旅游相关的产业由于特殊事件而扩张，因此纳税较多，但其他产业可能经历产出和销售收入减少，从而纳税较少。政府税收的净效果在建模操作之前无法预知。税收会产生经济成本，或称为"超负担"，因为它们会导致个人消费比他们本来会消费的更少理想的商品和服务组合。扭曲性税收造成的平均和边际福利损失都很大。在标准环评中通常忽略这一成本。通过其他手段产生的政府收入，如彩票资助，会从其他"良好事业"中转移，从而使家庭支出从其他商品和服务中分流。

14.3.2 补贴

政府经常对活动予以补贴。除了直接补贴，包括税收优惠在内，还可以采取各种间接形式，如政府在设施建设和支持基础设施（如道路工程、提供额外警力、救护人员等）上的公共支出。政府在补贴方面有以下资金选项：

①削减其他领域的支出，导致这些领域的经济活动减少。

②增加税收。例如提高地区的营业税，这将对地区经济产生重大负面影响，因为这会使该地区变得失去竞争力，经济活动会转移到其他地方。

一个非常依赖于补贴的事件对经济活动的总体净影响是负面的，因为主办城市的债务必须纳入考虑。例如，为雅典奥运会修建的许多体育场在活动结束后处于荒废状态。由于许多大型体育赛事亏损，纳税人的收入未能覆盖纳税人的贡献，因此，纳税人通常是主办大型体育赛事的输家。

14.4　一个特殊事件的讨论

"全球事件特别工作组"在体育场争论战线上逐渐形成。悉尼正在为以高达 27 亿澳元的成本拆除和重建两个相对新的、运转正常的体育场的震惊计划而展开激烈争论，迄今为止，旅游机构似乎明确站在"拆毁"一边。悉尼《每日电讯报》曾经报道，一些感兴趣的团体计划组建一个"全球事件特别工作组"，与新南威尔士地区合作，吸引重大体育赛事，重点是五项大型国际锦标赛。

这一计划的目的是确保新体育场举办最大、最显著的全球体育赛事。这涉及拆除现有的体育场——悉尼奥林匹克公园的 ANZ 体育场和摩尔公园的安联体育场，成本被引用为 27 亿澳元。

批评者质疑新南威尔士政府如何能够花费如此巨额的资金来摧毁两个运转正常且相当新的体育场，然后建新的替代体育场。这项计划的主要反对者之一是彼得·菲茨西蒙斯，记者、广播和电视主持人兼作家，他对体育场了解颇多，曾在许多场馆与澳大利亚国家橄榄球队一起比赛。他已经发起请愿活动，试图阻止这项提案。

另外，澳大利亚旅游与交通论坛（TTF）全力支持拆迁计划和"全球事件特别工作组"概念，称这"将悉尼定位为世界新的重大事件之都"。TTF 首席执行官玛吉·奥斯蒙德表示，专门的工作组，加上新南威尔士政府对关键体育和文化基础设施的投资，将确保悉尼保持国际竞争力，吸引世界级的体育和文化活动。奥斯蒙德说："悉尼如果没有一套世界级的体育场，就无法成为世界级的重大活动地区。"

有关参考是指正在建设中的西悉尼体育场。奥斯蒙德表示："有了这些经过翻新的先进体育场，悉尼将能够自信地竞标任何一项重大的全球活动，无论是奥运会、英联邦运动会，还是足球和橄榄球世界杯。"她说："这些基础设施还将有助于悉尼作为一个世界级的商务活动地区的声誉，自从国际会议中心（ICC）开放以来，这一声誉已经蓬勃发展，并增强了新南威尔士地区宣传新南威尔士作为澳大利亚最受欢迎的州的长期工作。"奥斯蒙德表示，对体育和文化基础设施的投资对于促使更多的重大活动至关重要，这有助于发展该州 330 亿澳元的游客经济，"这直接支持着食品和饮料、零售和住宿等领域的 164 000 多个工作岗位。"她说，每年有超过 10 万名国际游客专门为了参加文化或体育活动而前来澳大利亚。其他人则持不同意见，指出这两个场馆都相当新。奥运公园的 ANZ 场馆是为悉尼 2000 年奥运会和残奥会而建的主要体育场和中心，对于 2000 年悉尼奥运会和残奥会建设的奥林匹克体育场，被誉为"有史以来最成功夏季奥运会的明珠"，批评者质疑在其开放 18 年后是否发生了很大变化。摩尔公园的安联体育场年龄仅 29 岁。菲茨西蒙斯向新南威尔士州州长格拉迪斯·贝利吉克利安提出请愿，希望获得 30 万签名，目前已经超过 27 万，并且正在迅速接近目标。

14.5　特殊事件的一般均衡模型（*CGE*）

近年来，特别是对于大型或大型特殊事件的评估文献，已经从使用投入产出（*I–O*）模型提供新支出的乘数效应，转向了使用一般均衡（*CGE*）模型。*CGE* 建模在特殊事件评估方面具有与环境影响评估（*EIA*）一样的优势。*CGE* 模型代表了评估游客支出变化对整个经济产生的影响的最佳实践。*CGE* 建模在原则上提供了对公共支持特殊事件的"投资回报"的更准确估计，同时确定了不同地区和部门的受益者和受害者，越来越多地使用 *CGE* 模型来评估特殊事件。最近的前瞻性研究包括 2000 年悉尼奥运会（Madden，2006），2012 年伦敦奥运会（Blake，2005），2005 年一级方程式大奖赛（VAGO，2007），2008 年北京奥运会（Li et al.，2011，2013），2010 年世界杯足球赛（Bohlmann & vanHeerden，2008），以及格拉斯哥 2014 年英联邦运动会（Allan et al.，2017）。关于大型事件的一些普遍发现包括：

主办地区的积极经济影响会被全国经济中包含的其他地区的损失大大抵消。因此，仅进行地方影响研究将不足以为公共部门决策者提供充分的指导，以了解他们是否应该在财政或其他方面支持当地事件，因为他们还需要了解整体地区和全国范围的影响。大型事件对地区经济的不同部门的影响差异显著。通常扩张的行业包括建筑、客运陆上交通、商业服务、酒店和餐馆。通常缩小的行业包括制造业、农业、渔业和其他服务。政府从税收或借款中资助事件的程度会影响产生的经济活动。大型事件对汇率施加上升压力的程度会影响产业平衡和地区整体净经济。

14.6　特殊事件的更广泛影响

特殊事件普遍被认为对社会产生更广泛的非经济影响，既有利也有弊。标准的 *EIA* 或 *CGE* 建模通常无法捕捉的一些事件的重要潜在影响被列在表中。一旦承认了这些事件更广泛的影响，我们就能够理解为什么仅仅估算事件的经济影响只是评估环节的一部分。事件的经济影响研究只能估算对 *GDP*、就业等经济变量的影响。为了提供政府援助，有必要将这些资金的成本与事件的更广泛成本和收益进行比较。为了让政府更全面地了解，事件评估需要拓宽视野。我们接下来从经济影响和社会环境影响进行简要讨论。

14.6.1　更广泛的经济效应

（1）积极影响

①增加的旅游流量和投资可能和与事件相关的宣传、公关和地区形象提升有密切关系。

②事件导致现有企业业务的增长，新企业的建立以及更加熟练的劳动力的发展。

③成功的事件与提高商业信心相关，诱发额外的经济活动，包括增加的投资、建设和发展支出。

④特殊事件可以为主办地提供有价值的国家和国际曝光，使其在商业、科学和教育界获得新技术和新机会，包括开发新的出口市场。

⑤大型事件通常会带动大会业务的增长。

⑥企业和政府可以利用事件中的企业娱乐设施，建立人际网络，实现新的销售／贸易和新的投资。

（2）消极影响

①如果与事件相关的管理、设施和服务被认为不足，地区形象和声誉会受到损害。

②特殊事件导致主办地因未能从其他旅游市场细分中的本地企业那里获得的销售收入而遭受损失。

③许多过去世界各地的事件留下的共同遗产是巨额债务和大量未充分利用的基础设施。为了弥补为特定事件建造的设施之后产生的运营损失，加上债务利息偿还，这些都是较长期内的经济成本。从某种程度来说，是居民通过税收对事件部门的补贴。

14.6.2　社会和环境效应

（1）积极影响

①事件为社区成员提供娱乐放松的机会。

②对于许多社区来说，主办特殊事件会激发他们对所在城市或地区产生自豪感。

③事件有助于强化社区的文化传统价值观，促进社会资本、社会联系和"归属感"的培养。

④事件的好处包括与事件"主题"相关的新的价值观。

⑤事件提供交流思想的机会，有助于建立和维护有价值的商业和专业联系，同时是持续教育和其他有利的社会文化影响的来源。

⑥事件可以用作良好环境实践的示范，如回收和现场清理。它们还可以在帮助参与者

了解环境保护的重要性方面发挥重要作用。

（2）消极影响

①事件扰乱居民的生活方式。例如，交通拥堵、交通事故、犯罪、垃圾、噪声、人群、财产损害、环境恶化、警察和消防保护、破坏行为等。

②事件导致在其举办前和期间相当长的时间内无法使用社区设施。

③事件与能源消耗的增加、水资源利用和废物产生相关，这对一些地方有限的资源产生压力。

④特殊事件通常与相对较大的碳足迹相关，尤其是在活动地点往返的交通方面，导致本地和全球温室气体排放增加。

在实践中，最好采取一种更全面的方法，不仅涵盖经济因素，还包括社会和环境因素。因此，*CGE* 评估理想情况下应该伴随着这些更广泛影响的说明。另一种事件评估的方法可以捕捉到一些而不是全部的更广泛影响，那就是成本效益评估方法（cost-benefit analysis，CBA）。

14.7　成本效益评估

CBA 是一种综合性的经济评估技术，它将与事件、项目、政策或活动相关的所有利益成本进行比较，无论是当前的还是未来的。原则上，CBA 使机构能够比较替代方案或项目在资源使用方面的相对优势，无论是公共的还是私人的。CBA 的主要目标是回答以下问题：在这个特定的项目、方案或政策上花费的资金是否在经济和公共方面提供净利益，考虑到这些资源可以用于其他用途？ CBA 在事件评估中的目标是确定一个地区是否因为主办事件而变得更好或更糟，以货币单位（例如美元）估算社区福利效应。简单来说，福利效应就是由相关社区成员经历的任何成本或收益，无论是在市场中发生还是作为隐含的价值。在事件评估中，福利效应将包括事件的消费者和生产者经历的利益和成本，以及作为第三方参与者的社区其他成员，他们经历了相关的成本和收益。在使用 CBA 进行事件评估时，成本和收益，包括社会和环境方面，都被赋予货币价值，从而可以计算出举办事件的净利益。利益被衡量为在给定选项上的额外消费者、生产者和劳动力剩余，相对于"不采取任何行动"或"没有事件"的情况。成本由"机会成本"来衡量，即在替代用途中放弃的相同资源的边际效益的价值——举办特殊事件需要使用可以在其他地方使用的资源（或投入）。与 *EIA* 和大多数 *CGE* 方法不同，CBA 在事件评估中认真考虑了居民的利益和成本，这些方法通常将居民支出仅仅视为"转移资金"，没有经济效应。为了使特殊事件在社会上被接受，（社会和私人）利益的总和必须超过社会的（私人和社会）成本总和，并且代表了有限资金的最佳利用，即使这些资金存在替代用途。

由于 CBA 估算了事件对地区产生的"净利益"，具有标准 EIA 评估特殊事件缺乏的政策重要性。从事件中估算的净经济效益使组织者或政府资助机构能够对事件做出明智的决策。如果利益超过成本，就有正的净社会效益，应该支持该事件。相反，如果成本超过利益，就有负的净社会效益，应该修改或反对该事件。主要问题涉及尽可能全面地确定和评估与事件相关的成本和收益。

14.8 全面事件评估

本节在关注经济问题的同时强调了评估事件的更全面影响的重要性，而不仅仅依赖经济方面的因素。越来越多的利益相关者主张，对特殊事件的评估应该超越 *EIA*，而采用更全面的"三重底线"或"混合"评估。整体方法基于对事件的"三重底线"（经济—环境—社会）影响的认知，以及两种基本评估技术——*CGE* 和 CBA 的融合。更广泛的经济、社会和环境影响对整体事件评估的相关性，而不仅是列出的"附加项目"。它认识到，全面的事件评估要承认主办地居民的价值观，以及事件在多大程度上符合更广泛的社区价值观和目标。

14.8.1 *CGE* 模型的基本角色

CGE 可用于估计特殊事件的经济影响，包括产业间效应、就业变化和收入再分配。*CGE* 方法原则上捕捉了所有与事件相关的效应，包括直接和间接的。这使利益相关者了解了替代资源分配、政策、管理或旅游发展战略的效果。然而，*CGE* 并不对事件的环境和社会效应进行价值评估。此外，*CGE* 建模就像标准 *EIA* 一样，通常将居民支出仅仅视为"转移支出"，将居民的价值从评估过程中排除。忽视特殊事件对其居民的重要性的地区不能指望在制定适当的"事件预算"或为特定事件提供适当的资金水平方面做出明智的决策。居民支出的好处可以在包含福利效应的 *CGE* 模拟中进行处理，这是在事件评估背景下发展该方法的重要领域。

14.8.2 CBA 的基本角色

在 CBA 中，对居民利益的估算是评估过程的核心。CBA 估算了对事件消费者、居民、生产者和劳动力的剩余价值，这对事件评估至关重要。只有带有福利功能的 CBA 或 *CGE* 模型具有政策意义。除非 *CGE* 模型具有福利功能，否则，*EIA* 不会测量举办特殊事件对社会的净效益（影响并非是好处）。

由于在 CBA 中没有接受的处理注入支出的方法，它不测量与事件相关的经济影响，包括对 *GDP*、家庭收入或就业创造的影响，无论是直接还是间接。这是 CBA 的一个严重局限，因为许多事件都是面向访问某个地区的游客产生的经济影响。

上述每种方法通常都有其优势，同时也有不足，为了全面评估事件，多种方法可以结合使用。

14.8.3 非经济影响的处理

现有研究试图制定事件的非经济影响的标准化衡量方法。*CGE* 和 CBA 方法都可以用于识别和评估各种非经济（环境和社会）影响。

（1）环境影响

可以使用基于陈述偏好、显性偏好和估值的标准环境估值技术来估算事件环境效应的成本。正在开发的技术可用于测量事件的碳足迹，基于生态足迹分析和环境 *I-O* 建模，从而估计每单位创造的经济增加值的碳排放量。最近的事件评估研究使用与总体经济价值相关的概念，估算了事件游客和居民表达的用户和非用户价值。已经开发的"绿色"*CGE* 模型，具有测量全经济外部性（如碳排放）的能力。这为测量此类与事件相关的外部性提供了一个重要工具。

（2）社会效应

社会影响在事件评估中很难测量。不同的利益相关者将对社会影响的方向和程度有不同的看法。关于衡量社会影响的方法的研究可以总结为以下几个广泛的类别：

①态度调查确定了主要事件周围居民对其生活质量的看法。

②社会影响评估（*SIA*）使我们能够估算从主要事件中产生的社会后果。利益相关者参与到分析、监测和管理事件的预期和非预期社会后果的过程中。

③陈述偏好技术，如应急估值，通过要求居民估计他们愿意支付多少来获得或避免主要事件，为社会影响分配货币价值。例如，可以使用基于调查问题的 WTP/WTA 措施估算噪声的成本。估算评估（直接成本）方法假设环境设施的价值可以通过人们为避免损害环境设施或在环境设施受损时修复或替换而支付的实际成本来确定。

它们在事件规划和评估中发挥重要作用。需要进一步研究以达成一致意见，找到一种将特定社会影响转化为与经济影响度量可比较的方式或度量标准。

（3）无形因素

一个事件对地区的一些结果没有被充分接受或测量，无法包含在 *CGE* 或 CBA 中，这通常被称为"无形"结果。由于没有可观察的金融交易用来测量它们的大小，通常忽略了这些类型的效应。然而，它们代表了事件对地区产生的非常真实的影响，并且必须在对主办特殊事件的成本和收益的整体评估中予以认可。"无形"利益包括商业信心大增、地区形象的提升、技术转移、居民自豪感和增强的"归属感"。"无形"成本包括由于设施建设引起的社会错位、居民对活动参与者的敌意以及公共拥挤的心理影响。

如果将无形目标如"宣传该地区"或"提升社区自豪感"视为事件重要的因素，那么应确定一种评估它们"价值"的方法，并且应仔细考虑寻找它们的最佳方式。

不能用目前可用的技术测量的影响明确识别并讨论其相关性和重要性。在这方面，社会影响分析将发挥重要作用。

（4）遗产效应

遗产效应——经济、社会、环境、文化和政治方面都影响长期内社区和个体的经济、身体和心理福祉。特殊事件对地区的遗产效益包括有利的媒体曝光、未来旅游的增加、改进的管理实践、政府机构之间更好地协调、教育和公共卫生福祉、更好地包容残疾人、文化保护、更可持续的政策和标准、青年和体育发展以及更广泛的社会融合。并非所有的遗产效应都是积极的——活动体育场馆和相关设施的成本、不利的媒体曝光和相关的债务偿还会对主办社区产生长期消极的经济影响（Thomson et al.，2013）。特殊事件有助于提高对东道国的整体认知并增强地区品牌。然而，鉴于形象消退的速度较快，可能需要在产品开发和推广方面进行大量的新投资，以维持长期内对地区的高游客数量。特殊事件对东道国的影响在很大程度上取决于该地区在事件期间如何呈现自己。许多例子都表明，在事件管理方面表现不佳的地区（例如，雅典奥运的准备工作）会在此类情况下，"口碑"效应会对东道国的形象产生负面影响。除非特殊事件被放置在整体发展战略或地区推广战略中，否则"口碑"效应的长期影响是一个问题。即使某些大型事件与某些类型的遗产效应相关，也会出现一个问题，即是否应通过事件投资间接追求这些目标，而不是通过集中、更好资助和更好规划的战略（例如，旅游推广）直接追求这些目标。对决策者而言，主问题是特殊事件是否是追求这些定性和社会目标的最佳的途径。将遗产融入主办体育盛会的整个计划至关重要。使特殊事件符合区域发展战略比使区域战略符合事件更有意义。

（5）事件与社区发展目标

事件评估需要嵌入一个更广泛的框架，认识到发展和管理一系列事件组合以及相关风险的新重点。尽管文献继续关注单个事件的评估，但随着事件部门的增长和全球竞争的加剧，大多数地区试图开发一套具有长期和协同效应的事件（Getz & Page，2016）。这需要比较永久性（例如，年度）与一次性事件（例如，在特定城市举办的奥运会）的相对价值。问题也出现在权力和政治如何影响地区内举办的事件类型以及相关成本和效益的分布上。需要对利用和遗产效应进行长期评估，以及分析特殊事件在实现社区和更广泛经济发展目标方面的作用程度。社会影响评估可以作为主动管理工具，不仅能够识别或改善负面或意外结果，还能够实现从举办特殊事件中获得更好发展结果的目标。与此同时，环境影响分析可以为事件组织者和政策制定者提供有关影响事件环境影响规模的因素以及减少影响所需的策略类型的有价值信息。

政府的合理事件策略涉及在适当水平上为事件提供资金，该水平考虑了它们创造的好处，并反映了将资金分配到其他地方可能获得的好处。最终，事件评估必须在夏广泛的框架内考虑，该框架包括社区发展目标、地区营销策略和政治权力关系，以及预期的遗产效应。最终目标不是评估所做的事情，而是学习以改进未来的事件评估工作。此处显示的整体框架足够灵活，能够考虑事件评估过程和技术的变化，随着这一领域的研究不断发展。

14.9　本章小结

特殊事件在社区的经济和社会发展中发挥重要作用。它们有吸引游客的潜力，在短期内刺激商业活动，在长期内产生收入和就业机会，并吸引投资。除了直接的财务贡献外，事件还会带来其他被视为利益的方面，如经济影响，提升城市或地区形象，促进商业网络和市民自豪感。事件还会为地区带来相关的社会和文化利益，提供继续教育和培训的论坛，促进技术转移等。另外，人们认识到事件会产生不利的环境影响，如各种形式的污染，以及不利的社会影响，如对当地业务的干扰和社区的强烈反对。

进行事件经济影响评估所需的基本要素是对由事件产生的"新注入支出"的估算。这指的是如果事件没有发生，就不会在主办地区发生的支出。在估算与事件相关的"新"支出时，必须考虑到：直接进口、本地居民的支出（转移支出）、"临时工"的支出、"时间转换者"的支出和支出转移。与事件相关的总新支出被用作经济模型的输入，以确定对地区的经济影响。估计的经济影响将取决于所使用的模型类型以及支持该模型的特定假设。事件评估面临的重要挑战包括估算新支出的数量、劳动力市场效应，以及正确处理建设支出、税收和补贴等。I-O 模型的局限性在于其在事件经济影响评估中同样适用。在可能的情况下，特别是对于大型事件，应使用更能反映经济分析的现代发展的 CGE 模型。

事件评估应当在可能的情况下扩展，采取更全面的方法，不仅包括经济因素，还包括社会和环境因素。使用 CBA（和具有福利函数的 CGE 模型），决策者可以判断事件的经济收益是否大于成本，并判断在资金有限且存在资金替代要求时，该事件是否代表了最佳使用资金的方式。CBA 和 EIA 的特殊事件关注评估问题的不同方面。EIA（具体是 CGE）和 CBA 在事件评估中都起着至关重要的作用。该整体框架足够灵活，能够考虑事件评估过程和技术随着研究在这一领域的进展而发生的变化。